여행·항공 상품 마케팅

Travel & Airline Products Marketing

여행트랜드읽기

고종원 저

기문사
www.kimoonsa.co.kr

머리말

Introduction

무더위도 가라앉고 가을을 향해 오후에는 촉촉하게 비가 내린다. 더운 여름은 아름다운 가을을 위해 존재하는 것처럼 새로운 변화와 상황을 위해서는 만사가 이러한 준비와 과정이 필요한 것 같다.

가을에는 여러 가지 상황들이 나아졌으면 한다. 경기침체가 회복되고 실업률이 줄어들고, 실물경제가 살아나고, 서민들의 삶이 한층 밝아졌으면 하는 바람이다. 특히 여행업을 중심으로 한 관광산업이 어려운 경제상황에서 조속히 회복되었으면 하는 마음이 간절하다. 호텔, 외식업, 리조트 등 관광분야 가운데서도 가장 많은 어려움과 타격을 받고 있는 것이 여행업의 상황인 듯하여 마음이 무겁다.

아웃바운드 상황뿐만 아니라 인바운드에서도 신종 인프루엔자로 인해서 방한하는 외국인들의 발길이 주춤한 상황이다. 국가경제의 발전을 위해서도 인바운드 활성화가 요청되는 입장에서 걱정과 염려가 앞선다. 또한 여행업의 많은 종사자가 있는 아웃바운드는 수요가 늘지 않아서 관련기업체 종사원들의 근로의욕 저하와 신분유지에 대한 불안감이 커져온 것이 사실이다. 여러 부정적인 상황들이 긍정적인 변화와 상황으로 전환되어 하루속히 여행업을 중심으로 한 관광산업의 발전이 진행되기를 기원하는 바이다.

우리나라의 여행수지는 만성적자를 나타내고 있다. 한국은행의 자료에 따르면 2005년 적자가 96억 달러, 2006년 적자가 131억 달러, 2007년 158억 달러로 나타났다. 작년에는 글로벌 금융위기로 환율의 영향으로 10월과 11월 흑자기조를 기록하여 2008년에는 적자가 줄어들어 80억 달러를 기록하였다.

올해 들어서는 1~3월 석 달 연속 흑자를 나타냈으나 환율하락으로 4월과 5월 적자로 돌아섰다. 환율이 하락하면서 해외로 여행을 나가는 사람이 늘어나고 신종 인플루엔자의 영향으로 방한외국인 중 가장 큰 비중을 차지하는 일본인들의 입국이 감소한 것으로 분석하고 있다.

경기침체의 상황이 호전되어야 하며 이러한 여행수지 불균형을 인바운드의 활성화를 통해 흑자전환 국면으로 나아가야 하리라 사료된다. 이러한 균형을 이루기 위해서는 다양한 여행상품의 개발과 함께 한국관광의 매력과 독특한 한국만의 상품 경쟁력을 제고하여야 한다. 저가상품의 자제와 한국만의 특화된 관광상품의 개발만이 해결방안이 될 것이다.

특히 여행상품의 적절한 홍보와 효과적인 마케팅은 국가적인 거시적 측면에서도 필요하며 여행사의 경쟁력을 위해서도 필요한 부분이다.

본서에서는 여행 · 항공 · 관광청 등의 실제적인 마케팅으로 광고 및 홍보내용을 정리하면서 최근 여행의 트랜드를 살펴보았다. 아울러 변화된 여행환경과 실황 그리고 상품마케팅 이론을 정리하였다.

여행상품을 중심으로 한 항공 · 관광청 · 여행에 관련한 상품마케팅으로써 기업체들이 실제적으로 광고와 홍보를 하는 내용이 중심이 되고 있다. 본서는 여행상품의 변화추세와 관광기관의 상품마케팅을 정리한 실용적 저서로서 이해하면 될 것이다.

여행업의 회복과 함께 여행을 중심으로 한 상품의 마케팅은 한국관광의 경쟁력을 제고시키고 미래의 한국관광의 발전방향을 모색하게 하는 기회로서의 역할을 희망한다.

끝으로 본서는 여행분야, 항공분야, 관광기구 등의 마케팅의 실질적 내용과 최근여행의 트랜드와 변화를 읽을 수 있는 내용을 포함하고 있다. 대학에서는 여행 실무 과목과 여행업을 중심으로 한 관광업에 관심 있는 독자에게 나름대로 도움이 될 것으로 사료된다.

독자 여러분의 많은 관심과 조언을 바라며, 이 책이 나오기까지 도움을 주신 소중한 분들과 한국여행발전연구회 회원분들 그리고 기문사의 한부장님께 감사의 말씀을 드리는 바이다. 특히 수고의 결실을 맺게 하신 주님께 큰 감사를 드리고 아버님의 팔순을 축하드리며 건강을 기도드린다.

2010년

아름다운 자연도시 안양의 연구실에서

저자 고 종 원

contents

차 례

Ⅰ 항공상품 마케팅

Ⅱ 변화된 여행환경과 실제

Ⅲ 여행상품의 현황과 트랜드

Ⅳ 관광분야 기업마케팅

V 관광관련기관 상품마케팅

VI 관광상품마케팅 이론

I
항공상품 마케팅

가장 높이 빠르게
날아갈 수 있는 비행은
세상사의 혁명이다.

순수하고 이상적으로 날고자 하는
꿈은 생택쥐베리 뿐만 아니라
우리 모두의 꿈이다.

I 항공상품 마케팅

01 저가항공사의 도약

1) 영남에어

부산 · 영남지역의 최초 지역항공사로 출발한 저가항공사이다. 2008년 7월 25일 첫 취항을 하였다. 우선 노선은 김포-제주, 김포-부산, 대구-제주, 부산-제주 구간을 운행한다. 광고표어를 보면 최선이란 말로는 부족해서 '극진' 이라는 표현을 대두시키고 있다. 사랑, 정성, 열정으로 모시는 행복한 비행을 시작함을 알리고 있다.

영남에어에서는 제트 비행기 Fokker-100을 사용한다. 네덜란드에서 제작된 기종으로 국내의 기후, 지형 등을 감안한 한국 친화적 비행기로 국내 · 외에서 안전성이 입증된 우수한 기종으로 공지하고 있다.

2) 아시아나 · 에어부산

'아시아나와 에어부산, 같은 하늘을 날겠습니다' 라는 광고를 하고 있다. 2008년 10월 27일 아시아나의 하늘에 에어부산이 함께 날아 오르며 아시아나에서 누리는 서비스와 마일리지 혜택을 동일하게 경험하며 동일한 기종의 에어부산에서도 같이 경험할 수 있음을 공지한다. 아름다운 기업을 추구하는 아시아나항공은 20주년을 맞고 있다.

아시아나 · 에어부산은 김포와 부산노선을 공동 운항한다. 더 편안한 비행,

더 편리한 스케줄, 더 합리적인 가격을 홍보한다. 아시아나와 동일 기종이며 아시아나 서비스와 마일리지 혜택을 공유한다. 1일 9회 운항 및 정확한 운항 간격을 공지한다. 기존 항공편보다 합리적인 가격을 홍보하고 있다.

에어부산은 부산시와 부산지역 상공인들이 주주로 참여하고 아시아나항공이 대주주인 지역항공사이다. 항공기 2대로 부산-김포 구간을 하루 9회 왕복 운항으로 취항하는 것으로 알려졌다.

02 항공사의 특별 서비스

1) 항공사 회원 대상 이벤트

대한항공은 자사의 유럽행 항공을 이용하는 스카이패스 회원에게는 특별히 프랑스 파리에서 루브르박물관을 무료로 방문할 수 있는 기회를 제공한다. 대한항공은 현재 유럽노선으로 파리, 런던, 프랑크푸르트, 로마, 마드리드, 암스테르담, 뮌헨, 비엔나, 취리히, 모스크바, 이스탄불, 상트페테르부르크, 프라하 등을 취항하고 있다.

루브르박물관 입장권과 박물관 설명을 한글로 들을 수 있는 멀티미디어 가이드 이용권이 제공된다. 이벤트는 탑승권과 스카이패스 회원카드를 제시한 고객을 대상으로 3,000명에게 한하며 이용은 2008년 12월 31일까지 가능하다. 개별적으로 박물관 입장권과 멀티미디어 가이드 이용료를 지불하면 13유로와 6유로를 지불해야 한다.

이처럼 항공사에서는 같은 노선에 취항하는 다른 항공사와의 경쟁우위를 확보하기 위한 차원에서 회원을 대상으로 하는 이벤트를 실시하고 있다. 이러한 행사는 나름대로 좋은 마케팅 성과를 내고 있다고 평가된다.

한국, 항공안전 세계 최고 수준

국제민간항공기구 중간평가가 발표되었다.

대한항공 괌 추락 사고와 아시아나항공 목포 추락사고 등 잦은 항공기 사고로 항공안전 후진국이라는 오명을 쓴 지 7년 만에 대한민국의 항공안전 수준이 세계 최고라는 중간평가 결과가 나왔다. 국토해양부는 2일 "UN산하의 국제민간항공기구(ICAO)가 190개 회원국을 대상으로 실시하는 항공안전종합평가에서 지금까지 검사를 받은 108개 국가 가운데 우리나라가 항공안전 국제기준 이행률 98.82%로 1위를 차지했다"고 밝혔다.

우리나라는 지난 2000년 ICAO가 실시한 1차 평가에서는 162개국 중 53위(79.79%)를 기록했다. 현재까지 평가 결과에서는 아르메니아가 2위(96.32%), 캐나다가 3위(95.38%)를 기록했다.

아직까지는 중간평가이지만 8년만에 조사결과로서 상당한 발전과 변혁을 가져왔다고 사료된다. 지속적인 항공안전의 강화로 경쟁력 있는 대한항공과 아시아나항공의 도약을 기대해본다.

자료 : 조선일보, 2008.9.3, A12면

03 항공동맹체

1) 스타얼라이언스

스타얼라이언스에 2008년 6월 11일 이집트항공(MS)가 가입해 총 21개의 회원사를 확보하였다. 이에 총 162개국 975개 도시에 일일 1만 8100여 편을 운항하는 세계 최대 항공동맹체의 위상을 강화했다는 평가이다. 이집트항공의 스타얼라이언스의 가입으로 아프라키 및 중동노선에 대한 스타얼라이언스의 네트워크와 시장경쟁력을 극대화하는 계기가 될 것으로 전망된다.

현재 이집트항공은 76년의 역사를 가진 이집트 국적항공기로 항공기 보유

대수 50대이며 국내외 69개 도시를 운항하고 있다. 연간 탑승객은 680만이며 2만 734명의 직원을 보유하고 있다.

이집트항공의 항공동맹체 가입으로 아시아나항공과 마일리지가 제휴되어 상호 마일리지 적립 및 보너스항공권 탑승도 가능하다. 또한 세계 5위의 규모를 지닌 미국의 콘티넨탈항공(CO)도 스카이팀을 탈퇴하고 스타얼라이언스에 합류하기로 전해지고 있다(세계여행신문, 2008.7.21, 35면).

이처럼 항공동맹체의 공조는 세계적인 네트워크 사업인 항공사에 있어서 매우 크고 중요한 것으로 상호 필요한 부문에 대한 공조가 강화되고 있는 상황이다.

스카이트랙스 선정 수상 항공사

EK CX 탄탄한 입지 재확인

에미레이트항공(EK)과 캐세이패시픽항공(CX)이 영국의 항공산업전문 조사업체인 스카이트랙스(Skytrax)사의 2008 세계 항공사 대상(The World Airline Awards 2008)에서 각각 수상의 영예를 안았다. 두 항공사는 이번 수상을 통해 세계적 수준의 서비스와 시설을 갖춘 항공사로 다시 한 번 입지를 구축하게 되었다.

EK는 2007년 8월부터 2008년 6월까지 93개국 1천 5백만 명의 항공 여행객들을 대상으로 조사한 최우수 기내 엔터테인먼트부문에서 가장 높은 점수를 받아 4년 연속 1위 수상의 기염을 토했다. 기내 엔터테인먼트 심사에는 기내 영화목록, TV, 다큐멘터리 및 오디오 목록, 헤드셋 음질, 게임 목록, 스크린 사이즈 등 다양한 항목들이 포함되어 있다.

CX는 스카이랙스가 선정하는 일등석 부문에서 1위를 차지했다. 지난 5월 일등석 좌석을 새롭게 선보인 CX는 프리미엄 승객에게 고품격 일등석 인프라와 기내 서비스를 제공한 점에서 가장 높은 점수를 받았다. CX의 일등석 좌석은 버튼 하나만 누르면 81×36(206cm×91cm)의 침대로 변환되며 전 세계 상업 항공사 중 최대 사이즈를 자랑한다.

자료 : 여행정보신문, 2008.9.5, 15면.

04 항공사 광고 마케팅

1) Vietnam Airlines

'당신의 휴가에 즐거움을 더하세요' 라는 문구로 광고하고 있다. 새하얀 모래가 펼쳐진 해변과 '후에' 에서 '다낭' 까지 길게 이어진 최고급 리조트들이 있는 베트남의 낭만적인 서사시, 중부는 휴가를 위한 잊을 수 없는 곳이 될 것을 강조한다.

또한 세계에서 가장 아름다운 해안이기도 한 나트랑은 허니문을 위한 파라다이스로 묘사한다. 베트남 중부로 와서 유네스코에 의해 세계문화유산으로 지정된 '후에' 와 다채로운 음식들, 그리고 아름다운 수공예품을 감상할 것을 권유한다.

2) 싱가포르항공

싱가포르항공에서는 '싱가포르에서의 소중한 순간들' 이라는 광고문구로 홍보한다. SIA Holidays 싱가포르 499,000원부터이다. 여기에는 왕복이코노미클래스 항공권, 호텔2박, 공항에서 호텔 간 왕복 교통편이 포함되어 있다. 상기가격은 2인1실 기준 1인당 요금이다. 단 공항세, 보험료, 유류할증료 및 기타 비용은 불포함되어 있다. 이후에 다른 광고를 보면 다음과 같다.

싱가포르항공을 만나면 당신의 여행이 더 완벽해집니다. 싱가포르 399,000원부터로 포함내용을 보면 왕복 이코노미클래스 항공권, 호텔2박, 공항-호텔 간 왕복 교통편, SIA Hop-On 버스이다. 2인 1실 기준이며 2009년 5월 31일까지 출발 기준이다. 4월 30일까지는 발권을 마쳐야 한다. 공항세, 보험료, 유류할증료 및 기타 비용은 불포함되어 있다.

> **싱가포르항공의 새로운 비즈니스 클래스**
>
> 최상의 비즈니스 클래스를 경험할 것을 홍보한다. 지금까지 볼 수 없었던 가장 여유로운 공간으로 소개한다. 싱가포르항공의 새로운 비즈니스 클래스는 동급 좌석 중 가장 넓고 여유로운 공간으로 고객을 초대함과 완전히 평면 침대로 전환 가능한 좌석이 내집 같은 편안함을 누릴 수 있도록 도와줌을 홍보한다.
>
> 싱가포르항공은 A380기종과 B777-300ER 기종에서 만나볼 수 있음을 홍보한다. Singapore Airlines은 Star Alliance 회원사로 A great way to fly의 홍보문구를 사용한다.
>
> 자료 : singaporeair.com/kr

3) 핀에어

핀에어에서는 유럽으로 가는 가장 빠른 항공으로 광고하고 있다. 핀에어의 특별한 가격과 편리한 스케줄은 유럽으로 가는 가장 빠른 길을 열어드린다고 홍보한다. Finnair는 당신의 시간을 소중히 한다고 소개한다.

서울과 40여 개 유럽 주요 도시를 당일 연결하는 Finnair는 특별한 가격과 편리한 스케줄로 빠르게 모시며 다양한 축제들로 가득한 유럽의 가을을 핀에어와 함께 할 것을 권유한다.

Finnair 항공권 예약 문의 및 구매는 국내 모든 여행사에서 가능함을 공지한다. 현재 이코노미 클래스 750,000원, 비즈니스 클래스 2,900,000원이며 Finnair는 아시아와 유럽을 연결하는 가장 빠른 항공사로 홍보하고 있다. ONEWorld회원사이다.

'Fly fast. Finnair가 헬싱키를 통해 유럽으로 가는 지름길을 안내합니다'라는 광고를 하고 있다. 1+1 한국 취항 100일 기념 스페셜 프로모션행사이다. Finnair 상용 프로그램에 가입하면 1인 가격에 2인 유럽 왕복 항공권을 제공한다. 아시아와 유럽을 연결하는 가장 빠른 항공사로 홍보하고 있다.

4) Air France KLM

에어프랑스에서는 '유럽으로 통하는 관문, 전 세계 패션과 쇼핑의 중심지-주14회 서울에서 파리로 운항하며 하늘을 세상에서 가장 멋진 곳으로' 라는 표현으로 홍보하고 있다.

대한항공과 공동으로 운항편을 포함한다고 공지함으로써 좌석을 공유(Code share)하고 있음을 알 수 있다. 에어프랑스는 스카이팀 회원이기도 하다.

> AIR FRANCE에서는 여행사 대상 비즈니스클래스 프로모션을 진행하였다. 2009년 1월 31일 이전 출발에 대해 2008년 12월 31일까지 발권시 항공권 사본을 팩스 또는 이메일로 접수하면 승객 1명당 롯데백화점 상품권 5만 원권 1매를 증정한다.
>
> 항공 여정은 유럽도시이며 최대 체류기간은 한달, 4일을 최소 체류기간으로 적용한다. 출발 일주일 전에 발권해야 하는 사전 발권 조건이다(세계여행신문, 2008.12.22, 12면).

5) 대한항공

대한항공에서는 홍콩을 가는 고객에게 홍콩 오션파크 입장권 및 할인혜택을 주고 있다. 첫 번째는 항공권을 사면 오션파크 입장이 무료이다. 대한항공 홈페이지 홍콩 왕복 항공권 구매 고객 중 2인 이상 구매고객으로 선착순 100팀이다. 한국 출발 고객에 한정되며 보너스 구매고객은 제외된다.

두 번째는 오션파크 입장권 15% 할인과 식사 음료 10% 할인이다. 대한항공 홍콩 노선 탑승고객이면 구매처에 관계없이 참여할 수 있다. 오션파크와 홍콩 관광진흥청 한국지사가 협찬한다.

대한항공 운항정시율 99.9%

대한항공이 불가능에 도전하고 있다.

지난 21일 국토해양부 항공안전본부의 발표에 의하면 보잉과 에어버스, 양대 항공기 제작사가 2008년 한해 동안 자사 항공기를 운영하는 전 세계 항공사의 항공기 운항실적을 조사한 결과 대한항공이 현재 운영 중인 5개의 기종 중 4개 기종(B747, B777, B737-800/-900, A300-600)에서 세계 1위의 운항정시율을 보였으며, 나머지 1개 기종(A330)은 2위를 기록한 것으로 나타났다.

대한항공의 지난해 운항정시율은 99.86%로 2007년 99.83%보다 더욱 높아졌다.

이번 조사는 국토해양부 항공안전본부가 보잉사와 에어버스사로부터 각각 자사의 항공기를 도입 운영하는 전 세계 항공사의 운항실적을 종합해 발표한 것이다.

평가에 사용된 항공기 운항정시율은 항공기가 정비 결함에 따른 지연이나 결항 없이 운항시간표상에 나타난 출발시간으로부터 15분 이내에 출발한 횟수를 전체 유상운항횟수로 나누어 산출한 백분율로써 기상이나 공항 등 외부 요인이 배제된 각 항공사의 항공기 운영능력을 검증하는 대표적인 국제지표이다.

출처 : 세계여행신문, 2009.6.29, 33면.

미국, 어디까지 가봤니? 미국 10개 도시 최다 노선 운항(11월 17일부터 미국 90일 이하 방문 무비자 협정 시행)을 공지한다.

대한항공 모닝캄 클럽제도

국내에서도 가장 많은 회원과 인기를 끌어왔던 대한항공의 마일리지 제도인 스카이패스 회원 가운데서도 모닝캄 클럽회원이 되는 조건을 살펴보면 다음과 같다.

대한항공 5만 마일 탑승/ 대한항공 40회 탑승/ 대한항공 탑승 3만 마일이면서 제휴사 이용 실적과 합하여 5만 마일 적립하면 된다. 탑승횟수는 국제선 편도기준이며, 한국 국내선 탑승은 0.5회로 계산된다.

자료 : www.koreanair.com

스카이패스 주니어 회원

스카이패스 주니어 회원은 성인회원 적립의 75%가 가능하다. 성인과 마찬가지로 적립된 마일리지는 보너스항공권의 혜택을 받을 수 있다. 스카이패스 주니어 회원은 만 12세가 되면 스카이패스에 가입하지 않아도 자동으로 스카이패스 회원으로 등록되며 기존에 적립된 마일리지도 그대로 사용가능하다.

자료 : www.koreanair.com

6) 아시아나항공

2008년 한국산업의 고객만족도 1위를 내세우고 있다. KCSI(Korean Customer Satisfaction Index)란 한국산업의 상품 및 서비스에 대한 고객들의 만족 정도를 나타내는 종합지수로 미래의 질적인 성장을 보여주는 지수이다. KMAC(한국능률협회)가 한국산업의 특성을 감안하여 개발한 한국형 고객만족도 측정모델이며 국내에서 가장 오랜 역사와 공신력을 인정받은 한국산업의 대표적 고객만족지수이다.

아시아나항공은 서비스업부문 중 항공서비스부문에서 신징되었다. 세계 5개뿐인 5 Star 항공사로 홍보한다. 아시아나항공이 세계최고의 서비스를 넘어 더 높은 하늘로 새롭게 도약함을 밝히고 있다.

아시아나가 마일리지의 새로운 세상을 열어갑니다.

마일리지로 여행만을 갈 수 있다는 생각, 5스타 항공사 아시아나에선 달라집니다. 영화관에서 패밀리 레스토랑, 호텔, 리조트, 기내면세점, 쇼핑까지!

이제 여행에서 문화생활까지 아시아나 마일리지로 즐기세요.

이상은 아시아나항공의 최근 아시아나클럽 제휴내용에 대한 광고이다. 해당하는 업체를 살펴보면 다음과 같다. CGV, MEGABOX, OUTBACK, VIPS, SEAFOOD OCEAN, 모두투어, SEOUL LAND, 금호렌터카, HOTEL N JOY,

Realtime Travel Solution, SPAVIX, SONY, 현대자동차, TG삼보컴퓨터, 금호리조트, SHOW, 금호타이어, Asiana Duty Free, 금호개발상사, 신세계이다.

아름다운 기업 아시아나항공은 2009년 Airline of the Year ATW 선정 올해의 항공사 상을 수상하였다. 대한민국 민항역사 60년에 큰 획을 그었음을 홍보한다. 하늘 위의 노벨상, ATW선정 2009년 올해의 항공사 상을 대한민국 최초로 아시아나항공이 수상하였음을 광고한다.

세계에서 오직 단 하나의 항공사에게만 수여하는 올해의 항공사 상을 아시아나가 수상하며 고객 여러분이 보내주신 아낌없는 사랑에 감사드리며 완벽한 안전과 보다 품격있는 서비스로 보답하겠다는 각오를 밝히고 있다.

ATW(Air Transport World)는 워싱턴에 본사를 둔 세계적 권위의 항공 전문잡지로 매년 Airline of the Year상을 통해 세계 최고의 항공사를 선정하고 있다(아시아나항공 일간지 광고).

아시아나 항공에서는 김포-오사카 노선은 매일 운항함을 알린다. 다채로운 즐거움이 가득한 도시, 오사카로 가는 하늘이 더욱 편리해짐을 강조한다. 이동시간과 비행시간을 줄여주는 김포공항 출발로 가까워진 오사카의 매력을 홍보한다. 더 가깝고 더 편리함을 강조하고 있다. 운항시간도 김포-오사카 매일 오전시간대로 스케줄이 되어 있다.

아시아나항공 올해의 항공사

항공전문지 미 ATW선정
국내 항공사로는 처음 수상

아시아나항공은 28일 세계적 권위의 항공전문지인 ATW(Air Transport World)로부터 올해의 항공사로 선정됐다고 밝혔다.

ATW는 1974년부터 세계 항공사 가운데 가장 뛰어난 성과를 올린 항공사 한 곳만을 가려 매년 올해의 항공사 상을 주고 있다. 이 상은 심사의 공정성과 전문성 등으로 정평이 나 있어 항공업계의 노벨상으로 불린다.

세계 항공전문가로 구성된 패널이 모범적인 서비스, 모범적인 안전기록, 신규시장과 혁신적인 서비스개발, 신기술 적용 선도기업 등을 심층 분석해 평가한다.

아시아권에서는 싱가포르항공, 캐세이패시픽항공, 일본의 JAL, ANA 등 4개 항공사만이 이 상을 받았고 국내 항공사로는 이번이 처음이다.

ATW 공개한 심사 결과에 따르면, 아시아나항공은 세계적인 여행전문지인 비즈니스트래블러스지로부터 3년 연속 세계 최고 기내서비스상을 수상하는 등 모범적인 서비스를 높이 평가받았다.

작년부터 국내 항공사 가운데 처음 안전관리시스템(SMS)을 도입하는 등 안전운항에서도 좋은 점수를 받고 2004년부터 4년 연속 흑자경영을 낸 점도 수상 배경이 되었다.

출처 : 조선경제, 2009.1.29, B3면

7) Royal Orchid Holidays

타이항공의 가족여행 프로그램이다. 어른 2명에 동반하는 어린이 한명은 무료여행이다. 타이항공의 로얄 오키드 할리데이로 여행하는 어른 2명에 동반하는 12세 미만의 어린이 1명은 무료여행을 할 수 있다. 타이항공의 Family Getaway에는 온 가족이 함께 즐길 수 있는 다양한 프로그램이 있다. 자녀와 함께 즐거움으로 꽉 찬 가족여행을 즐길 것을 권유한다.

타이항공은 전 세계를 여행하는 부드러운 손길로 홍보한다. 타이항공은 스타얼라이언스 회원사이다. 상기 프로그램은 2009년 4월 1일부터 10월 31일까지 유효함을 공지한다. ROH 총판매대리점으로 일성여행사, 샤프트래블, 여행신화를 공지하고 있다.

8) Air Astana

To the heart of Eurasia with Air Astana라는 표어로 광고하고 있다. 인천과 알마티를 주 2회 운항하며 비즈니스 클래스 동반자는 특별할인운임을 시행한다. 1+50%이다. 알마티를 경유하여 서유럽 일주패턴이다. 암스테르담, 런던, 프랑크푸르트지역이다. 터키일주 패턴으로 이스탄불, 안딸리아지역이다. 배낭상품도 가능하다. KC 에어아스타나 ICN/ALA 구간 9월 15일부터 출도착시간이 변경됨을 공지한다.

달라진 에어아스타나의 서비스로 마일리지제도(Nomad Club), 기내 한국영화 상영, 완벽한 기내서비스, 편리한 연결편, 저렴한 초과수화물 요율을 홍보한다.

9) 루프트한자 독일항공

루프트한자 독일항공은 2009년 새해를 맞아 특가를 내놓았다. 예약클래스가 S인 독일지역을 제외한 EU 노선 운임은 56만 원이며 1월 말까지 발권, 3월 31일 이내에 출발해야 하는 조건이다.

예약클래스가 U인 독일지역을 포함한 EU노선 운임은 63만 원이며 1월 말까지 발권, 2월 말 이내에 출발하는 조건이다. 이 두 운임은 날짜변경을 비롯한 환불, 여정 변경 및 중간체류가 불가하다(세계여행신문, 2009.1.12, 14면).

10) 하이난항공

중국 내 8년 연속 서비스 만족 1위 항공사로 하이난항공(HU)이 하와이로 안전하고 편안하게 모신다는 광고를 하고 있다. B767-300ER(C:30석, Y:191석) 전 좌석 개인 모니터 설치를 공지한다.

2009년 4월 5일 하와이 첫 취항 예정으로 천진-인천-호놀룰루 연결 노선을 알린다. 하이난항공 총괄 판매 대리점인 (주)제니스 에어웨이즈과 하이난항공 서울지점 판매 연락처를 알린나.

11) 란항공사

란항공사(LAN)는 원월드의 회원사이다. 'Discover South America with LAN Airlines!' 라는 광고를 하고 있다. 세계 신 7대 불가사의 중 3대 불가사의가 존재하는 미지의 대륙 중남미로 소개하며 란항공사는 이 미지의 대륙을 고객의 소중한 사진첩에 담을 수 있도록 중남미 구간에 방대하고도 세밀한 네트워크의 편리한 기내서비스를 제공하고 있음을 알리고 있다. 또한 LAN-PASS를 소개한다. 란항공사의 상용 고객 우대 프로그램이다.

가입하여 란항공사를 이용하면 란항공사와 제휴된 원월드(Oneworld) 얼라이언스 항공사들 및 주요 자동차 렌탈업체와 호텔체인 등을 이용시에도 마일리지를 적립할 수 있다고 공지하고 있다.

란항공에서는 Fly LAN Airlines로 광고한다. 최상의 편안함을 느껴보라고 권유한다. 란항공이 새로운 스타일의 프리미엄 비즈니스 클래스와 함께 놀라운 세상을 열고 180도로 완전히 젖혀지는 좌석은 좌석 간 간격이 1.8m에 이르며 15.4인치 모니터 터치 스크린의 주문형 비디오는 비행을 더욱 즐겁게 해 주며 남미 최고의 승무원의 정성을 다한 서비와 최상의 칠레산 그리고 아르헨티나산 와인과 함께 하는 식사의 매혹적 경험을 표현한다.

신용카드 결제를 이용한 편리해진 발권으로 란항공 이용이 더욱 쉬워졌음을 공지한다. 새로운 프리미엄 비즈니스 클래스는 A380과 767 운항편에서 제공됨과 란항공의 승무원은 스카이트랙스에 의해 2008년 최고의 남미 항공사 승무원으로 선정되었음을 홍보한다.

'란항공에서는 깨우지 마세요! 지금 손님께서는 란항공의 뉴 프리미엄 비즈니스를 꿈꾸고 계신다' 는 광고이다. When you sleep well, you dream well. New Premium Business, Full flat bed. 180도 펼쳐지며 4단계로 조정이 가능한 침대형 좌석이며 앞뒤 좌석 간 183Cm의 넓은 공간 그리고 15.4인치의 고해상도 모니터를 갖추고 있다고 소개한다.

Oneworld의 회원사인 LAN은 LANPASS를 운영한다. 란패스란 란항공사의 상용 고객 우대 프로그램으로 가입 후 란항공사를 이용하거나 란항공사의 제휴된 oneword 얼라인언스 항공사들 및 주요 자동차 업체와 호텔체인 등을 이용하면 마일리지를 적립할 수 있다.

12) 에어캐나다

Air Canada에서는 '난 지금, 지상 최고의 영화관에 있다' 라는 광고를 게재하고 있다. '지금 북미여행을 계획하신다면 에어캐나다와 함께 하십시오. 월드클래스 기내 엔터테인먼트 서비스로 당신의 비행이 즐거워집니다. 당신이 원하는 영화, 음악, 게임을 아무 때나 마음대로 즐기실 수 있습니다' 라는 내용이다. 세상에서 가장 즐거운 비행인 에어캐나다로 소개하고 있다.

영화는 개인 8.9인치 터치 스크린 TV로 최신 48개 영화, 12개 TV채널 이용이 가능함과 음악은 XM 위성 라디오 서비스로 각종 음악 프로그램 및 토크쇼 감상이 가능함을 공지한다. 게임은 개인 좌석에 설치된 USB포트를 이용한 게임 서비스를 제공하고 있다. 참고로 에어캐나다는 항공동맹체인 STAR ALLIANCE에 가입되어 있다.

13) TK 모델 선정 마케팅

터키항공에서는 배우 케빈 코스트너와 광고계약을 체결하고 촬영을 실시하였다. 촬영은 터키항공 비즈니스석 홍보를 위해 에어버스 330항공기 안에서 진행되었다. 광고는 터키를 포함 세계 70개 국가에 광고가 상영될 예정(세계여행신문, 2009.1.26, 11면)으로 알려졌다. 이처럼 유명배우를 광고모델로 신징해 고객선호도를 높이는 마케팅이 시행되고 있다.

14) Aircalin(SB) / New Caledonia 관광청 광고

당신은 언제 떠나십니까?

그녀는 3일 후면 꿈꾸던 뉴칼레도니아에 도착합니다.

다가오는 결혼식보다 허니문 준비로 바쁜 하루를 보냅니다.

남태평양의 프렌치 파라다이스

15) Cathay Pacific

CX는 원월드의 회원사로 매일 5회 운항으로 홍콩의 하늘이 더 가까워짐을 홍보한다. 여행의 중심, 홍콩이 가까워지면 세계가 더 가까워짐을 광고한다. 매일 5회, 주 35회 운항하는 캐세이패시픽항공으로 편리하게 홍콩을 즐길 것을 권유한다.

최고의 스케줄로 모시며 천 가지의 요리비책과 쇼핑의 즐거움, 도시의 아름다움까지 모두 갖추고 있는 홍콩을 더욱 편리하게 누릴 것을 권고한다.

캐세이패시픽항공 세계최고 일등석 항공사 선정

캐세이패시픽항공이 영국의 항공산업전문 조사업체인 스카이트랙스(Skytrax)가 선정하는 2008 세계 항공사 대상(2008 World Airline Awards) 일등석 부문에서 1위를 차지했다. 지난 5월 일등석 좌석을 새롭게 선보인 CX는 프리미엄 승객 대상 고품격 일등석 인프라와 기내 서비스를 제공한 것에서 가장 높은 점수를 받았다.

캐세이패시픽항공의 일등석 좌석은 버튼하나만 누르면 206×91cm의 침대로 변환되며 전 세계 상업항공사 중 최대 사이즈를 자랑한다. 가방을 올려놓거나 승객용 좌석으로 사용 가능한 오토만, 칵테일용 테이블 및 업무용 공간으로 활용되는 확장용 테이블 등이 장착되어 있다.

캐세이패시픽항공 장준모 영업마케팅 이사는 세계 최초의 서비스를 위해 경주했던 노력이 결실을 보게 된 것이라며 캐세이패시픽항공은 일등석뿐 아니라 올들어 세계 최초로 일반석에 후면고정좌석을 도입하는 등 프리미엄 서비스로 차별화를 꾀하고 있다고 설명하였다.

후면고정좌석이란 독특한 설계로 인해 좌석을 눕혀도 뒷좌석에 전혀 영향을 주지 않는 동시에 개인좌석 공간이 넓어지는 시스템이다. 공학적 디자인으로 인해 승객이 개인적으로 조절할 수 있는 조절식 머리받침을 제공함으로써 더욱 편안한 여행을 가능하게 한다. 또한 매거진 포켓을 앞좌석이 아닌 좌석아래 부분으로 옮겨 다리를 편하게 뻗을 수 있는 넓은 공간을 확보하였다.

자료 : HOTEL & RESTAURANT, 2008년 10월호, p131 ; 캐세이패시픽항공.

16) 가루다인도네시아항공

인도네시아 최대 국영항공사인 가루다인도네시아항공은 창립 60주년을 기념하여 2009년 4월 1일 때묻지 않은 순수한 휴양지 롬복으로 매일 신규 취항함을 공지한다. 신들의 섬 발리와 또 다른 매력을 지닌 롬복 여행, 가루다인도네시아항공과 함께 상상 이상의 즐거움을 느낄 것을 권유하고 있다.

발리조차 부러워한 새로운 감동 롬복(Lombok)으로 소개한다. 발리-롬복(마타람) 간 매일 B733-200기종으로 운항한다. 좌석 수는 비즈니스석 16석과 일반석 94석이다.

Garuda Indonesia에서는 Jakarta 당신의 편안함은 무한대라고 홍보한다. 비즈니스클래스는 180° 편안한 Flat-Bed, 전 좌석 개인 모니터 장착된 최신 A332 항공기 도입, 오전 10:35 출발로 인도네시아 주요도시 당일 연결을 알린다.

인천-자카르타 주 3회 운항하며 비즈니스석 36석, 일반석 186석으로 8월 3일 자카르타 신규취항 초특가로 이코노미 클래스 570,000원부터, 비즈니스 클래스 1,185,000원부터임을 공지한다.

가루다인도네시아항공(주) 한국지점과 아시아나애바커스에서는 가루다인도네시아항공과 Abacus FareX의 만남으로 발리 가는 길이 훨씬 편하고 빨라진다는 광고를 하고 있다. 종이 요금표 검색과 ADM걱정이 필요없다고 홍보한다. 예약부터 발권까지 1분이면 가능함도 공지한다.

FareX는 항공사에서 제공하는 운임을 자동으로 계산해 주고 Endorsement, Tour Code, Discount Amount 등이 자동 저장되어 쉽고 편리하게 발권할 수 있도록 하는 아시아나에바카스의 자동발권 시스템으로 소개하고 있다.

17) JAL

원월드 회원사인 일본항공은 서울-동경, 오전 8시 20분부터 매일 12회 운항, 서울-오사카, 오전 8시 30분부터 매일 7회 운항함을 공지한다. 일본여행의 편리함과 당일 출장도 일본국내여행도 다양한 스케쥴과 저렴한 가격으로 고객을 모심을 광고한다.

18) 노스웨스트 델타항공

이제 노스웨스트항공은 델타항공과 한가족이 되었음을 공지한다. 노스웨스트항공과 델타항공은 이제 하나임을 공지한다. 6월 4일부터 세계금융, 문화의 중심지 뉴욕이 더 가까워짐을 알린다. 비즈니스 파트너와의 회의도, 자유의 여신상 관람도, 매일 운항하는 서울/부산발 동경 경유 뉴욕 JFK행 논스톱 항공편으로 더욱 편리해짐을 알린다. 최대 15,000 월드퍽스 보너스 마일 적립 기회까지 이제 새로운 시간의 뉴욕을 만나 볼 것을 권유한다. 또한 미국 서부로 통하는 새로운 길, 솔트레이크 시티를 홍보한다.

2009년 6월 3일부터 아름답고 장대한 미국 서부지역의 여정을 단 한 번의 비행으로 시작할 것을 권유한다. 서울/부산발 동경 경유 솔트레이크 시티행 신규 논스톱 델타항공편을 이용하면 최대 15,000 월드퍽스 보너스 마일을 적립할 수 있음을 공지한다.

미국 서부지역의 여정은 솔트레이크 시티에서 시작할 것을 권유한다. 세계 최대 항공사로 예약하시려면 nwa.com/kr을 방문할 것을 안내한다.

19) 델타항공과 노스웨스트항공

(1) 델타와 노스웨스트 합병

하늘의 새들을 제외하면 델타항공이 가장 많이 비행함을 광고한다. 노스웨스트와 델타항공이 이제 하나임과 두 항공사가 합쳐서 세계 최대 항공사인 델타항공사를 강조한다.

(2) Flying smart NWA

스카이팀 회원인 Northwest Airlines에서는 미국, 캐나다, 도쿄행 겨울 할인요금이 224,000원부터로 공지하고 있다. 특별할인요금으로 도쿄, 미국, 캐나다로 겨울여행을 떠날 것을 추천한다.

도쿄에서의 트렌디한 쇼핑, 밴쿠버에서 즐기는 짜릿한 스키여행 그리고 뉴욕에서 만끽하는 다양한 즐거움을 경험하기 위해 2008년 12월 18일까지 출발하고 2009년 1월 17일까지 마치는 일정을 권유한다. 좌석은 한정되어 있고 항공권은 11월 22일까지 홈페이지, 노스웨스트 예약센터 또는 가까운 여행사에서 구입할 수 있음을 공지한다.

다음 요금표는 주중여행 기준이다. 미국행/발 주말(토-일요일)여행의 경우 왕복 10만 원의 수수료가 적용됨을 공지한다. 유류할증료, 공항이용료 또는 기타 세금 및 수수료가 불포함되어 있음도 공지한다.

표 1-1 목적지별 할인요금표

서울, 부산 출발 왕복여행 목적지	일반석 할인요금
도쿄	224,000원
로스엔젤레스, 샌프란시스코, 시애틀, 포틀랜드(OR), 호놀룰루	432,000원
뉴욕, 시카고, 아틀란타, 워싱턴 D.C., 라스베이거스, 보스톤, 달라스, 토론토, 밴쿠버 및 미국과 캐나다의 기타 모든 도시	616,000원

자료 : nwa.com/kr

20) China Eastern Air

나를 감싸도는 따스한 봄바람에...카푸치노 거품은 하늘의 구름이 되었고, 끝없이 펼쳐진 하늘 공원에 수줍은 발걸음을 내딛는다. 구름위의 산책-China eastern airlines

21) 타이항공

(1) Thailand Plus & More

지금 태국의 방콕, 푸켓, 크라비, 사무이, 파타야, 후아힌, 치앙마이를 여행하면 호텔 1박이 무료로 제공되는 Thailand Plus & More를 경험할 수 있음을 공지한다.

100개의 호텔 각 200개의 룸이 소진시까지 진행되는 이벤트에 참여할 것을 권유한다. 기간은 2009년 3월 1일부터 10월 31일까지이다. 1박 룸만 무료로 제공되고 아침식사는 별도임을 공지한다.

ROH 총판매대리점으로 일성여행사, 샤프트래블, 여행신화를 공지한다.

(2) 타이항공 가족여행 프로그램

타이항공에서는 어른 2명에 동반하는 어린이 한명 무료여행을 실시한다. 타이항공의 로얄 오키드 할리데이(Royal Orchid Holidays)로 여행하는 어른 2명에 동반하는 어린이 1명(12세 미만)은 무료여행을 할 수 있음을 홍보한다.

타이항공의 Family Getaway에서는 온 가족이 함께 즐길 수 있는 다양한 프로그램이 있으며 자녀와 함께 즐거움으로 꽉 찬 가족여행을 즐길 것을 권유한다.

타이항공, 전 세계를 여행하는 부드러운 손길임을 광고한다. 2009년 4월1일부터 10월 31일까지 유효한 프로그램임을 공지한다.

ROH 총판매대리점으로 일성여행사, 샤프트래블, 여행신화, 부산 강산여행사가 참여한다.

22) 에미레이트항공 ice

Emirates는 2010년 남아공 월드컵의 FIFA 파트너이다. 에미레이트항공은 400여 개 이상의 국제적인 상을 수상하였으며, 전 세계 100여 개 취항지로 운항함을 홍보한다.

에미레이트 항공의 기내 엔터테인먼트 시스템인 ice(information, communication and entertainment)에는 모든 이들의 취향이 담겨 있음을 광고한다. ice는 600개 이상의 채널이 on-demand로 제공되는 에미레이트항공만의 기내 엔터테인먼트 시스템이다. 클래식, 코미디, 오디오 북, 모든 장르, 최고의 음악들로만 엄선된 뮤직 라이브러리로 소개한다.

23) 진에어

진에어효과를 나비효과로 표현한다. 스튜어디스에게 청바지를 입혔을 때도, 기내 좌석번호를 없앴을 때도 갓 태어난 항공사의 작은 날갯짓에 불과하다고 생각했을지 모르나 까다롭다는 국제 항공안전인증 IOSA를 성공적으로 통과하자 진에어는 진짜 다르다고 생각하기 시작했다고 광고한다. 모든 상식을 거부하고 진에어가 항공업계에 일으킨 효과로 설명한다.

IOSA는 IATA(International Air Transport Association)가 회원사의 운항관리, 통제체계를 평가하기 위해 2003년에 만든 안전관련한 인증이다. 더 나은 비행을 모터로 하는 것이 진에어의 마케팅이다.

진에어, 국내 저비용항공사 중 승객수송 1위 등극

진에어가 국내 저비용항공사 중 시장점유율 1위에 등극하였다. 한국공항공사의 국내선 항공사별 탑승객 통계 자료에 따르면 진에어는 지난 4~5월 기간 중 총 25만 7천 578명을 수송하여 제주항공, 이스타항공, 에어부산 등을 제치고 국내 저비용항공사 중 1위의 시장점유율을 기록하였다.

특히, 각 항공사의 주력노선인 김포-제주 노선 수송점유율은 12.6%를 기록하여 여타 저비용항공사들을 압도하는 등 취항 1년도 안 되어 저비용항공업계의 판도를 뒤바꾸었다.

진에어 관계자는 모회사인 대한항공에 아웃소싱한 최고의 안전능력, 업계최고의 정시성과 운항률, 그리고 가족 운임 등 진에어만의 차별화된 서비스, 고객을 배려하는 마음까지, 이 모든 것이 고객들 사이에서 입소문을 탔기에 여기까지 왔다며 진에어는 한 달, 한 분기의 단기적 성과에 일희일비하지 않고 10월을 목표로 추진 중인 국제선 취항에서도 대한민국과 아시아를 대표하는 1등 항공사로 자리 잡기 위해 노력할 것이라고 말했다.

출처 : HOTEL & RESTAURANT, JULY 2009, 75면.

24) 멕시카나항공 CI변경

새로운 기업철학과 항공산업의 어려운 과제를 다루기 위한 전략으로 경쟁적이고 서비스, 혁신, 활력, 유연성으로 구별되는 새로운 CI를 발표하였다.

새로운 로고의 자유로운 글씨체는 고객서비스를 위한 항공사의 환대와 유연성을 나타내고, 독수리형상은 90여 년의 국내선 운항 동안 보여준 멕시카나의 본질과 안전성, 일관성, 견고성을 반영하는 상징으로 나타난다(세계여행신문, 2008.12.22, 12면).

05 항공사와 관광청 공동 마케팅

중국남방항공은 단동시 관광국 서울사무소 단동트래블과 함께 가을맞이 단동여행 특별 이벤트행사를 진행한다. 먼저 압록강배 한 · 중 친선 아마추어 골프대회를 단동시 관광국 주관으로 개최한다. 참가경비는 71만원으로 투어가 포함된다. 중국남방항공 전세기 취항 9월 24일 출발 3박 4일(단 1회)이다.

여행일정 중 한 · 단동 친선 이벤트 행사를 개최한다. 압록강배 골프대회, 한국 · 단동 친선 축구경기 및 배구대회, 압록강변 광장에서의 통일염원 퓨전국악공연, 색소폰연주회, 조선족 난타공연, 비보이 공연, 선상연주회 등의 행사에 참여할 수 있다. 상품가는 55만 원이다.

2008 항공분야 국가고객만족도(NCSI) 조사

아시아나항공이 국내선부문과 싱가포르항공이 국제선부문 전체 만족도에서 1위를 차지하였다.

아시아나 항공은 고객의 소리를 듣고 맞춤형 서비스를 제공함으로써 좋은 평가를 받은 것으로 나타났다. 대표적인 행사로 고객을 회사로 초대해서 서비스 현장을 보여주고 의견을 청취하는 고객방문의 날 행사를 시행하여 향후 고객의 소리를 상품개발과 서비스 개선에 반영된 점이 높이 평가되었다.

싱가포르항공은 퍼스트 클래스, 비즈니스 클래스, 이코노미 클래스 모두 다른 항공사와 비교해서 좌석이 넓고 쾌적하게 설계되어 있다. 개인별 모니터를 이용한 기내 엔터테인먼트 시스템과 각종 업무 보조 시스템까지 갖춰놓았다. 다양한 한식이 제공되는 점도 고객으로부터 좋은 반응을 얻은 것으로 나타났다. 이러한 요인들이 분야별 1위에 오르게 하는 이유로 설명된다.

참고로 아시아나항공은 2008 국가고객만족도 전체 순위에서 19위로 75점, 싱가포르항공은 전체 순위 39위로 73점을 차지하였다.

자료 : 조선경제, 2009.1.5, B10-11면.

06 항공사 이벤트

1) Kenya Sales Contest

케냐항공에서는 2009년 7월 20일부터 9월 30일까지 세일즈 컨테스트를 실시한다. 프로모션 기간 중 토파스를 통해 예약한 여행사에 대해 백화점 상품권을 증정한다.

이코노미 5만 원 상당 백화점 상품권 증정, 비즈니스 10만 원 상당 백화점 상품권 증정한다. 인천출발 기준 Q CLS 이상 예약에 한하며 반드시 케냐항공 한국 GSA를 통한 발권만 적용되며 단체는 프로모션에서 제외된다.

2) 미국 비자면제 기념 특가 항공권

노스웨스트항공의 파격적인 요금으로 일본 또는 미국으로 떠나볼 것을 권유한다. 비자없이 더욱 편하게, 샌프란시스코의 고풍스러운 멋, 라스베가스에서의 짜릿한 스릴, 세계적인 대도시 뉴욕의 즐거움을 경험해 볼 것도 권유한다.

2009년 1월 14일부터 2009년 3월 31이 사이에 서울 또는 부산에서 출발하여 90일 이내에 귀국하면 되는 점을 확인해 준다. 노스웨스트항공이 델타항공의 소속사임을 공지하고 있다. 왕복여행 목적지 및 요금은 다음과 같다.

- **도쿄 목적지** : 부산 출발 일반석 할인요금(200,000원), 서울 출발 일반 할인요금(280,000원)
- **로스엔젤레스, 샌프란시스코, 시애틀, 포틀랜드, 호놀룰루** : 부산 출발 일반석 할인요금(459,000원), 서울 출발 일반석 할인요금(608,000원)
- **뉴욕, 시카고, 애틀란타, 워싱턴 DC, 라스베가스, 보스턴, 댈라스, 그 외 모든 미국 도시** : 부산 출발 일반석 할인요금(654,000원), 서울 출발 일반석 할인요금(838,000원)

상기 요금은 주중여행에만 적용되며 주말(토, 일요일) 미국행 여행의 경우 편도 50,000원의 할증료가 적용됨을 공지한다. 기타 세금/수수료는 이용자 부담임을 알린다. 약관이 적용됨도 공지한다.

3) 제주항공 취항 기념특가 상품

노랑풍선의 기획여행명은 노랑스케치이다. 오사카 자유배낭 3일(219,000원), 후쿠오카 자유배낭 3일(289,000원), 묻지마 순간찬스 JL 떠나는 동경스케치 3일(227,000원) 상품은 매일 출발 가능하다.

항공 TAX 및 유류할증료, 현지교통 및 입장료, 개인경비, 선택관광, 비자비, 야간열차 예약비는 불포함 사항이다. 상품별과 호텔별 조식 포함여부는 변동가능함을 공지한다.

4) 제주항공 여름철 성수기 할인

제주항공이 여름철 성수기 할인이벤트를 실시한다. 2009년 7월 17일부터 8월 23일까지 탑승할 수 있는 항공권을 인터넷으로 예매할 경우 최대 20%까지 할인하는 이벤트를 진행한다.

이밖에 예약센터나 김포공항, 제주공항, 김해공항, 청주공항에서 예약할 경우 15%를 할인받는다. 이 기간 동안 최고 20%를 할인받으면 공항이용료와 유류할증료 등을 제외한 항공요금은 김포-제주 6만 4천 800원, 부산-제주 5만 100원, 청주-제주 5만 7천 100원에 이용할 수 있다.

5) 루프트한자 유럽왕복 특가행사

루프트한자 독일항공(크리스티안 쉰들러 지사장)은 유럽을 보다 저렴하게 여행할 수 있는 기회를 제공한다. 2009년 2월 21일부터 3월 15일까지 진행하는 올인원(All-in-One) 유럽특가 프로모션으로 유류할증료, 공항세 및 수수료를 포함, 94만 9천 원부터 유럽 왕복항공권을 구매할 수 있다. 단, 독일지역은 제외된다.

루프트한자의 올인원 프로모션 항공권은 4월 30일까지 여행이 가능하며(한국 출발기준), 인천은 물론 부산에서도 추가 비용없이 출발할 수 있으며 최대 2회 경유가 가능하다.

6) NZ 송년행사

에어뉴질랜드는 2008년도 우수판매여행사를 초청한 가운데 송년 행사를 개최하였다. 뉴질랜드 지역담당자 및 웹 예약발권 판매 담당자 등 업계관계자들이 참여하였다.

간단한 상품설명회에 이어 저녁식사가 마련되었고 게임과 퀴즈 등을 통해 친목을 도모하였다. 이러한 행사도 여행사의 판매촉진을 위한 차원에서 이루어지는 마케팅의 일환으로 보면 된다.

** 뉴질랜드 로토루아 마오리족 민속공연

7) 인터넷 특가 이벤트

말레이시아항공에서는 인터넷 예약자에 한해 특가요금을 출시하였다. 2009년 5월 14일까지 예약하고 28일부터 10월 31일까지 여행기간이어야 한다. 코타키나발루 편도항공편이 17만 4800원, 쿠알라 룸푸르 편도 항공권이 18만 4800원이다.

성수기 기간에는 사용이 불가하며 공항이용료, 유류할증료, 전쟁보험료, 기타 수수료 등이 포함된 조건이다(세계여행신문, 2009.5.11, 14면).

8) 얼리버드 특가

핀에서에서는 2009년 5월에서 6월 7일까지 판매되는 티켓에 7~8월 얼리버드특가를 적용한다. 가격은 R클래스 78만 원이며 체류기간은 최소 5일에서 최대 1달까지 가능하다.

도착도시는 핀에어가 취항하는 유럽 전 지역 선택이 가능하며 9월 30일까지 여행이 완료되는 일정에 적용된다. 단 날짜 변경시 20만 원의 수수료가 부가되며 환불시 40만 원의 벌금이 부과된다(세계여행신문, 2009.5.11, 14면).

9) Cathay Pacific

캐세이패시픽항공에서는 홍콩 SuperStop 프로모션을 시행한다. 특별요금으로 11개 도시 여행시, 홍콩 무료 호텔 1박 또는 디즈니랜드 당일 자유이용권을 증정한다.

대표 판매여행사는 내일여행, 레임여행사, 와이페이모어, 온라인투어, 인터파크투어, 클럽리치투어이다.

10) 타이항공

타이항공은 가족여행 프로그램으로 어른 2명에 동반하는 어린이 한명 무료여행이라는 혜택을 제시하고 있다. 타이항공의 로얄오키드 할리데이로 여행하는 어른 2명에 동반하는 12세 미만의 어린이가 무료여행을 할 수 있다.

타이항공은 스타어라이언스의 회원이기도 하다. 상기 프로그램은 2008년 4월 1일부터 10월 31일까지 유효한 이벤트이다.

올해의 항공사 캐세이패시픽항공

캐세이패시픽항공이 영국의 세계 최대항공서비스평가 전문기관인 스카이트랙스(Skytrax)가 선정한 세계항공사 대상에서 최고 영예인 2009 올해의 항공사로 선정되었다.

이번 수상은 지난 2003년, 2005년에 이어 3번째로, 올해의 경우 수상과 동시에 아시아지역 최고항공사로 선정되는 영광도 차지하였다.

장준모 캐세이패시픽항공 영업마케팅이사는 항공여행 소비자들이 직접 평가한 상이자, 전 직원의 전문성과 헌신을 증명하는 것이라 더욱 의미가 있다며 앞으로도 홍콩을 기반으로 전 세계 네트워크와 프리미엄 서비스로 소비자들의 성원에 보답하겠다고 소감을 밝혔다. 수상을 기념해 캐세이패시픽항공 한국지사는 특별 이벤트를 준비 중이다.

올해로 10번째를 맞는 스카이트랙스의 세계 항공사 대상 평가는 지난해 8월부터 올 3월까지 97개국 1620만 명 이상의 승객들을 대상으로 인터뷰한 결과를 토대로 이루어졌다. 올해는 역대 최다 인원이 설문에 참여해 그 의미를 더하고 있다.

출처 : 세계여행신문, 2009.4.20, 15면.

11) 항공사의 에어텔 판매 이벤트

필리핀항공에서는 에어텔 판매 컨테스트를 시행하고 있다. VISIT PHILIPPINES 에어텔은 필리핀항공에서 제공하는 비즈니스 여행 주말여행 등 나만의 여행을 자유롭게 디자인할 수 있는 필리핀 자유여행 에어텔(항공+호텔)로 소개한다. 비지트 필리핀 매력 포인트로 4가지를 제시한다.

1. 내가 디자인하는 자유여행

이코노미, 프레미어, 럭셔리, 테마 에어텔(여성에어텔, 골프에어텔)까지 총 30개 호텔로 구성되어 내 여정에 꼭 맞는 상품 선택으로 나만의 자유여행을 즐길 수 있다고 소개한다.

2. All in one 패키지

비지트 필리핀 에어텔 구매로 필리판 왕복 항공과 호텔 숙박, 아침식사, 공항-호텔 왕복 교통서비스까지 모두 해결된다고 설명한다.

3. 다양한 스케줄로 편리한 필리핀 여행

인천-마닐라 매일 2회 운항/ 부산-마닐라 주 4회 운항/ 인천-세부 주 4회 운항하는 스케줄이다.

4. 필리핀 항공 취항 67주년 기념 수요일 출발을 잡으면 혜택

매주 수요일 이코노미 상품가격의 67%만 내고 가는 특별한 이벤트를 실시하며 2008년 9-10월 출발상품으로 홈페이지 참조, 공지하고 있다.

또한 여행사 판매 컨테스트를 2008년 8월 20부터 9월 30일까지 시행하는데 해당 상품은 비지트 필리핀 에어텔 전 상품으로 1등은 백화점 상품권 50만 원/ 2등은 백화점 상품권 30만 원/ 3등은 백화점 상품권 20만 원/ 20명 이상 판매자 전원에게는 금반지 1돈 등을 제공한다.

12) 비즈니스 무료 숙박권

많은 항공사들이 비즈니스 고객유치를 위해 다양한 상품을 내놓고 있다. 일종의 항공사의 프로모션 행사로 주목할 만하다. 에미레이트항공은 2008년 7월~8월간 퍼스트 클래스와 비즈니스 클래스를 이용하는 고객에게 현지 특급 호텔 2박 및 1박 숙박권을 지급하는 것으로 알려졌다.

추가적으로 호텔 내에서 식사, 스파 등의 서비스를 이용할 수 있는 이용권도 제공되며 두바이 공항에서 리무진 서비스(세계여행신문, 2008.7.7, 44면)도 가능한 것으로 홍보되었다.

13) JAL 증편운항 이벤트

2008년 10월 26일부터 서울–동경, 오사카구간이 증편되었다. 서울–동경 오전 8시부터 매일 12회 운항과 서울–오사카 오전 9시 45분부터 매일 6회 운항함을 홍보한다. 도쿄/오사카 증편기념 이벤트는 다음과 같다.

첫째, 도쿄/오사카 여행체험기 공모전으로 네이버 또는 JAL홈페이지에 일본항공을 이용한 도쿄/오사카 여행체험기를 올리면 당선작 10명에게 도쿄 또는 오사카 왕복항공권 2매, 참가자 20분에게는 추첨을 통해 선물을 제공한다. 이벤트 기간은 2008년 10월 6일부터 10월 26일이다.

둘째, 증편기념 보너스 마일 적립이다. 캠페인 기간 중 JL956(서울–도쿄), JL966(서울–오사카)편을 탑승하면 보너스 500마일을 추가로 적립할 수 있다. 이벤트 기간은 2008년 10월 26일부터 12월 31일(탑승기준)이다.

셋째, 도쿄/오사카/미주/유럽/호주/동남아 온라인 특별할인이다. 나리타 29만 원부터, 오사카 26만 원부터, 뉴욕 75만 원부터, 유럽 각 지역 50만 원부터이다. 세금은 별도이다. 이벤트 기간은 10월 27일부터 11월 30일까지이다.

넷째, OK캐쉬백 1% 적립이다. OK캐쉬백 회원이 JAL홈페이지에서 항공권을 구매하시면, 항공운임의 1%를 적립하여 준다. 기간은 2008년 10월 27일부터이다. Dream Skyward JAL로 홍보한다.

07 여행사 지불 수수료

1) 에어칼린

Aircalin은 인천-누메아 구간에 대해 유류할증료에서 수수료를 지급하고 있다. 여행사 및 대리점은 항공요금과 같은 7%의 커미션을 유류할증료 부분에서 받는다.

2) 에어마카오

Air Macau는 기존 9%의 수수료에서 2008년 10월 1일부터는 발권수수료를 7%로 인하하여 지급하고 있다. 인천-마카오 구간 및 기타 에어마카오를 이용한 전 여정에 해당하여 적용된다.

08 자가용 전세기

1) 유마항공

유마항공은 레이시온 에어라인사의 1900D를 소유하고 있는 한서우주항공과 총판매대리점(GSA)를 체결하여 국내 최초로 자가용 비행기를 국내 여행시장에 도입하였다. 자가용 비행기는 원하는 시간과 장소에 항공기를 이용할 수 있는 전세서비스이다.

탑승인원은 조종사를 제외하고 18명이며 탑승수속도 간편하다. 운항되는 항공기는 미국 레이시온 에어라인에서 생산한 1900D 쌍발 터보프롭기종으로 원래 19인승이나 국내 이용객들의 편의를 돕기 위해 화장실을 만들었다.

1900시리즈는 미국, 캐나다, 프랑스, 독일, 덴마크, 스페인, 스웨덴 등 전

세계 30여 개국에서 운행되고 있는 항공기로 1900D는 최신기종이다. 머리를 숙여야 하는 다른 기종과 달리 서서 이동이 가능한 캐빈 설계도 장점으로 평가된다.

항공기 선택이 까다로운 미 공군과 육군도 1900기종을 운항하고 있어서 최고의 안전성을 확보하고 있다는 판매항공사의 설명이다. 승무원의 서비스를 요청하면 승무원 1명의 비용을 지불하면 가능하다고 한다(세계여행신문, 2008.7.21, 3면).

(주)유마항공의 공지사항을 보면 한서우주항공에서 2008년 3월 4일 국토해양부 서울지방항공청으로부터 운항증명서를 취득하였고 공항이 있는 곳이라면 어디라도 가능함을 알리고 있다. 전국 15개 공항의 취항이 가능하다고 한다.

단체여행, 기업연수, 우수고객초청 행사, 각종 프로모션, 응급환자 수송도 가능함을 공지한다. 시간당 전세운임특가는 1,728,000원이다.

서울-제주는 2,160,000원(1시간 15분/ 1인당 104,600원), 서울-부산은 1,670,000원(58분/ 1인당 77,400원), 서울-양양은 1,152,000원(40분/ 1인당 48,600원)으로 가격을 공지하고 있다. 전 구간 유류할증료 15,400원과 부가세는 별도이다. 향후 자가용 전세기의 여행시장 출현으로 다양한 차원에서의 여행수요가 창출될 것으로 전망된다.

09 항공여행의 안전

최근에 항공사들은 안전을 위한 강화노력에 더욱 힘쓰고 있다. 항공사의 사고는 대형사고로 이어지기 때문이다. 승객들도 이러한 항공사의 안전강화를 위한 방침에 협력해야 한다. 그래서 기내난동 등 고객의 무책임한 행동에 대해서는 고객서비스 차원을 넘어 처벌 및 벌금이 강화되고 있는 추세이다.

이륙 후 3분과 착륙 전 8분이 가장 위험

해외로 여러 가지 이유로 출국을 하게 되면 대체로 항공기를 이용하게 된다. 많은 사람들은 출발 즉 이륙할 때는 거의 좌석에 앉아 비행기가 날아오르기를 기다린다. 대체로 움직이는 사람은 거의 없다. 그러나 착륙시에는 이제 도착하면 된다는 안도감 등으로 많은 사람들이 우왕좌왕하면서 움직이는 것을 볼 수 있는데 실상은 착륙 전의 8분이 가장 위험한 시간으로 긴장해야 한다고 전문가들은 지적한다.

여행을 통해 보면 어떤 경우에는 비행기가 무사하게 착륙하면 박수를 보내는 경우를 보게 되는데 이러한 측면에서 기장에게 감사와 수고의 메시지를 전달한다고 보면 될 것이다. 특히 이스라엘항공을 이용했을 때 기장을 향해 박수를 보내는 광경을 여러 차례 목격했는데 이는 애국심이 강한 이스라엘의 특별한 표현으로 보면 될 것 같다.

노후한 항공기일수록 사고의 위험이 높다. 또한 정비불량일 경우도 그러하다. 항공기에 결함이 있음에도 불구하고 무리한 비행강행은 사고를 자초하는 꼴이 될 것이다. 이륙 후 3분과 착륙 전의 8분을 전문가들은 마의 11분의 고비로 표현한다. 비행기가 이륙을 시작한 3분과 착륙시의 8분을 합친 시간을 말한다. 기존의 항공기 사고를 보면 거의 대부분의 사고가 이 마의 11분 동안 가장 많이 발생하였다는 중론이다. 그래서 항공사 승무원들은 이 시간 동안 발생할 수 있는 사고에 대비하여 적절한 돌발상황에 대처하는 교육을 집중적으로 받게된다고 한다.

자료 : 조선일보, 2008.8.22, A16면 참고하여 저자 작성

10 항공사의 에어텔 상품

1) 필리핀항공 에어텔

필리핀항공 에어텔은 비몽(Bemong)으로 여행사 예약시 9%의 수수료를 지급한다. 마닐라 하얏트, 보라카이 리젠시를 사용한다. 에어텔 상품 2쌍 판매시 헤어명품 케라스테스 트래블 킷을 증정한다. 비몽만의 특별한 서비스는 공항 에어텔 전용 카운터 이용-비즈니스 카운터에서 수속(인천공항), 사전 좌

석 배정 서비스-원하는 좌석을 출발 전에 지정, 마일리지 적립 서비스-필리핀 항공 마부하이 마일즈 회원가입 및 적립, 기념품으로 Water proof Camera 증정 등이다. 비몽은 온필에서 판매 대행함을 공지한다. 마닐라 아트리움 에어텔(409,000원부터), 보라카이 레드코코넛 에어텔(673,000원부터), 팔라완 도스팔마스 에어텔(1,176,000원부터), 팔라완 엘니도 미니락 에어텔(1,600,000원부터) 상품이 있다.

2) 대한항공 제주에어텔 예약 이벤트

타사에서는 예약할 수 없는 저렴한 가격(최저가 23만 원부터)으로 품격 높고 자유로운 제주여행으로 소개한다. 행사기간은 2008년 11월 10일부터 2008년 12월 23일이다. 이용호텔은 서귀포KAL호텔, 제주KAL호텔이다. 대상노선은 김포-제주, 부산-제주, 청주-제주이다. 제주여행을 제주KAL호텔 에어텔로 예약해야 하는 이유를 세 가지로 제시한다.

첫째, 주중과 주말 상관없이 항공료를 특가로 제공 둘째, 늦은 저녁 출발, 아침 일찍 도착하는 할인항공이 아니며 좌석만 있다면 모든 시간대에 예약이 가능 셋째, 제주 최고의 특급호텔 KAL호텔을 이보다 더 저렴하게 예약할 수 없다는 점을 들고 있다. 대한항공 에어텔은 항공+호텔2박+호텔조식2회가 포함되어 있다. 에어텔요금은 2인 출발, 2인 1실 예약 기준의 1인 요금인 점을 공지한다. 항공여정과 호텔 투숙기간은 2박 3일로 동일해야 한다. 상품가에는 공항세, 호텔제세금이 포함되어 있고 유류할증료는 별도이다.

여행상품 구매 후 항공여정의 일자변경은 불가하다. 소인(만2세~12세) 항공요금은 성인 항공요금과 동일한 점을 공지하고 있다. 제주행 금요일과 토요일 08:00~12:00 및 16:00 이후와 제주발 일요일 10:00 이후의 출발시간은 에어텔 상품가가 변동된다. 2박 3일 여행일정이 모두 적용기간 안에 포함되어 있어야 하는 점을 공지하고 있다. 에어텔 이용을 특전을 살펴보면 KAL호텔 특별서비스와 렌터카 서비스가 있다. 제주민속촌 50% 할인권을 증정한다. 사우나, 실내수영장, 헬스클럽 50% 할인권 2매가 증정된다. 2인 1실 기준에서이다. 뷔페식당 20% 할인이며 대한항공 탑승권을 제시해야 한다. 또한 렌터카 예약 시 할인이 제공된다. 네비게이션 장착서비스가 있다. 제주자유이용권 할인티켓 예약과 제주 명문 골프장 부킹 서비스(세인트포 CC 등)가 제공된다.

11 즐거운 비행과 탑승

승무원이 기내에서 보내는 시간은 비행으로 불리고 고객들의 경우에는 탑승시간이라고 한다. 안전하고 즐거운 시간이 되도록 대고객 서비스를 강화하고 있는 항공사들의 노력을 여러 측면에서 보게 된다.

제주항공JJ(join & joy)팀 발족, 기내 엔터테인먼트화 노력

제주항공이 남녀 객실승무원 15명으로 기내 특화서비스를 담당하는 JJ팀을 10월14일 공식 출범했다. JJ팀이 탑승하는 항공편에서는 객실승무원과 탑승객 전원이 함께하는 빙고게임이나 로또게임, 승무원과 가위 바위 보를 해 이기는 고객에게 상품을 주는 '승무원을 이겨라' 등 다양한 기내 이벤트를 실시해 즐거운 항공여행을 만들어 나간다는 계획이다. 제주항공은 이밖에도 제주출신 승무원들의 제주사투리 기내방송, 기내에서 닌텐도 게임기 대여 서비스, 어린이를 위한 풍선아트 서비스, 단체나 개인이 항공기를 통째로 빌려 그들만의 기내 서비스를 직접 신청하는 전 좌석 판매 등 제주항공만의 신선한 기내 서비스를 제공하기로 했다.

객실승무팀 관계자는 "JJ팀의 정식출범으로 제주항공의 즐거운 기내 서비스가 한층 다양화될 예정"이라며 "현직 승무원들이 비행경험을 바탕으로 내놓은 아이디어라서 참신하고 기발한 아이디어가 많아 이를 적극 개발하고 있다"고 밝혔다. JJ팀 승무원들이 탑승하는 항공편은 총 운항편 중 약 22%를 차지하며, 향후에는 즐거운 기내 서비스를 원하는 고객이 항공편 예약시 처음부터 JJ팀 탑승편을 직접 선택할 수 있도록 할 예정이다.

자료 : HOTEL & RESTAURANT, 2008년 11월호, p131.

** 항공사 기내 비행항로 모니터

12 저가 항공시장

1) 저가 항공사

저가 항공사가 폭넓게 활동하며 항공시장에 자리매김하고 있다. 해외의 저가 항공사의 활동과 함께 국내선의 경우에도 활동의 영역이 커지고 있다. 대한항공의 저가 항공사인 진에어(www.jinair.com)는 김포-제주 노선에 취항하였다. 국내선에 자리를 잡고 향후에는 동남아, 일본에 취항할 계획을 갖고 있는 것으로 알려졌다. 아시아나 계열의 지역항공사인 에어부산이 2008년 10월 말 취항을 예정하고 있는 상황이기도 하다.

저가 항공사가 활성화되어 성공적인 경영성과를 이룩하고 있는 경우도 많지만 도산하는 경우도 많은 것으로 보인다. 2008년 상반기에 최소마진에 유가급등 등 경영압박에 의해 저가 항공사인 알로하에어, 홍콩의 오하시스항공이 파산하였다. 또한 ATA항공, 스카이버스도 도산하였다. 알로하에어는 저가 항공사가 아님에도 하와이의 현지 저가 항공사인 고에어라인과 아일랜드 에어와 요금 경쟁을 벌이다 적자가 축적되어 파산을 하게 된 것으로 알려지고 있다. 거의 모든 저가 항공사가 최근 유가 상승에 의한 경영적인 문제로 인해 종국에는 파산보호 신청을 할 수 밖에 없던 것으로 분석된다. 저가 항공사의 어려움은 기존에 저가요금의 경쟁력과 이미지로 인해 유가인상에 의해 불가피한 요금인상을 할 수 없다는 점이 크게 작용한 것으로도 파악된다.

국내의 경우에도 제주항공, 한성항공 등 향후 국제선 취항을 앞두고 적자로 운항해야 하는 상황에서 현재 기존 취항항공사의 요금에 근접해서 책정할 수 밖에 없을 것이라는 전망이 우세하다. 또한 기존에 취항하지 않은 신규 목적지를 물색하고 있는 상황으로 파악된다.

인천시와 싱가포르 타이거항공이 지분투자로 설립키로 예정인 인천타이거항공은 2008년 연말에 비행이 시작될 예정이었으나 국내의 기존 저가 항공사인 에어부산, 영남에어, 제주항공, 진에어 등 4개 항공사의 반대 탄원에 의해 현재 보류 중인 것으로 알려지고 있다. 참고로 항공사의 설립은 국토해양부에서 주관하고 있다.

2) 저가 항공사의 파격적인 요금

항공사의 가격경쟁이 정점에 오르면서 2008년 3월 기준 한성항공에서는 9900원 제주행 항공권이 등장하였다. 요일, 시간대별로 요금을 차별적으로 적용하는 한성항공은 김포-제주 간 노선을 최저 1만 9900원에서부터 6만 9000원에 판매한다. 또한 할인쿠폰 이벤트 당첨시에는 한성항공의 최저가 1만 9900원보다도 1만 원이 저렴한 9900원에 항공기를 이용할 수 있게 되는 것이다. 단 편도기준이며 세금은 불포함조건이다.

사례 • 경영난으로 운항 중단한 한성항공 및 영남에어

국내의 첫 번째 저가 항공사로 운항했던 한성항공은 아쉽게도 운항을 중단하게 되었다. 2005년 8월 31일 청주-제주 노선을 시작으로 국내에서 처음으로 저가 항공의 시대를 열었다. 2005년 12월에 이어 두 번째 중단인 것으로 알려졌다. 이듬해 2월 15일 운항을 재개하기도 하였다. 운항 중단이유는 적자의 누적, 투자유치 실패때문인 것으로 알려졌다. 2008년 10월 18일부터 청주-제주, 김포-제주 노선의 운항을 전면 중단한다고 발표하였다. 2006년 10월 김포-제주 노선을 취항하고 항공기도 4대로 늘리는 등 공격적인 경영에 나섰으나, 지난 6월까지 적자액이 270억 원대로 불어난 것으로 전해진다.

한성항공 측은 최근 항공기 추가확보와 국제선 취항을 위해 150억 원 규모의 투자유치를 추진했지만, 금융위기로 실패해 운항을 중지하게 되었다고 밝혔다. 내년 1월까지 항공권을 예매하면서 받은 10억여원의 항공료에 대한 환불과 대체 항공편 제공 등에 대한 대책 마련이 안 되어 예약자들의 피해가 예상(조선일보, 2008.10.18, A26면)되는 상황이다.

한성항공은 2008년 10월 중순 이후 무기한 운항중단 및 인수자를 물색하고 있다. 영남에어도 2008년 11월 3일 5개월만에 부품교체를 이유로 일시 운항을 중단한 후 부도처리되었다. 30~40%대의 낮은 탑승률과 자금난으로 7월 취항이후 누적적자가 60억에 달했으며 취항 초기부터 착륙료와 사무실 임대료, 공항 이용료 등 7700여만 원을 부산공항공사에 내지 못한 것으로 보도되었다. 영남에어가 출범한 7월은 국제유가가 배럴당 140달러를 넘어서는 등 최고조였고 수요부진으로 탑승률이 저조해지는 등 어려움을 겪은 것으로 알려졌다.

또한 대한항공과 아시아나항공의 계열인 진에어와 에어부산이 출범해 과당경쟁체제로 들어섰고 50억 원의 자본금에 비행기 1대만으로 4개 노선을 운항하다가 1개 노선을 줄이는 등 불안한 운항을 해왔던 것으로 보도되었다. 영남에어는 부산을 기반으로 한 항공사이다. 현재 군산을 기반으로 한 이스타항공과 울산을 기반으로 한 코스타항공은 취항시기를 조율하고 있는 상황으로 전해졌다.

참고로 제주항공은 애경그룹, 제주시, 산업은행이 출자하여 2006년 6월 출범하였고 진에어는 대한항공 계열로 2008년 7월 출항하였다. 에어부산은 아시아나항공과 부산 상공인이 출자하여 2008년 10월 출항하였다(조선일보, 2008. 12.6, A22면).

현재도 기존 대형항공사와 저가 항공사의 시장진출에 따른 치열한 경쟁 속에서 향후 항공사의 발전과 쇠퇴는 쉽게 전망하기가 어려울 만큼 예측불허의 상황이라 하겠다. 그럼에도 불구하고 독자적이고 차별화된 서비스와 경쟁력을 확보하고 구축해나가는 항공사만이 시장에서 생존하고 발전할 것이라는 전망은 다음의 유럽 저가 항공의 사례를 통해 가능하다고 사료된다. 항공사의 수익만이 시장에서 존재의 이유가 될 것이다.

유럽의 저가 항공산업

인구 40만 명의 영국 맨체스터에서 맨체스터 유나이티드의 축구 경기가 열릴 때마다 7만 명의 관중이 경기장을 가득 메우는 비결은 스타들의 환상적인 플레이가 가장 큰 요인이고, 다른 요인으로 유럽의 저가 항공산업을 꼽는다. –중략–

유럽은 라이언에어(Ryanair)나 이지젯(Easyjet) 같은 저가 항공기가 유럽 곳곳을 거미줄처럼 촘촘히 연결해 주고 있다. 맨체스터나 인근의 리버풀에서 중요한 축구경기가 있으면 영국 내에서는 물론 프랑스, 스페인, 네덜란드, 독일 등 유럽 전역에서 관중이 저가 항공기를 타고 몰려오는 것이다. –중략–

이들 저가 항공의 경쟁력은 깜짝 놀랄 정도로 싼 가격이다. 한두 달 전쯤 미리 예약만 한다면 맨체스터에서 스위스 제네바 간의 왕복 항공권을 단돈 20~30파운드(약 4만~6만 원)에 구할 수 있다. 운이 좋으면 영국의 주요도시에서 스페인 남부 연안의 휴양도시를 오가는 왕복표를 세금만 따로 내고 거의 공짜로 구할 수도 있다. –중략–

기자가 보기에 유럽의 저가 항공은 지역 균형발전과 관광산업 활성화에도 상당한 기여를 하는 것 같다. 예를 들어 2008년 영국 전체의 항공 이용객 수는 2억 3600만 명으로 한국의 3배에 이른다. 특히 저가 항공사들의 거점인 맨체스터, 버밍햄, 에든버러, 뉴캐슬 같은 30여개의 지역 공항은 지난 10년간 이용승객이 2배나 늘어났으며, 향후 10년간 다시 2배로 늘어날 것이라는 전망이 나오고 있다. 항공기 승객이 100만 명 늘어날 때마다 1000명의 고용이 창출된다고 하니 영국의 저가 항공은 엄청난 고용효과도 내는 셈이다. –중략–

결국 우리도 유럽처럼 관광이나 항공 같은 서비스산업의 활성화를 통해 고용창출에 나설 때가 됐다.

출처 : 조선일보, 2009. 4. 20, A34면.

13 항공기 취항 상품

1) 정기 취항

대한항공은 2008년 전반기에 러시아 상트페테르부르크에 정기편 운항을 시작하였다. 상트페테르부르크는 백야여행이 가능한 러시아의 제2 규모의 유럽형 도시이다. 또한 실크로드의 서쪽 출발지인 우루무치에도 직항편을 재개하였다. 이러한 항공사의 취항과 연계된 여행사의 상품이 출시되었다. 주로 패키지여행 중심의 대형 여행사의 연합상품 및 개별상품을 통해 홍보되어 판매되고 있다. 아시아나항공도 여름 성수기에 베트남 다낭에 전세기를 띄우게 된다.

2) 정기취항을 위한 전세기 취항

대한항공은 2008년 상반기에 전세기를 하계 여행방학 시즌에 맞춰 취항하였다. 다낭, 케언즈 그리고 황산과 무단강, 러시아의 이르쿠츠크에 투입 하계 성수기 수요에 대비한 측면에서 정기취항편이 개설되는 경우가 많다. 하롱베이 다음에 신관광지로 떠오른 베트남 다낭, 산호초와 열대의 우림으로 알려진 호주 케언스 등이다.

이는 하계 성수기를 겨냥한 취항이며 바이칼 호수 방문을 위한 이르쿠츠크의 경우는 현지 항공사인 시베리아항공과 노선 제휴를 통한 취항으로 확인되었다. 아시아나항공은 2008년 3월 31일 파리의 샤를 드골공항에 취항하였다.

3) 직항전세기

대한항공은 팔라우 직항전세기를 2009년 1월 14일~2월 25일까지 매주 수, 토요일 13회 운항한다. 한진관광에서는 KAL투어 기획 프로젝트의 하나로 팔라우 직항전세기 상품을 내놓았다. 바다 스노클링과 색다른 경험, Milkyway

로의 초대로 홍보한다. 한진관광의 특전은 팔라우퍼시픽 추천상품(동반아동 1인 50% 할인) 일자별 선착순 10명, 로얄호텔(동반자 1인 30만 원 할인) 연장으로 일자별 추가 10명, 스카이패스 대한항공 탑승마일리지+결제금액 1,000원당 1마일 추가 적립이다.

CJ 홈쇼핑 방영 인기상품 씨패션호텔 5일(980,000원), 6일(1,140,000원) 상품, 자유/추천/품격 팔라우 5일(10만원 할인된 749,000원부터), 6일(10만원 할인된 849,000원부터) 상품이 있다. 여행사의 연결시 9% 수수료가 지급된다. 만약 6명 이상 예약시에는 동일 출발과 동일상품에 한해 11% 수수료가 지급된다.

모두 잊어버리겠습니다.

지난 한 해 주신 큰 사랑, 올해는 더 좋은 서비스로 돌려 드리겠습니다. 새해 복 많이 받으세요.

2005~20089년 IATA 세계 화물 수송 4년 연속 1위
2006, 2007년 ITCA 머큐리상 최우수 기내식/최우수 기내 서비스 수상
2006년 TIME 퍼스트/비즈니스 클래스 부문 1위
2008년 Business Traveler 아시아 최고 항공사
2007~2008년 Business Traveler 아태지역 최고 비즈니스 클래스 항공사
2008년 Global Traveler 북아시아 최고 항공사
2008년 중국 World Traveler 최우수 기내 서비스 상

그 동안, 전 세계로부터 받은 이 수많은 상들 저희는 깨끗이 잊어버리고자 합니다.
오직, 더 잘하라는 격려의 의미만 가슴 깊이 새기겠습니다. 다른 어떤 상보다 고객 여러분께 듣는 칭찬 한마디가 저희에겐 더 소중하니까요.
여러분께 더 좋은 서비스를 드리기 위한 노력, 멈추지 않겠습니다.

자료 : www.koreanair.com

4) 자카르타 취항기념

가루다인도네시아항공에서는 2009년 7월 4일 자카르타 취항기념 세일즈 컨테스트를 실시한다. 비즈니스 클래스 발권 1장당 최대 3만 원, 이코노미 클래스 발권 1장당 최대 1만 원으로 기간은 6월 15일부터 7월 31일까지이다. 전 좌석 개인 모니터가 장착된 최신 A332 항공기 도입과 오전 10시 35분 출발로 인도네시아 주요도시가 당일로 연결됨을 공지한다. 주 3회 운항하며 좌석 수는 36개의 비즈니스석, 186개의 일반석으로 되어 있다.

5) 제주항공 일본취항

제주항공에서는 2009년 3월 20일 일본취항을 홍보한다. '우리나라에서 가장 경제적인 일본여행 제주항공 보잉 737-800타고 다녀오세요!' 라고 광고한다. 인천-오사카 간 매일 운항과 인천-키타규슈 간 주 3회 운항을 공지한다. 료칸의 아침 새소리는 그 어떤 소리보다 맑고 고왔다고 광고한다. Enjoy your flight JEJU AIR.

6) 대한항공 밀라노, 주 2회 운항 상품

KAL투어에서는 세상이 꿈꾸는 스타일의 모든 것, 밀라노상품을 출시하였다. 밀라노 취항기념 파격특가 NO D.C 이탈리아 일주 6일(1,890,000원), 정통 산마리노공화국과 이탈리아 일주 7일(2,990,000원) 상품과 4인 4색 베네치아와 이탈리아 일주 7일(3,490,000원), 패션의 도시 밀라노와 포메치아 아울렛 6일(3,090,000원)상품이 있다.

4인 4색은 가족, 친구와 함께 여행가고 싶은 4명을 모아서 여행을 떠나고 싶은 나만의 출발일에 다른 예약자를 기다릴 필요도 없이 바로 출발할 수 있는 조건이다.

7) 아시아나항공 김포-오사카 취항기념 상품

KRT여행사에서는 2008년 12월 1일 김포-오사카 취항상품을 출시하였다. 천년의 고도 오사카 나라 교토 아리마 온천 3일(499,000/549,000원) 상품, 관광과 온천 휴양을 한 번에 오사카 나라 교토+아소 벳부온천 4일(699,000원부터)상품, 일본여행의 첫 관문 오사카 나라 교토 고베+마쯔야마온천 3일(699,000원 부터) 상품, 오사카 나라 교토 고베+다카마츠 마쯔야마온천 4일(799,000원 부터)상품, 핵심만 모아모아 일본 핵심 완전일주 5일(999,000원부터) 상품, 오사카 나라 교토 자유 여행 3일(민박 499,000/호텔숙박 599,000원부터) 상품이 있다.

김포-오사카 노선은 매일 08시 40분 출발하여 10시 20분 도착하는 OZ 1125편이다. 오사카-김포는 매일 11시 30분 현지 출발하여 한국에 13시 30분에 도착하는 OZ1115편이다. 오사카는 간사이국제공항이다.

** 나라 사슴공원

** 교토 금각사

아시아나항공 해적서비스

아시아나항공은 여름 휴가철인 7월 15일부터 8월 26일까지 국제선 9개 노선 총 52편에 총 383명의 특화서비스 요원을 투입한다. 전원 캐빈승무원으로 구성된 특화서비스팀은 매직팀, 챠밍팀, 타로팀 등 총 8개 팀으로 기내 탑승에서부터 도착시까지 독특한 복장으로 각각의 주제에 맞춘 특별이벤트를 제공한다.

출처 : City Economy, 2009.7.14, 06면 : www.clubcity.kr.

8) 신규 취항 관련 상품

(1) 핀에어

핀에어는 신규 취항과 관련한 저렴한 요금으로 2008년 7~8월 성수기에 효과적인 마케팅을 펼쳤다. 대한항공은 2008년 9월 1일부터 타슈켄트 주 3회 취항으로 기존에 골프지역으로 여겨지던 이미지에서 패키지상품으로 상품화되고 있다.

중동지역으로는 10월 대한항공의 이스라엘 텔아비브 취항으로 성지순례상품이 출시될 예정이다. 기존의 외국항공사 일정보다 좋은 일정이 전망되고 있다. 성지순례 전문여행사 외에 대형 여행사에서는 특수지역으로 상품을 구상하느라 신경을 쓰고 있다.

(2) ANA 김포-오사카 신규 취항

** 오사카 시내 전경

Fly & Experience with ANA에서는 ANA로 가는 맛있는 오사카로 홍보한다. 2009년 5월 1일, 김포-오사카 신규 취항을 공지한다. 보다 편리해진 오사카 여행, ANA가 최상의 서비스로 승객을 편안하게 모실 것을 홍보한다. ANA는 스타얼라이언스의 맴버이다. 김포와 오사카 간에는 매일 운항하게 된다.

(3) 퍼스트항공

Let's fly for the future! 2009년 5월 28일 퍼스트항공이 새롭게 출발함을 공지한다. 김포-제주 취항으로 1일 4회 운항함을 홍보한다.

(4) 롬복 취항 홍보

발리조차 부러워한 새로운 감동으로 표현한다. 인도네시아 최대 국영항공사인 가루다인도네시아항공은 창립 60주년을 기념하여 2009년 4월 1일 때묻지 않은 순수한 휴양지 롬복으로 매일 신규 취항함을 공지한다. 신들의 섬 발리와 또 다는 매력을 가진 롬복 여행을 홍보한다.

가루다인도네시아항공과 함께 상상 이상의 즐거움을 느껴 볼 것을 권유한다. 발리-롬복은 매일 운항하며 기종은 B733-300이며 좌석 수는 비즈니스석 16석, 일반석 94석임을 공지한다.

(5) 텔아비브 신규 취항 상품

아름다운 홍해가 펼쳐지는 성지순례의 근원지 이스라엘로 홍보한다. 대한항공은 2008년 9월 25일부터 이스라엘의 최대도시인 텔아비브로 주 3회 취항한다. 참고로 수도는 예루살렘이다. 운항요일은 화, 목, 토이다.

(6) 타슈켄트 취항

우즈베키스탄의 경제와 문화의 수도이자 동서양이 공존하는 중앙아시아의 실크로드로 홍보한다. 대한항공은 2008년 9월 2일부터 화, 금, 토 주 3회 신규 취항한다.

9) 증편운항 상품

대한항공에서는 인천-호놀룰루 직항 주 10회 증편 기념상품을 출시하였다. 알로하 하와이 패키지(99만 원부터) 상품이다. 영원히 기억에 남을 특별한 여행을 찾는다면 필요한 상품으로 광고한다. 날마다 새로운 이벤트와 축제가 펼쳐지는 곳으로 소개한다.

하와이가 무비자와 대한항공 주 10회 운항으로 더욱 가까워졌음을 공지한다. 하와이관광청이 협찬한다. 참여여행사는 롯데관광, 모두투어, 자유투어, 하나투어, 한진관광이다.

타슈켄트 신규 취항기념 이벤트

대한항공에서는 타슈켄트 신규 취항기념 이벤트를 펼치고 있다. 항공스케줄을 소개하고 실크로드 우즈베키스탄 6일 상품, 부하라와 실크로드 탐방 6일 상품, 실크로드 완전 일주 8일 상품을 안내한다.

시행하는 이벤트를 보면 먼저, 타슈켄트 취항 소식 스크랩 이벤트이다. 취항소식을 스크랩하면 총 50명을 선정해서 실크로드 문명기행과 오! 자밀라 중 1권을 제공한다.

두 번째로는 실크로드 원정대로 20세 이상의 대한항공 홈페이지 회원, 개인 1인 및 동반자(1인)와 함께 응모해서 타슈켄트 왕복항공권, 호텔 2박 숙박권을 받게 된다. 참가방법은 탐방이유 및 일정을 구체적으로 기술한 여행 계획서와 운영하는 블로그 및 팀원소개서를 제출해서 2팀이 선정되면 자유롭게 일정을 선택해서 출발할 수 있다. 여행 후에는 여행담과 사진을 제출하고 대한항공 여행정보 게시판에 게재해야 한다.

마지막 이벤트는 타슈켄트 취항기념 항공권 구매 이벤트로 타슈켄트행 항공권을 구매한 고객에게 선물을 제공한다. 선물은 모지텍 무선 광마우스, 실크로드 문명기행과 오! 자밀라 중 선택할 수 있다.

이벤트의 기간은 2008년 8월 18일부터 9월 30일까지이며 태림투어, 한겨레투어, 부즈펌이 협찬한다.

자료 : www.koreanair.com

10) 인천-호놀룰루 증편기념 패키지

대한항공에서는 인천-호놀룰루 직항 주 10회로 증편 운항(2009년 6월 27일부터) 기념 상품을 하와이 관광청 한국사무소와 공동으로 진행한다. 날마다 새로운 이벤트와 축제가 펼쳐지는 곳으로 하와이를 소개한다. 또한 하와이가 무비자와 대한항공 증편운항으로 더욱 가까워졌음을 홍보한다.

알로하 하와이 패키지는 99만 원부터 판매된다. 참여여행사는 롯데관광, 모두투어, 자유투어, 하나투어, 한진관광이다.

정시 운항이 우수한 US Air

US항공은 미연방운송관리국이 선정한 정시운항 부문에서 상위 3개 그룹에 랭크되었다. 지난 2월 76.3%의 정시운항률을 보여 12월부터 연속 3개월 정시운항 우수항공사에 선정되었다. US항공은 수하물 관리에서도 1000명의 승객 중 7.35명 정도로 잘못 전달되는 일이 발생하여 수하물 관리상태도 전년 2월 대비 26% 높게 개선되었다.

출처 : 세계여행신문, 2008.4.21, 35면

브리티쉬 트래블 어워드 수상

버진 아틀란틱항공은 2008년 브리티쉬 트래블 어워드에서 최고의 비즈니스 클래스 부문, 최고의 이코노미 클래스 부문, 최고의 장거리 노선 스케줄 부문 등 3개 부분 상을 수상했다. 또한 시상식에서 버진 홀리데이스는 최고의 결혼상품, 미주상품, 캐리비안 연계 상품부분에서 상을 수상하였다.

출처 : 세계여행신문, 2008.11.24, 14면.

14 항공권 및 요금

1) 터키항공

터키항공(Turkish Airlines)에서는 겨울항공권을 특별하게 제안하고 있다. 기간은 2008년 12월 1일부터 2009년 12월 31일까지이다. 모든 스케줄은 이스탄불을 경유하는 노선이다. 모든 요금은 좌석 상황 및 적용조건에 따라 제한될 수 있으며 세금 및 유류할증료가 포함되어 있지 않다. 터키항공은 Star Alliance회원이다.

이스탄불(650,000원부터), 모든 터키도시와 마드리드, 리스본, 바르셀로나, 튀니지, 카사블랑카(675,000원부터), 로마, 파리, 런던 등 모든 유럽도시(700,000원부터), 아테네, 카이로, 텔아비브 등 지중해도시(700,000원부터) 상품이 있다.

2) 싱가포르 항공

2008년 5월 31일까지 출발기준의 요금이다. 환상적인 항공요금임을 공지하고 있다. 유류할증료 및 제반 세금, 공항세 등이 포함된 가격이다. 여행하는 동안 싱가포르 항공의 개인용 기내 엔터테인먼트 시스템인 크리스월드를 경험할 것을 권고한다. 또한 타 항공사들과 차별화된 최상의 기내 서비스를 홍보한다. 다음의 요금은 홈페이지를 통해 구입하는 경우에만 적용되며 환율에 따르는 변동을 공지한다.

인천공항 출발기준이며 최하요금이다. 싱가포르 409,400원(2인 이상), 싱가포르 519,400원(1인 이상), 샌프란시스코 833,000원, 시드니/멜버른/브리즈번/퍼스/아델레이드 851,900원, 벤쿠버 860,400원, 몰디브 998,800원 등이다.

싱가포르항공의 특별한 가치를 홍보한다. 싱가포르 39만 원(세금 및 유류할증료 포함) , 자카르타 49만 원(세금 및 유류할증료 포함), 샌프란시스코 60만 원(세금 및 유류할증료 포함), 델리/뭄바이 70만 원부터(세금 및 유류할증료 포함), 시드니/멜버른/퍼스 72만 원부터(세금 및 유류할증료 포함)이다.

싱가포르항공 홈페이지를 통해 구입하는 경우에만 적용된다. 환율에 따른 변동이 있을 수 있음을 공지한다. 2009년 7월 1일부터 10일까지(샌프란시스코는 21일까지) 발권 기준이며 출발기간은 지역에 따라 다르게 적용됨을 공지한다.

3) Air France KLM

KLM 비즈니스 클래스 프로모션으로 모든 유럽도시 1월 출발 280만 원을 홍보한다. 2009년 1월에 비즈니스 클래스 항공권을 발권하는 대리점 직원에게는 백화점 상품권 5만 원과 승객에게는 10만 원권 상품권을 제공한다.

무료항공권과 업그레이드된 항공권 및 업계 할인 항공권은 해당되지 않음을 공지한다. 2009년 1월 31일까지 팩스나 이메일로 접수해야 유효하다. 해당 항공권 환불시 상품권은 회수됨을 공지한다. 대리점 직원 대상 행사는 BSP대리점만 참가할 수 있음을 알린다.

4) Finnair

'기회는 단 한 번! 유럽으로 여행하는 가장 경제적인 방법!' 을 공지한다. 최저 550,000원으로 즐길 수 있는 유럽으로 홍보한다.

고텐부르크, 뒤셀도르프, 런던, 로마, 류블랴나, 리가, 리스본, 마드리드, 맨체스터, 모스크바, 뮌헨, 밀라노, 바르샤바, 바르셀로나, 베르겐(5월 22일부터), 베를린, 부다페스트, 부카레스트, 브뤼셀, 비엔나, 빌니우스, 샹트페테르부르크, 슈투트가르트, 스톡홀름, 암스테르담, 예카테린부르크, 오슬로, 이스탄불(3월 4일부터), 제네바, 취리히, 코펜하겐, 크라쿠프, 키예프, 탈린, 파리, 프라하, 프랑크푸르트, 함부르크, 헬싱키 도시를 나열한다. 헬싱키를 경유하면 유럽이 더욱 가까워짐을 알린다.

2009년 2월 28일까지 한시적으로 판매하고 5월31일까지 출발, 6월 30일까지 도착 여정에 한하는 조건임을 명시한다. 최소 체류기간 5일, 최대 체류기간이 1개월이다. 세금 및 유류할증료는 불포함이다. 성인 동반인 경우, 2세 미만 유아요금은 성인요금의 10%이며 12세 미만 어린이의 경우는 성인요금의 75%임을 공지한다. 예약변경과 환불은 불가하며, 예약 가능한 좌석은 제한적일 수 있음을 알린다. 여행사에서 예약/발권 가능함을 공지한다.

'유럽으로 가는 지름길, 핀에어가 함께 합니다' 라는 광고를 하고 있다. 빠르고 편안한 유럽여행은 유럽 최적의 허브 헬싱키를 경유하는 북반구 노선을 이용하면 가능함을 공지한다. 서울-유럽 내 40여 개 도시로의 여행이 690,000원부터 임을 광고한다. 2009년 6월 7일까지 예약이 가능하며 서울 출발 왕복요금이고 세금 및 유류할증료는 불포함된 가격임을 공지한다.

핀에어는 원월드 회원사임을 광고한다. 유럽으로 가는 여행에 가장 합리적인 가격과 최고의 서비스로 편안하게 모심을 강조한다. 듹가 590,000원부터, 학생요금 880,000원부터, 비즈니스 클래스 2,650,000원부터임을 공지한다.

** 코펜하겐 인어 공주상

핀에어는 아시아 9개 도시를 출발하여 유럽 내 40여 개 도시로 운항함을 공지한다. 뒤셀도르프, 맨체스터, 베를린, 샹트페테르부르크, 암스테르담, 프라하, 런던, 모스크바, 부다페스트, 스톡홀름,

취리히, 프랑크푸르트, 류블랴나, 밀라노, 바르셀로나, 크라쿠프, 브뤼셀, 로마, 헬싱키, 부카레스트, 코펜하겐, 제네바, 슈투트가르트, 함부르크, 비엔나, 예카테린부르크, 바르샤바, 리스본, 키예프, 예테보리, 오슬로, 베르겐, 마드리드, 빌니우스, 탈린, 이스탄불, 베니스, 뮌헨, 파리, 피사로 운항한다. 아시아와 유럽을 잇는 가장 빠른 항공사인 Finnair로 마케팅한다.

5) 중국동방항공

서울에서 상하이를 경유하여 미국 뉴욕에 도착하는 항공권 판매를 공지한다. 322석의 최신기종으로 상하이를 경유하여 뉴욕으로 주 3회 운항함을 홍보한다. 2008년 8월 4일부터 10월 25일까지 개인요금 기준으로 75만 원부터 항공가격이 형성되어 있다. 여행사에게는 9%의 수수료가 제공된다.

출발편 및 귀국편 당일 환승시에는 한국인 직원의 환승안내 서비스가 됨을 공지한다. 또한 무비지로 48시간 상해 체류가 가능함을 공지한다. 전국 지방공항 연결편 요금도 동일하다.

6) 싱가포르항공의 All-IN FARES

특별한 여행의 시작임을 공지한다. 싱가포르 36만 원(2인 이상), 발리 50만 원, 벤쿠버 55만 원, 샌프란시스코 60만 원, 시드니/멜버른/퍼스/브리즈번 91만 원부터, 샌프란시스코 353만 원(비즈니스 클래스)를 광고한다. 싱가포르항공의 All-IN FARES는 유류할증료 및 제반 세금, 공항세 등이 포함된 항공요금임을 공지한다.

여행하는 동안 싱가포르의 개인용 기내 엔터테인먼트 시스템인 크리스월드를 경험할 것을 권고한다. 다른 항공사들조차 부러워하는 최상의 기내 서비스도 홍보한다.

특별한 기회로 싱가포르항공에서는 ALL-IN FARES 프로모션을 실시한다. 특별한 가치로 홍보한다. 싱가포르 37만 원(세금 및 유류할증료 포함), 시드니/멜버른/퍼스/아델레이드 64만 원부터(세금 및 유류할증료 포함), 런던/프랑크푸르트/취리히 67만 원부터(세금 및 유류할증료 포함)이다.

상기 요금은 싱가포르항공 홈페이지를 통해 구입하는 경우에만 적용되며 환율에 따른 변동이 있을 수 있음을 공지하고 있다. 2009년 5월 22일까지 발권 및 6월 30일까지 출발기준이다.

싱가포르항공에서는 '당신이 꿈꿔온 여행을 Singaporeair.com/kr만의 모두 포함된 요금으로 떠나세요' 라고 광고한다. 싱가포르(505,300원), 봄베이/뉴델리/라호르/콜롬보/다카/카라치(955,600원부터), 시드니/멜버른/브리즈번/퍼스/아델레이드(1,123,000원부터), 샌프란시스코(982,200원), 밴쿠버(1,006,400원), 런던 외 12개 유럽 도시(1,064,300원부터)이다. 여기서 제시된 요금은 유류할증료 및 제반 세금, 공항세 등이 모두 포함된 가격이다.

싱가포르항공의 개인용 기내 엔터테인먼트 시스템인 크리스월드를 경험할 것을 권유하고 타 항공사와 차별화된 최상의 기내 서비스를 강조한다. 상기 요금 조건은 싱가포르항공 홈페이지를 통해 구입하는 경우에만 적용되며 환율에 따른 변동을 공지한다. 샌프란시스코, 벤쿠버, 유럽 지역 요금은 9월 출발, 8월 발권시에만 적용됨을 명시하고 있다.

'싱가포르 더욱 가볍게 떠나세요' 라는 홍보문구를 사용하고 있다. SIA Holidays 499,000 → 449,000원부터 판매된다. 포함내용에는 왕복 이코노미 클래스 항공권, 호텔 2박, 공항-호텔 간 왕복 교통편이다. 싱가포르항공은 2008년 10월 1일부터 11월 25일까지 싱가포르, 빈탄을 여행하는 고객에게 5만 원 할인의 특별한 혜택을 주고 있다.

싱가포르항공의 자유여행상품, SIA Holiday와 함께 추억을 만들 것을 권하고 있다. 또한 싱가포르항공의 기내용 엔터테인먼트 시스템인 크리스월드를 통해 전 좌석에서 다양한 프로그램을 즐길 수 있음을 공지한다. 최상의 기내 서비스를 알리고 있다. 상기가격은 2인 1실 기준이며 공항세, 보험료, 유류할증료 및 기타 비용은 불포함 조건이다.

싱가포르항공, 2008 세계 최고 항공사 선정

싱가포르항공이 스카이트랙스에서 발표한 2008 최고의 항공사로 꼽혔으며 아시아나항공은 16개 부문 중 5개 부분에서 최고 순위에 올라 전체 순위 5위를 기록했다.

스카이트랙스에서 실시한 세계항공사대상은 올해 10회를 맞는 시상식으로 지난해 8월~올해 6월까지 총 11개월에 거쳐 95개국 이상의 1500만 명 승객을 대상으로 조사를 했다. 공항 서비스, 기내 서비스, 승무원 등 총 40개 항목을 나눠 서비스평가를 했으며 이 중 싱가포르항공이 1위를 차지했다. 싱가포르항공은 최고 비즈니스 클래스, 아시아 최고 항공사, 동남아 최고 항공사로 선정됐다.

아시아나항공은 전체 순위가 껑충 뛰어올라 5위를 기록했다. 세계 최고 승무원, 최고 이코노미 클래스, 북아시아 최고 항공사, 아시아 최고 승무원, 북아시아 최고 승무원 등 총 5개 부문에서 1위를 차지해 최다 부문을 석권했다. 이는 여행객, 리서치 그룹, 여행패널 등을 대상으로 인터뷰와 온라인설문, 이메일 설문을 통해 산출됐다.

결과적으로 아시아나항공은 세계인들에게 점차 입지를 굳히고 있다 할 수 있으며 싱가포르항공은 고객으로부터 최고 항공사로 인정을 받고 있음을 알 수 있다.

참고로 2위는 캐세이패시픽항공, 3위는 콴타스항공, 4위는 타이항공, 6위는 말레이시아항공, 7위는 카타르항공, 8위는 에어뉴질랜드, 9위는 에미레이트항공, 10는 ethiad항공(아랍에미레이트공화국 국영항공사)으로 나타났다. 아시아나항공은 2007년 12위였다.

한편, 싱가포르항공은 2009년에 최고의 퍼스트 클래스 항공사로 뽑혔다. 스카이트랙스는 지난 2008년 8월부터 올해 3월까지 97개국 항공기탑승객 1620만 명을 대상으로 각 항공사에 대한 설문조사 결과 스카이트랙스 월드 에어라인 어워드 퍼스트 클래스 부문 1위를 차지하였다.

싱가포르항공의 퍼스트 클래스는 프라이버시가 보장되는 넓고 안락한 개인 공간 확보 및 차별적인 기내 물품으로 개개인에게 맞춘 최상의 서비스 제공을 추구하고 있다. 이번 조사에서 싱가포르항공은 최고의 항공사 부문을 비롯해 기내 엔터테인먼트 부문, 비즈니스 클래스 부문에서 2위를 차지하는 등 세계적인 항공사로 입지를 굳혀가고 있다.

자료 : 세계여행신문, 2008.8.18, 12면 ; 2009.4.13, 33면.

7) Qantas항공

호주항공에서는 KEVIN' s Offer를 하고 있다. 호주를 가장 잘 아는 콴타스 호주항공이 2009년 봄 여행을 계획하고 계신 분들을 위해 특별 프로모션을 실시함을 알린다. 호주여행은 역시 콴타스호주항공임을 홍보한다.

목적지는 동경, 홍콩, 중국을 경유하는 시드니, 애들레이드, 멜버른, 브리즈번, 퍼스이며 판매기간은 2009년 1월 12부터 3월 31일까지이다. 출발기간은 3월 1일부터 6월 30일까지이다. 유효기간은 1년, 발권은 예약 후 3일 이내, 날짜변경은 1회당 10만 원(출발일은 변경불가), 중간경유지 체류 1회 무료 및 추가 1회당 5만 원, 환불은 발권 후에는 불가, TAX는 별도임을 공지한다.

2009년 봄, 첫 여행! 595,000원으로 호주의 가을을 느껴 볼 것을 권유한다. 수만 가지 생각을 안고 왔다가 한가지 걱정도 없이 떠나는 호주, 진정한 나를 찾는 여행으로 광고한다. 살아 숨쉬는 열대우림과 환상적인 오지에서 자연의 신비로운 생명력을 느껴 볼 것과 호주에서라면 진정한 자신을 찾을 수 있을 것으로 광고한다.

'50만 원으로 호주 훌쩍 떠나기' 행사로 One world회원사인 Qantas항공에서는 2009년 8월 31일까지 시드니/브리즈번/멜번/퍼스/아델래이드-부산을 2009년 8월 14일까지 550,000원부터 판매한다. 2009년 8월 15일부터 9월 30일까지는 500,000원부터 판매한다. 항공권 유효기간은 1년이다. 홍콩경유 왕복 일반석요금으로 2009년 8월31일까지이다. 특가요금으로 좌석 수가 한정되어 있음을 공지한다. TAX 및 유류할증료는 별도임을 공지한다.

날짜변경은 Qantas항공 예약과에서 가능하며 10만 원의 수수료가 부과됨을 공지한다. 환불이 불가한 요금임과 Qantas항공 회원에게는 마일리지가 적립됨을 알리고 있다.

8) 아메리칸항공 크리스마스 및 설 특가

아메리칸항공에서는 크리스마스 특가를 내놓았다. 크리스마스 특가는 2008년 12월 22일부터 26일 출발에 한해, 설 연휴 특가는 2009년 1월 22일부터 27일에 한해 각각 적용되며 발권기간은 11월 30일까지이다. 노선별 운임은 로스엔젤레스, 라스베이거스, 샌프란시스코는 55만 원이며 뉴욕, 보스톤, 시카고 등은 65만 원이다. 주중, 주말요금 구분없이 적용되며 수수료는 여행사에 7%가 제공된다.

9) 온라인전문여행사의 항공권 판매상품

온라인 티켓의 항공 홀세일러인 온라인티켓에서는 ATR여행사를 대상으로 최고 수수료 보장, 왕대박 경품, 든든한 BSP담보 정책으로 저비용 및 고수익의 서비스를 공지하고 있다. 항공홀세일은 온라인티켓이 시대의 대세임을 홍보한다.

15 항공시장의 변화

1) 항공사의 서비스비용 부과

여행사의 항공사 수수료 철회에 따른 고객서비스 수수료 부과 전망을 앞두고 최근 일부 항공사들이 고객에 대한 일련의 서비스에 대한 수수료를 부과하고 있다. 에어프랑스와 KLM 등 일부 유럽항공사들은 유류비 및 인건비의 상승에 따라 개인고객들에게 PNR, 왕복여정 등의 입력에 인력이 투입되는 서비스 대가로 발권수수료 명목으로 2만 5000원선을 부과하고 있고 큰 문제점 없이 고객들에게 수용되고 있는 것으로 전해진다.

또한 항공사들은 마일리지로 고객이 항공권을 발권시 15~20달러(US)로 발권수수료를 징수하는 것으로 알려졌다.

2) 항공사의 온라인 항공권 판매 강화

대부분의 항공사는 여행사의 발권수수료는 폐지방침이다. 그러나 온라인상의 판매 활성화를 위해 온라인상에서 발권시에는 할인요금을 적용하고 있다. 일반적으로 에어프랑스나 KLM은 7%, 에리레이트항공은 5%, 대한항공은 4%, 에어캐나다는 3% 정도를 할인하고 있다.

3) 고유가시대 항공 서비스

항공사들이 고유가시대에 있어서의 대책은 고객들에게 인상된 내역에 대한 항공요금과 유류할증료의 인상이다. 그러나 이러한 대책외에도 최근 항공사들은 기술적이고 효율적인 대책을 강구하고 있다. 실제로 대한항공은 1년 동안 기름을 사기 위해 2조 6500억 원, 아시아나는 1조 원 정도를 쓰는 것(조선일보, 2008.3.22, A12면)으로 조사되었다.

이밖에 환율의 상승으로 이중고를 겪고 있는 것이 현실이나. 그래서 앞서 말한 대책은 항공기의 무게를 줄여 기름 소모량을 감소시키는 것이다. 음식, 눌, 기내 도서 등 줄일 수 있는 짐은 최대한 줄인다. 기내 도서 중에서도 잡지의 경우 승객들의 불편함에도 빼버리고 있다.

항공기 엔진도 잘 관리하여 연료 효율성을 높인다. 아울러 비행기 날개를 작은 날개로 교체하여 경비를 줄이는데 활용하고 있는 등 여러 각도에서 노력을 다하고 있는 상황이다. 작은 날개는 일어나는 바람을 감소시켜 연료효율성을 증대시키기 때문이다.

4) 항공사 최근동향

(1) 항공사의 1등석 축소

유럽노선을 중심으로 국내외 취항 항공사들이 퍼스트 클래스 좌석을 줄이고 있는 데 이는 가격대가 높아 실질적인 수요가 적기 때문인 것으로 보인다. 대신에 비즈니스석을 확대하면서 실질적인 수요와 수익성을 확대해나가고 있다. 한 비행기에 일반적으로 1등석이 10~12석 정도지만 반 정도 밖에는 이용이 어렵다고 전해진다. 비즈니스 클래스는 50~60석 정도로 점증적으로 늘어나는 추세이다. 아직까지 미주노선은 상대적으로 경쟁이 심한 유럽노선보다는 1등석 수요가 있어서 계속 운영되어질 것으로 보인다.

2008년 봄~여름 기준 유럽노선의 경우 개별요금(IND)은 왕복기준으로 170만 원 내외이고 비즈니스석은 450만 원 내외이다. 반면에 퍼스트 클래스의 요금은 850~1300만 원대까지로 차이가 많이 나는 상황이다. 이러한 점이 이용을 꺼리는 요인이 되고 있다고 사료된다.

인천공항, 3년 연속 세계 최고 공항으로 선정

인천국제공항이 미국 여행전문잡지 글로벌트래블러가 평가한 세계 최고 공항에 3년 연속 뽑혔다. 1일 인천국제공항공사에 따르면 인천공항은 이 잡지 독자 3만 1000여 명을 대상으로 선정한 2008년 세계 최고 서비스 공항 부문에서 네덜란드 스키폴공항, 싱가포르 창이공항, 홍콩 첵랍콕공항 등을 제치고 1위에 올라 3년 연속 1위를 차지했다. 비즈니스와 일반 여행객들을 대상으로 전 세계에서 10만여 부를 발행하는 이 잡지는 매년 설문조사를 통해 공항, 항공사, 호텔, 여행지 등 4개 부문에 걸쳐 최고의 만족도를 주는 곳을 뽑아 시상해 왔다.

출처 : 조선경제, 2008.12.2, B2면.

** 인천공항면세구역

유류할증료 변화

에어프랑스에서는 2009년 1월 1일부로 유류할증료가 인하됨에 따라 현재 110유로에서 50유로로 내린다. N,Q,L,Z 클래스 및 그룹에 대해 적용된다. 이외 클래스 및 단거리는 현행과 동일하게 적용된다.

가루다인도네시아항공은 2009년 1월 1일부터 인천-덴파사, 인천-자카르타 노선의 유류할증료가 편도당 62달러에서 18달러로 내린다. 유아의 경우 유류할증료는 면제되지만, 전쟁보험료 5$은 징수한다.

유나이티드항공에서는 1월 1일 이후로 미주 편도 140달러에서 41달러로, 동경은 현재 32달러에서 9달러로 인하된다.

유류할증료는 수입하는 유류의 상황변화에 따라서 결정되는 항목이다.

일본항공이 2009년 7월 1일부로 유류할증료를 전면 폐지하였다. 지난해까지 4년동안 국내 모든 항공사들이 유지하고 있던 유류할증료가 올해 초 대한항공과 아시아나항공의 유류할증료 폐지 조치와 함께 대부분 항공사가 정책을 함께 하였다. 일본항공사들 중에서는 전일본공수가 이미 유류할증료 면제를 시행했다. 그러니 최근까지도 일본항공은 유류할증료를 유지하여 고객들의 불만을 사왔던 상황이었다. 한 일본항공 관계자는 금번 조치로 일본항공에 대한 이미지 개선이 이뤄질 것으로 전망하고 있다.

한편, JAL 그룹은 유류할증료는 3개월마다 신청 직전 3개월의 싱가포르 케로신 평균 가격을 기준으로 갱신하므로 올해 7월부터 9월 발권분의 지표가 되는 2~4월까지 3개월 간 유가 평균이 1배럴 당 55.08달러로, 폐지를 결정하게 되는 60달러를 밑돌아 해당 기간에 대해서는 폐지를 결정하였다. 10월 이후 발권분에 대해서는 8월 하순경에 다시 결정될 예정이다.

출처 : 세계여행신문, 2008.12.22, 12면 ; 2009.5.11, 27면.

16 항공사 취항기념 축제상품

대한항공은 유럽 12개 도시를 연결하고 있다. 스페인 마드리드를 주 3회 운항하면서 축제의 나라 스페인의 짜릿함을 홍보한다. 특히 산페르민 축제를 주요 내용으로 홍보한다. 산페르민 축제는 빰쁠노나 지방의 소몰이 축제로 투우에 쓰일 소를 투우장까지 몰고 가는 축제이다. 위험한 만큼 이 축제에 참여하는 사람들은 스릴과 짜릿함을 느끼게 되는 것이다. 광고내용을 보면 다음과 같다.

어둠에 갇혀있던 성난 소들이 거리를 달린다. 자신의 용기를 과시하려는 남자들은 투우소의 날카로운 뿔을 아슬아슬하게 피하며 아직도 떨리는 팔을 쳐들고 외친다. '올레이, 좋았어!' 라고 말이다. 스페인의 특화된 축제를 소개하면서 지역마케팅을 하고 있다. 여행상품은 본격적으로 여행사에 의해 구성될 것이다.

17 항공사 · 여행사 연계상품

1) 이스라엘 취항기념상품

자유투어에서는 대한항공 이스라엘 텔아비브 주 3회 운항에 따른 취항기념으로 상품을 출시하였다. 고대문명과 사해, 보는 것마다 신비함이 가득한 이스라엘로 홍보한다. 요르단/이스라엘 9일(2,290,000원) 상품, 이스라엘 일주 7일(1,890,000원) 상품, 중동 3국인 이집트/이스라엘/요르단 8일(2,390,000원), 출애굽여정 이집트/이스라엘/요르단 10일(2,490,000원) 상품을 출시하였다.

2) 아시아나항공과 투어2000의 추천 Best 여행지

Daily 취항기념 환상의 섬 세부 5일(369,000원부터) 상품, 베트남(호치민)/캄보디아(앙코르왓) 일주 6일(449,000원부터) 상품, 특급호텔 2박 상해/항주/소주 4일(289,000원부터) 상품, NEW BEIJING 신수도박물관+5성호텔 4일(499,000원부터) 상품, 오전취항 기념 꿈같은 여행 사이판 4일(299,000원부터) 상품, 실속 호주/뉴질랜드 남북섬 완전일주 10일(1,790,000원부터) 상품, 김포-오사카 신규취항 오사카 3/4일(429,000원부터) 상품, 명품 클락 레이크우드(무제한)골프 5일(849,000원부터) 상품이다. 출발은 2008년 12월부터 2009년 1월 기준이다. 중국상품은 공항세와 유류세가 포함이다.

3) 여행사 연합상품

홍콩 엑스프레스항공(UO)에서는 연합상품을 출시하였다. 자유투어, 참좋은여행, 여행매니아, 노랑풍선, 포커스투어, 보물섬투어, 여행사닷김, 세계투어, 세중투어몰, 투어2000, 온라인투어, 코오롱세계일주가 참여한다. 또한 홍콩 스타크루즈 연합상품을 출시하였다. 홍콩 ONLY 2박 4일과 홍콩+스타크루즈 3박 5일상품이며 699,000원부터 판매한다.

4) 현대드림투어 광고

하늘 위의 호텔 싱가포르항공 A380타고 시드니로!

현대드림투어에서는 싱가포르-시드니 매일운항을 공지한다. 이색일정/A380특선/ 싱가폴/호주 6일(1,290,000원부터) 상품을 홍보한다. 당사의 특전으로 최고급 A380이 아름다운 시드니로 인도, 복층 구조의 초대형 비행기 A380(SQ221)은 싱가폴-시드니 구간만을 운항, 다양한 해산물과 한 · 중 · 일식의 애쉬필드 RSL 뷔페, 아름다운 시드니 항만을 감상하며 즐기는 런천크루즈 선상식 등을 알린다. 복층 구조의 초대형비행기 A380, 모든 좌석에 개인용 AVOD시스템과 10.6인치 스크린 장착 및 전원 공급장치가 설치되었음을 공지하고 있다. 이코노믹 클래스는 32인치 좌석 간의 간격과 19인치의 넓은 폭으로 최대한의 다리공간을 확보할 수 있도록 배려하고 있음을 홍보하고 있다.

5) 대한항공 상트페테르부르크 운항 기념상품

디디투어에서는 당신은 특별합니다. 대한항공 2009년 3월 14일부터 러시아 상트페테르부르크 운항 기념상품이 출시되었다. 러시아/북유럽+베르겐 12일(2,290,000원부터), 러시아/북유럽+에스토니아(탈린) 13일(2,690,000원부터), 러시아 완전일주(여름 · 겨울궁전) 5/6일(999,000원부터), 러시아/동유럽(독/오/체/슬/헝) 12일(1,990,000원부터), 러시아/북유럽/동유럽 17일(3,290,000원부터) 상품이다. 신규 취항 항공기 운항은 정부인가 조건임을 공지한다.

18 항공사대리점 상품 및 광고

1) 중국동방항공 해남도 상품

중국동방항공 판매대리점인 AMS에서는 세계에서 두 번째로 공기가 맑은 섬 해남도 상품을 광고한다. 2009년 4월 30일부터 296석인 A333 최신기종으로 매주 목, 일요일 단독 블록으로 운영하고 있음을 공지한다. 여행사에 수수료가 12% Comm-최대 허니문의 경우 쌍당 80만 원을 지불하고 있다.

Hainan Eco Pack(449,000~549,000원) 상품은 관광과 휴양이 결합된 실속있는 해남도 여행이며 다양한 중국요리로 동북식/사천식/호남식을 경험하며 한식이 제공된다. 아름다운 스프링리조트에서 숙박한다. Hainan Prestige Honeymoon은 명품신혼여행으로 170도 평면으로 펼쳐지는 침대형 비즈니스석에 탑승한다. 인천공항 탑승동에 위치한 VIP 라운지에서 간단한 식사와 휴식을 하고 품격있는 리조트인 Mandarin Oriental Sanya에서 숙박한다. 숙박시 호텔 측에서 고급샴페인과 두 사람만의 캔들라이트 디너를 제공한다. 리조트 내 액티비티는 무료이다. 전일정 노팁, 노옵션이다.

Ocean view room(1,990,000원), Ocean Breeze Pavilion(2,190,000원), Pool Pavilion(2,390,000원)이다. 2009년 5월~10월까지 적용되는 요금이다. 기타 골프여행과 할인항공권을 판매하고 있다.

2) Jet Airways

제트 에어웨이즈 한국총판매대리점인 퍼시픽 에어 에이젠시(주)에서는 홍콩, 방콕, 싱가폴, 쿠알라룸푸르를 경유해 인도 주요도시로 매일 8개의 항공편이 연결되며 델리, 뭄바이, 콜카타, 첸나이를 허브로 하여 44개 도시 300편이 언제든지 연결됨을 홍보한다.

꿈꾸는 비행-JET AIRWAYS는 최신예 항공기를 통한 다양한 기내 엔터테인먼트와 차별화된 서비스로 편안한 인도여행을 약속함을 공지한다.

3) 항공사대리점 광고

(주)씨엔티트래블은 AEROFLOT(Russian Airlines)의 판매대리점과 홍콩 박람회, 전시회, 인센티브 단체 전문랜드사로 홍콩, 마카오, 심천 지상수배 외에도 러시아/북유럽/서유럽/동유럽/지중해지역까지 담당한다. 홍콩 지상수배는 18년 전통의 최상의 서비스를 다하고 있음을 공지하고 있다. 러시아항공(SU)은 스카이팀의 회원사이기도 하다.

씨엔티트래블에서는 러시아항공(SU) 단체좌석을 편당 105석 보유하고 있음과 러시아항공은 전 세계 54개국 103개 도시를 운항하고 있음을 홍보한다. 여행사에게는 항공권 판매수수료를 개별고객당 9%를 지급함을 알리고 있다.

19 비즈니스 클래스

1) 싱가포르항공의 새로운 비즈니스 클래스

최상의 비즈니스 클래스를 경험할 것을 권유한다. 지금까지 볼 수 없었던 가장 여유로운 공간을 강조한다. 싱가포르항공의 새로운 비즈니스 클래스-동급 좌석 중 가장 넓고 여유로운 공간으로 고객을 초대한다는 광고와 완전한 평면 침대로 전환 가능한 좌석이 내집 같은 편안함을 누릴 수 있도록 도와준다고 설명한다. 싱가포르항공 A380기종과 777-300ER 기종에서 만나볼 수 있음을 공지한다.

2) 에어카나다 비즈니스 클래스

하늘 위 또 하나의 천국을 만난다고 홍보한다. 180° 평면침대 좌석을 제공하는 이규제티브 퍼스트 클래스(에어카나다의 비즈니스 클래스), 개인 수트(Suite) 개념의 공간을 자랑하는 좌석배치와 다양한 엔터테인먼트를 즐길 수 있는 개인용 티치스크린 TV, 시차적응을 돕기 위한 무드 조명이 당신에게 편안한 여행을 선사할 것을 광고한다.

에어캐나다만의 밴쿠버 매일 직항 노선과 북미 주요 도시들을 연결하는 편리한 스케줄을 만나 볼 것을 권유한다. 밴쿠버 왕복운임 349만 원부터, 토론토 왕복운임 449만 원부터이다. 세금과 수수료를 포함하지 않으며 2009년 7월 1일 출발편부터 유효함을 공지한다. 에어카나다는 스타얼라이언스 회원사이다.

3) Finnair 비즈니스 클래스 1인 가격 2인 티켓 제공

'비즈니스 클래스로 유럽을 빠르고 편안하게 3,650,000원으로' 라는 광고를 하고 있다. 1인 가격으로 2인 비즈니스 클래스 티켓을 제공함을 공지한다.

핀에어는 서울을 출발하여 유럽 내 40여 개 도시로 운항하며 헬싱키를 경유하는 최단거리 노선으로 빠르고 안전하게 운항함을 홍보한다. 상기운임은 세금 및 유류할증료는 별도임과 판매기간은 2009년 8월 31일까지이며 여행기간은 12월 31일까지임을 공지한다. 핀에어는 One world 소속이다.

4) 터키항공의 비즈니스 클래스 최상 커미션

2009년 12월 31일까지, 서울발 터키항공 비즈니스 클래스 발권시 7%의 커미션을 추가로 제공하는 16%의 커미션 혜택을 공지한다. 가장 많이 여행하는 목적지인 아테네, 이집트, 텔아비브, 베이징, 비쿠, 로마는 물론 터키항공의 모든 비즈니스 클래스 요금에 적용 가능함을 홍보한다.

터키항공 비즈니스 클래스와 함께 여행사의 수익을 높일 것을 권고한다. 터키항공은 스타얼라이언스 소속이다.

20 항공사 프로그램

1) 항공동맹체 연계 마일리지 프로모션

아시아나항공은 루프트한자 독일항공과 중국국제항공 등과 함께 추가적으로 마일리지를 적립할 수 있는 프로모션을 진행한다. 은행이나 타 업체와의 제휴마일리지 적립이 낮춰지는 상황에서 오히려 30% 이상 추가적인 적립이 가능하다. 대고객 이벤트의 일환이다.

2) 스타얼라이언스 스페셜리스트 프로그램

발권일 기준 오는 2009년 6월 30일까지 전국 여행사를 대상으로 스타얼라이언스 스페셜리스트 프로그램 이벤트를 진행하였다. 애바카스, 토파스를 통해 무료항공권을 제외한 스타얼라이언스 회원사 전 노선을 발권하면 자동집계되며 행사기간 내 최대 금액을 발권한 여행사 직원 20명에게 해외워크샵의 기회를 제공한다. 결과는 7월 말 GDS공지 및 개별통지 하게 된다(세계여행신문, 2009.5.11, 14면).

3) 아시아나항공 매직보딩패스 프로그램

항공사의 제휴마케팅의 일환으로 아시아나항공에서는 매직보딩패스 프로그램을 내놓았다. 국제선 보딩패스를 제시하면 국내 주요 관광명소, 호텔, 레스토랑, 쇼핑센터 등에서 10%에서 최대 50%까지 할인이 가능한 프로그램이다. 국제선 이용객이 본인의 탑승권 원본과 신분증을 33개의 아시아나 제휴사에 탑승일로부터 7일 이내에 제시하면 된다.

예를 들면 에버랜드를 이용시 자유이용권의 15% 할인을 받을 수 있다. 베스트웨스턴 호텔 이용시에는 숙박료를 최대 50%까지 할인받게 된다. 이 프로그램은 제휴사가 확대되어 대고객서비스에 혜택이 커질 것으로 전망된다.

21 항공사 특식

항공사의 서비스 경쟁에 의해 기내식도 계속 특화되고 있다. 아시아나항공은 올해 여름철에 삼계탕, 냉소면 등 특별한 건강식을 제공하고 있는 것으로 알려졌다. 국제노선에서 삼계죽, 삼계찜 등 한방재료를 사용하여 건강식으로 손님들의 피곤함과 기력 회복에 일조하고 있는 것이다. 또한 흑미와 흑임자를 이용한 건강식 스프와 김치를 넣은 냉소면 등 다양한 메뉴로 대고객 서비스를 강화하고 있다.

아시아나항공은 기존에도 봄나물비빔밥, 매실화채, 도토리묵 국수 등 계절별로 특색 있는 기내식을 서비스하여 호평을 받아 온 것으로 평가되고 있다.

아시아나항공, 항공 노벨상 수상

아시아나항공이 세계적 권위의 항공전문지 ATW(에어 트랜스포트 월드 · Air Transport World)가 해마다 세계 최고의 항공사를 뽑아 시상하는 올해의 항공사로 선정되었다.

이 상은 ATW가 전 세계 항공사 중 모든 면에서 가장 뛰어난 성과를 보인 항공사에게 수여하는 상으로, 1974년 제정된 이래 매년 한 개의 항공사만 선정하며 높은 전문성과 공정성, 수상경쟁 등으로 정평이 나있는 권위있는 상이다. 국내 항공사로는 아시아나항공이 처음으로 수상하게 되었다. 아시아나항공은 1988년 2월 17일 창립 이후 지금까지 21년간 줄곧 최고의 안전과 서비스를 통한 고객만족이라는 경영이념 하에 안전과 서비스에 대한 끊임없는 투자와 노력을 경주해 그간 국내외 전문기관의 항공사 평가에서 최고반열의 항공사로 인정받아 왔다.

여기에 더해 올해 선진국의 초대형항공사들에게만 주어지다시피 했던 최고 권위의 올해의 항공사 수상을 통해 명실공히 세계 최고의 항공사로 공인 받았을 뿐 아니라 국내 항공업계의 위상을 크게 높이며, 대한민국 민항 60년사에 커다란 족적을 남기게 되었다.

ATW가 밝힌 심사 결과에 따르면 아시아나항공은 안전경영 조직 및 프로그램 운영을 통한 업계 최고의 운항과 정비 신뢰성과 함께 스카이트랙스사가 5성 항공사로 선정할 정도로 객관적으로 높은 서비스 품질을 갖춘 항공사이며, 기내 시설 업그레이드에 대한 과감한 투자와 RFID 등 첨단 테크놀로지 도입을 통해 끊임없는 서비스 제고 노력을 아끼지 않는 항공사라는 점을 높이 평가받았다.

또한 2004~2007년 4년 연속 흑자경영을 통해 5억 4200만 달러의 수익을 거뒀고 2008년에는 고유가와 세계적 금융위기와 경기침체에도 불구하고 뛰어난 재무관리로 성과를 보였으며, 덧붙여 이전에도 뛰어난 성과로 ATW로부터 12개 부문 상 중 2개 부문을 수상한 경력이 있는 항공사로 모든 평가 항목에서 높은 평가를 받았다.

시상식은 오는 17일 워싱턴 D.C.의 로널드 레이건 빌딩 앤드 인터내셔널 트레이드 센터에서 열리며, 시상식에는 아시아나항공 윤영두 사장이 대표로 수상할 예정이다.

출처 : 세계여행신문, 2009.2.2, 2면.

22 항공사의 업그레이드 서비스

기존에는 항공기 내에서 휴대전화 사용이 엄격하게 금지되어 왔다. 그러나 최고의 서비스를 지향하는 아랍에미레이트항공에서 기내에서 휴대폰을 사용할 수 있는 서비스가 첫 번째로 도입되었다. 이는 아랍에미레이트항공(EK)에서 세계 최초로 휴대전화 통화 서비스 상용화에 성공했다는 결과이다. 이 서비스는 1인당 최대 5~6회이용으로 제한되며 야간 통화는 금지된다.

이는 기내 중계기를 통해 휴대전화의 전파 발생을 억제하여 통화가 가능하게 기술이 개발되었기 때문이다. 아랍에미레이트항공은 세계최고의 관광목적지를 지향하면서 관련된 관광요소들을 차별적으로 서비스하는 차원에서 이를 시행하고 있는 것으로 평가된다.

> **참고 • KMAC(한국능률협회컨설팅) 주관 한국산업의 고객만족도 조사 항공서비스부문-아시아나항공**
>
> 아시아나항공은 올해 서비스 업그레이드를 경영전략의 중요 과제로 삼았다. 우선 고객의 요구 수준을 서비스품질 개선에 적극 반영할 수 있도록 접수된 소비자 의견을 사내 게시판을 통해 전 임직원이 공유하도록 공개적으로 관리하고 있다.
>
> 고객과의 친밀감을 높이는 활동에도 주력하고 있다. 이용 빈도가 높은 고객을 회사로 초대하는 고객방문의 날 행사를 매년 2회 실시해, 최고경영층이 참석하는 간담회를 열고 있다. 여기서 서비스 개선을 위한 의견을 청취하고, 이를 상품개발과 서비스 개선에 적극 반영하고 있다. 또 고객접촉이 많은 부문에서 서비스 코디네이터를 양성해 서비스 현장점검과 서비스교육을 수시로 시행하고 있다(조선일보, 2008.9.11, B7면).

이런 항공 승객 싫어

항공을 탔을 때 가장 싫어하는 승객은 입냄새가 심한 사람인 것으로 나타났다. 유럽 저가항공 검색사이트 스카이스캐너가 '옆자리에 탔을 때 가장 싫어하는 사람은?' 이라는 제목으로 설문조사를 진행한 결과 답변자의 19%가 입냄새가 심한 사람으로 답해 가장 환영받지 못하는 승객으로 나타났다. 또 우는 아기를 태운 승객과 지나친 장난을 치는 아이들이 각각 15%와 13%를 차지하였다. 응답자의 12%는 몸집이 큰 사람을 손꼽았으며 잠잘 때 코를 고는 사람이 10%로 집계되었다. 이와 함께 옆사람을 고려하지 않고 떠드는 승객과 좌석 팔걸이를 차지하는 사람이 8%로 그 뒤를 이었다.

배리 스미스 스카이스캐너 대표는 우는 아기와 장난기 심한 아이, 냄새가 심한 승객을 좋아하는 사람은 아무도 없다며 승객들은 몸을 깨끗이 하고 상대방을 배려하는 마음을 가져야 한다고 전했다.

출처 : 세계여행신문, 2009.7.27, 23면.

애완동물 전용항공사도 나왔다

펫 에어웨이스 7월부터 운항... 편도 149달러

미국에서 애완동물을 위한 전용항공사가 첫선을 보인다. 23일 시카고 트리뷴은 애완동물을 위한 항공사인 펫 에어웨이스(Pet Airways)가 오는 7월 14일부터 운항을 시작할 것이라고 보도했다.

시카고를 포함해 미국 내 5개 도시를 운항할 펫 에어웨이스의 항공기들은 애완동물 캐리어 50개를 실을 수 있도록 기내를 개조했다. 운항 시작을 기념하는 특별가격으로 편도 149달러가 책정되었다.

애완동물 전용항공사의 출범은 항공여행시 애완동물들이 기내가 아닌 화물칸에서 수시간을 보내야 하는 현실을 안타까워한 댄 위젤과 알리사 빈 더 씨 커플에 의해 진행됐다.

빈더 씨는 "애완동물 주인이라면 알 것이다. 펫 에어웨이스를 이용하는 애완동물들은 화물칸이 아닌 신선한 공기가 순환되는 기내에서 승무원들의 보살핌을 받게 된다"고 밝혔다.

출처 : www.clubcity.kr; CityNews, 2009.4.24, 2면.

항공사들 1등석 고객 잡자 - 땅으로 내려온 전쟁

하늘에서 치열하게 공중전을 벌여야 할 대형항공사들이 불황을 이기기 위해 뜻밖에 지상전에 열중하고 있다. 돈 많은 1등석 고객을 붙잡기 위해 공항 내 라운지 고급화 경쟁이 시작된 것이다.

3일 월스트리트저널(WSJ)에 따르면 독일의 루프트한자는 1등석 고객을 위해 스파와 월풀 욕조가 구비된 욕실, 84종류의 위스키를 제공하는 바가 있는 1만 2000㎡ 규모의 라운지를 프랑크푸르트 공항에 개장하였다. 1등석 고객을 라운지에서 비행기까지 벤츠 리무진이나 포르쉐 SUV(스포츠유틸리티비클)로 모셔주는 서비스도 제공한다. 이러한 서비스를 포함, 루프트한자가 1등석 고객을 위해 공항 편의시설 개선에 투자하는 총액수는 1억 9000만 달러가 넘는다.

미국 최대 항공회사인 아메리칸에어라인도 전 세계 공항에서 운영하고 있는 라운지의 75% 이상을 올해 말까지 새로 단장할 계획이다. 호주 콴타스도 아시아 지역 공항에 고급 라운지를 새로 개장, 세계 최정상급의 고급서비스를 자랑하는 싱가포르항공과 고객유치 경쟁을 벌이고 있다.

최근 항공사들이 글로벌 경기침체로 승객이 감소하자 항공기 운항편수를 줄이면서도 1등석 고객 전용 시설을 강화하고 있는 것은 돈 많은 고객을 잡아야 산다는 경영판단에 따른 것이다. 루프트한자의 올리버 와그너 부사장은 2004년 프랑크푸르트 공항에 1등석 고객 전용 터미널을 마련한 뒤에 1등석 고객이 25%나 늘었다며 1등석 고객 전용시설에 투자하면 반드시 효과가 나타난다고 말했다.

항공사들이 지상전에 나선 배경에는 기내 서비스 아이디어가 고갈돼 버린 점도 작용하고 있다고 저널을 분석했다.

출처 : 조선경제, 2009.3.5, B3면.

하기승객 늘어 항공사 피해 커

올해 5월까지 38건으로 월평균 8건씩 발생

항공기 탑승 후 갑자기 하기하는 승객이 늘고 있어 항공사에 피해를 주고 있다.

대한항공은 항공기 탑승 후 하기한 승객이 올해 1월부터 5월까지 38건으로 월평균 8건씩 발생했다고 밝혔다. 지난 한해 경우 탑승 후 하기한 승객은 113건에 달한다.

항공기 하기 사유 중 급박한 이유가 아닌 여정이 취소됐다, 자동차 열쇠를 꼽아 놓고 왔다, 서류를 놓고 탑승했다, 집 열쇠를 잊었다, 복용하는 약을 챙기지 못했다는 등 지극히 개인적인 경우가 지난해 113건 중 47건(42%), 올해는 38건중 22건(58%)으로 가장 큰 비중을 차지한다. 이 밖의 사유로는 응급환자 발생, 비행공포증, 기내 소란 등이 있다.

승객이 항공기에서 내릴 것을 강력 주장할 경우 항공사는 절차에 따라 하기를 진행하게 된다. 항공기가 이륙을 위해 활주로로 이동하는 중 하기를 주장하는 승객이 발생할 경우 항공기는 탑승구로 다시 돌아가게 되며, 탑승한 모든 승객은 자신의 모든 짐을 들고 내려야 한다. 테러를 목적으로 폭발물 등을 설치했을 가능성을 이유로 공항 보안관계기관 직원과 승무원이 하기를 요청한 승객 좌석 주변을 중심으로 객실 전체를 검색하고 이상이 없을 경우 승객들의 재 탑승이 이뤄진다.

항공기가 출발 후 탑승구로 되돌아오는 경우 인천-LA를 운항하는 B747-400 항공기의 경우 손실액은 325만 원에 달한다.

대한항공은 무분별한 항공기 하기가 다른 탑승객에게 피해를 주고 항공사에게도 막대한 손실을 입힘에 따라 사회 통념상 불가피한 경우를 제외한 하기에 대해서는 손해 배상 등 책임을 적극적으로 물을 수 있는 방안을 검토할 예정이다.

출처 : 세계여행신문, 2009. 6. 22, 2면.

항공기 모델명 알파벳 · 숫자 의미

항공기 기종에는 영어 알파벳과 함께 B777-200, A330-300 등 고유의 모델명이 달려 있다. 숫자 앞 B는 보잉(Boeing), A는 에어버스(Airbus)에서 만든 항공기임을 나타낸다. 보잉사항공기 모델명은 737, 747, 777 등으로 시작하는데 십자리 단위 숫자 3, 4, 7 등은 숫자가 커질수록 최신 기종임을 나타낸다. 마지막 7은 백의 자리 숫자와 리듬감 있게 읽히려고 붙인 의미 없는 숫자이다.

에어버스사 항공기 중 제품번호가 320, 321로 시작한다면 중간 통로가 하나인 좁고 작은 기종이란 의미이다. 330으로 시작하면 중간통로가 2개인 넓고 큰 기종을 뜻한다.

뒤에 붙는 세 자리 숫자는 기종 간 버전을 구분하기 위해 항공기 제조업체에서 덧붙인 숫자로 큰 의미는 없다.

출처 : 조선일보, 2009.5.4, A10면.

참·고·문·헌

세계여행신문, 2008.4.21, 35면.

세계여행신문, 2008.7.7: 44면.

세계여행신문, 2008.8.18, 12면.

세계여행신문, 2008.9.29, 40면.

세계여행신문, 2008.11.24, 14면.

세계여행신문, 2008.12.22, 12면.

세계여행신문, 2009.2.2, 2면.

세계여행신문, 2009.4.13, 33면.

세계여행신문, 2009.4.20, 15면.

세계여행신문, 2009.5.11,14면, 27면.

세계여행신문, 2009.6.29, 33면.

세계여행신문, 2009.7.27, 23면.

여행정보신문, 2008.9.5, 15면.

조선경제, 2008.12.2, B2면.

조선경제, 2009.1.5, B10-11면.

조선경제, 2009.1.29, B3면.

조선경제, 2009.3.5, B3면.

조선일보, 2008.8.22, A16면.

조선일보, 2008.9.3, A12면.

조선일보, 2008.9.11, B7면.

조선일보, 2008.10.18, A26면.

조선일보, 2008.12.6, A22면.

조선일보, 2009.4.20, A34면.

조선일보, 2009.5.4, A10면.

조선일보 토일섹션, 2009.4.18-19면.

City Economy, 2009.7.14, 06면.

HOTEL & RESTAURANT, 2008년 10월호.

HOTEL & RESTAURANT, 2008년 11월호.

HOTEL & RESTAURANT, JULY 2009.

www.airastana.com

www.aircanada.co.kr

www.airfrance.co.kr

www.anaskyweb.com

www.cathaypacific.com/kr

www.chinaticket.co.kr

www.clubcity.kr

www.ddtour.com

www.finnair.com/fcp

www.finnair.kr

www.flyasiana.com

www.flyasianaclub.com

www.garuda.co.kr
www.GoHawaii.or.kr
www.jautour.com
www.jeujair.net
www.jinair.co.kr
www.kaltour.com
www.kenya-airways.co.kr
www.korean.com
www.kr.jal.com
www.krt.co.kr
www.lufthansa.com
www.mtpb.co.kr
www.tour2000.co.kr
www.onfill.com
www.onlineticket.co.kr
www.philippineair.co.kr
www.siaholidays.co.kr
singaporeair.com/kr
www.thaiairways.co.kr
www.thy.com
www.vietnamairlines.co.kr
www.ybstour.co.kr
www.ynair.co.kr

변화된 여행환경과 실제

Ⅱ
변화된 여행환경과 실제

여행은
변화의 기회를
제공한다.

여행을 통해
세상의 다른 면모와
새로운 가치를 알게 된다.

Ⅱ 변화된 여행환경과 실제

01 여행업계 현황

우리나라의 전체 등록된 여행업체수는 2008년 7월 기준으로 1만 1000여 개이다. 현재 여행업계에 고용된 인원은 7~8만 명 정도이다. 최근 항공권 발권수수료 폐지에 향후 불투명한 경영상황에 대해 우려하고 있는 상황에서 2007년 발권수수료 수입은 4500억 원(추정액)으로 평가(자료 : 한국일반여행업협회, 2008.7)된다.

1) 일반여행업체 고용현황

한국일반여행업협회의 일반여행업체 고용현황을 보면 2007년 684개 업체에 2만 명선에서 2008년 635개사 1만 6438명으로 집계된 것으로 나타났다. 성비는 2008년 남자 8302명과 여자 8136명이었다. 국외여행인솔자는 2007년 남자 1127명과 여자 1115명이었다. 2008년 남자 764명, 여자 773명으로 나타났다.

그리고 지역별로 서울지역이 전체 90%를 차지하는 것으로 나타났다. 한편 관광종사원 임직원 비율을 보면 임원 838명, 직원 1만 4840명(2008년)으로 나타났다(세계여행신문, 2009.1.5, 27면). 2009년에 들어와서도 계속적인 경기침체와 여행수요 감소로 여행업계 고용인력은 더욱 감소할 것으로 전망된다.

2) 여행업체의 수 감소

여행업체의 증가폭도 올해부터 감소되고 있다. 2008년 일반여행업 726개, 국외여행업 5793개, 국내여행업 4162개 등 총 1만 681개였으나 2009년 3월 기준 일반여행업 671개, 국외여행업 5101개, 국내여행업 3521개 등 총 9293개로 감소한 상황이다. 기획여행 실시 업체도 2007년 75개에서 2009년 6월 현재 65개사이다(세계여행신문, 2009.6.8, 12면).

02 2008년 여행분석

1) 여행국가 선호도

2007년 아웃바운드 송출실적으로 보면 상위 10개 시장은 중국, 일본, 태국, 홍콩, 미국, 필리핀, 베트남, 싱가포르, 호주, 타이완이다. 중국은 477만 6752명, 일본은 260만 명, 태국은 108만 명, 홍콩은 87만 6231명, 미국은 80만 6175명, 필리핀은 65만 3310명, 베트남은 47만 535명, 싱가포르는 46만 4251명, 호주는 25만 3300명, 타이완 22만 5814명이었다. 2008년에는 타이완과 홍콩을 제외하고는 경기침체 등의 영향으로 다른 국가는 감소한 것으로 잠정집계되고 있다.

2009년에는 중국과 일본의 수위권이 예상되며 태국은 지속적인 수요가 예상된다. 미국은 VWP 이후 성장가능성이 최고지역으로 꼽힌다. 홍콩은 지속적인 성장이 예견된다. 필리핀은 허니문 영향으로 수요가 증가될 것으로 예측된다(세계여행신문, 2009.1.5, 14면). 베트남은 베/캄 인기로 수요증가가 예상된다. 싱가포르와 타이완도 기대된다. 물론 2009년 전망은 타 국가에 비해 상대적인 상황으로 경기상황에 따라 수요가 2008년에 비해 떨어질 가능성도 크다 하겠다.

** 대만 타이페이 중정 기념관

** 일본 나라 동대사

2) 항공사 선호도

세계여행신문이 조사한 12개 주요 패키지여행사의 항공사 판매 점유율을 보면 대한항공이 48%, 아시아나항공이 24%, 외항사가 28%선으로 나타났다. 하나투어의 경우 2007년 대한항공 비중이 32%, 아시아나 18%, 외항사 50%이고 2008년 대한항공 37%, 아시아나 26%, 외항사 37%로 나타났다.

자유투어의 경우를 보면 2007년 대한항공 60%, 아시아나항공 14%, 외항사 26%였고, 2008년 대한항공 79%, 아시아나항공 8%, 외항사 13%로 나타났다. 오케이투어의 경우는 2007년 대한항공 42%, 아시아나항공 18%, 외항사 40%이고 2008년은 대한항공 45%, 아시아나항공 25%, 외항사 30%이다. 참좋은여행은 2008년 대한항공 27%, 아시아나항공 55%, 외항사 18%였다. 투어2000은 2008년 대한항공 43%, 아시아나항공 26%, 외항사 31%였다. 내일여행은 2008년 대한항공 20%, 아시아나항공 3%, 외항사 77%로 나타났다(세계여행신문, 2009.1.5, 20면).

03 출국 시스템 변화

1) 해외여행 탑승수속 변화

집에서 직접 국제선 체크인 및 좌석배정이 가능해지게 되었다. 대한항공에서는 비행기 탑승수속을 위해 공항에서 장시간 대기하며 수속해야 하는 불편함을 해소하였다. 국제선 웹 체크인 서비스를 선보임에 따라 집이나 사무실에서 인터넷을 통해 원하는 좌석을 체크인하고 프린터로 출력된 탑승권을 소지하고 있는 고객에게는 공항에서 별도 마련한 전용카운터에서 간단한 신분확인을 거치고 실물 탑승권을 교환받으면 바로 출국할 수 있게 되었다.

공항에서의 대기시간을 줄이고 승객이 직접 화면상으로 비행기 좌석을 선택하게 된다는 점에서 고객만족도을 높일 수 있게 된다.

대한항공 홈페이지에서 로그인하고 웹 체크인 메뉴에서 예약기록 조회, 항공편/탑승자 선택, 여권정보 입력, 선호좌석 선택, 탑승권 발급 등의 과정을 거치면 된다. 출발 24시간 전부터 출발 4시간 전까지 서비스 이용이 가능하다. 공동운항편 또는 타 항공사 승객, 공항직원의 도움을 필요로 하는 승객들은 기존 탑승수속카운터를 이용하면 된다.

대한항공 국제선 항공편에 한해 예약을 확약하고 전자항공권 구매를 끝낸 고객으로 비자가 필요 없는 국가로 여행하는 승객에게 상기 서비스가 적용된다.

항공권 체크인도 집에서 간편하게

TK, 인터넷 체크인 서비스 실시

터키항공(TK)은 승객들의 편리한 여행을 위해 인터넷 체크인 서비스를 개시하였다. 이제 인터넷상으로 편리하게 집이나 회사에서도 인터넷을 통해 예약 상황 확인은 물론 체크인 수속이 가능하다. 전자항공권을 소지하고 비자를 필요로 하지 않은 국가를 여행하는 승객은 터키항공 웹페이지(www.thy.com)에서 온라인 서비스 항목을 통해 인터넷 체크인 서비스를 이용할 수 있다.

이 서비스는 항공편 출발 시간 24시간 이전부터 출발 90분 전까지 인터넷 웹사이트를 통해 이용이 가능하다. 또한 전자항공권을 소지한 승객은 체크인을 마친 경우 홈페이지를 통해 탑승권 출력도 가능하다.

수하물이 없는 경우 터키항공 홈페이지 상에서 탑승권 발행이 가능하다. 수하물이 있는 승객은 공항의 인터넷 체크인 전용카운터에서 탑승권을 수령할 수 있다.

수하물 유무와 관계없이 인터넷 체크인 및 직접 출력한 탑승권을 소지한 승객은 공항 인터넷 체크인 카운터에서 승객 정보 확인 및 출력한 탑승권에 확인 도장을 반드시 받은 후 출국해야 한다. 수하물이 있는 승객들은 체크인 절차가 끝나는 시간 이전까지 꼭 수하물 전용 카운터에서 처리를 해야 하며, 수하물 전용 카운터사용이 불가피한 경우 비즈니스 카운터에서 처리할 수 있다. 카운터 수속 마감시간은 항공기 출발 시간을 기준으로 국제선 45분, 국내선 30분 전까지이다.

홈페이지를 통해 탑승권을 출력한 승객은 좌석번호를 변경할 수 없으며, 재발행한 항공권을 소지한 경우 홈페이지를 통한 체크인은 사용이 불가능하다

출처 : 여행미디어, 2009.1.19, 4면.

탑승권 집에서 출력하세요.

SQ, 2D 바코드 셀프 프린팅 탑승권 서비스

싱가포르항공은 인천에서 출발하는 항공편에 대해 고객들이 집에서 손쉽게 탑승권을 출력할 수 있는 2D 바코드 셀프 프린팅 탑승권 서비스를 실시한다. 이에 항공사 홈페이지에서 인터넷 체크인을 한 후 곧 바로 탑승권을 인쇄할 수 있게 됐고 출력된 탑승권에는 탑승시 확인받는 2D 바코드와 탑승에 대한정보가 표시돼 있다. 현재 SQ603편, 609편, 18편, 17편, 15편에 대해 서비스가 지원되며 미국행 항공편인 SQ16편은 아직 셀프 프린팅 탑승권 서비스가 제공되지 않는다.

2D 바코드 셀프 프린트 탑승권 이용 절차는 첫째, 집 또는 사무실에서 인터넷 체크인 중 2D 탑승권을 출력하고 인천국제공항의 싱가포르항공 인터넷 체크인 카운터(K12)에서 여권, 비자 등 여행서류 확인, 신용카드 확인 및 수하물 체크인 후에 2D 셀프 프린트 탑승권에 확인 도장을 받는다.

이후 체크인 카운터에서 받은 항공사 도장과 직원의 사인이 있는 2D 셀프 프린트 탑승권을 가지고 출국심사(세관-출입국심사-검역)를 받고 항공기 출발 최소 30분 이전에 탑승구로 이동하면 된다.

출처 : 세계여행신문, 2009.1.12, 23면.

2) 인천공항 배치 조정

인천국제공항 터미널의 항공사 탑승수속 카운터 위치는 고정적이지 않고 변경이 되고 있다. 현재 변경된 탑승수속 카운터는 동편에 대한항공과 서편에 아시아나항공이 위치하고 중앙에는 외국 항공사의 탑승수속 카운터가 위치하게 되었다. 또한 고객의 편의 증진을 위해 상용고객 전담 카운터를 20개에서 30개로, 단체 전용카운터를 9개에서 11개로 확대했다.

무인탑승 수속기도 15개가 설치되었다. 무인탑승수속기로 수속을 마친 승객의 수하물 처리는 수하물 탁송 전용 카운터 6개가 지정되어 운영된다(세계여행신문, 2008.6.16, 3면).

다음 표는 인천공항 카운터를 구분한 것이다.

표 2-1 인천공항 카운터 위치

인천공항 카운터 위치	항공사 이름
A-C	대한항공(KE)
L-M	아시아나항공(OZ)
D-E	Sky Team
H-K	Star Alliance
G, H, J, K(서편)	일본항공(JL), 에미레이트항공(EK), 캐세이패시픽항공(CX), 필리핀항공(PR), 유니에어(B7), 중국하문항공(MF), 에어인디아(AI), 카타르항공(QR), 이란항공(IR), 사할린항공(HZ), 에어마카오(NX), 우즈베키스탄항공(HY), 세부퍼시픽(5J), 오리엔트타이항공(OX), 에바항공(BR), 터키항공(TK), 산동항공(SC), 핀에어(AY), 시베리아항공(S7), 달라비아항공(H8), 사천항공(3U), 스카이스타(XT), 캄보디아항공(U4)
D, E, F(동편)	가루다인도네시아(GA), 베트남항공(VN), 중화항공(CI), 말레이시아항공(MH), 몽골항공(OM), 중국동방항공(MU), 블라디보스톡항공(XF), 중국해남항공(HU), 심천항공(ZH), 에어아스타나(KC)

출처 : 세계여행신문, 2008.6.16, 3면.

3) 출입국시 주의점

최근에 북경 올림픽을 즈음하여 외국 공항에서 입국시 입국이 거절되는 등의 문제가 발생하고 있는 바 주의가 요망된다. 특히 여권이 손상되었거나 단체비자와 여권의 영문이름이 다를 경우 입국이 거절되는 등의 문제가 발생하고 있다. 유럽의 경우 독일에서는 여권에 사인이 되어 있지 않아서 문제가 생기는 등의 경우도 있다. 중국에서 여권훼손의 경우 수백만 원의 벌금이 청구되기도 한 것으로 나타났다. 중국, 베트남, 인도네시아, 유럽 등에서 이러한 문제가 대두되고 있는 것으로 나타났다.

내년에는 미국 입국시 출국 전 공항에서 한 손의 지문 4개를 등록해야 하는 것으로 결정되었다. 항공사나 선박회사는 채취한 지문을 24시간 이내에 미국의 국토안보부에 전송해야 하는 것으로 보도되었다. 이러한 조치는 테러 등 범죄를 예방하고 출국자의 신원과 체류 목적을 정확하게 파악하기 위한 차원인 것으로 알려졌다.

04 발권수수료 변화

1) 발권수수료 폐지

발권수수료 폐지는 이미 2008년 4월 1일부터 대한항공 발권수수료가 기존에 9%에서 7%로 낮아졌고 2008년 5월 1일부터 아시아나항공도 대한항공과 같은 조치를 취했다. 이후에 2010년 1월 1일부터 대한항공은 발권수수료 폐지를 시행하기로 밝혔다.

많은 여행사들이 수입의 약 70% 정도가 삭감될 것으로 우려를 표하고 있는 상황이다. 반면에 항공사의 입장은 수수료 폐지는 세계적인 일반화된 추세라고 밝히고 있다.

2) 발권수수료 문제

항공사의 항공권 발권에 대한 여행사에 지불하던 수수료 미지급 결정에 대한 대안이 모색되고 있다. 그러나 당장 항공권 판매에 따른 수수료에 의한 경영수익 원천에서 상품개발 및 서비스 차지로 여행사의 수익원을 돌리려는 방침은 향후 어떤 방향으로 전개되느냐에 따라 여행사의 존립과 변화가 이뤄질 것으로 예견된다.

여행업계에서는 법적으로 서비스차지를 합법화해야 한다는 의견도 대두되는 것으로 알려지고 있다. 또한 항공권 수수료 면제에 따른 변화로 여행상품의 개발에 따른 차별화, 온라인여행사의 부각 등의 중요성을 제기하고 있다. 또한 많은 중소여행사의 도산을 예견하고 있는 가운데 기존의 대형여행사 즉 홀세일러의 역할이 증대될 것으로도 전망하고 있다. 그러나 많은 중소여행사들은 지역별 전문성을 강화하여 역량을 강화해야 한다는 전문가들의 의견을 중시해야 할 것이며 새로운 대안을 모색해 나가야 할 것으로 사료된다.

공정거래위원회의 할인항공권 환불수수료 과도 시정요구

공정거래위원회가 특별 할인항공권 환불수수료가 과도하다며 양민항뿐만 아니라 외국항공사에도 시정을 요구하면서 에어프랑스, KLM과 영국항공이 환불수수료를 낮췄다.

지난 8월 공정위는 KLM네덜란드항공과 에어프랑스항공, 영국항공의 환불수수료가 과도하다며 이를 시정토록 했다. 올해 초까지 할인항공권의 취소수수료로 KLM은 최대 55만 원을, 에어프랑스는 40만 원을 부과하다 본사 방침에 의해 3월부터 일괄 30만 원을 적용하고 있다. 영국항공은 지난 1월 판매한 특별 할인항공권을 환불할 수 없도록 한 것에 대해 시정을 요구받았다. 따라서 본사와 논의를 통해 KLM네덜란드항공과 에어프랑스항공은 11월부터 환불수수료로 요금의 10% 가량에 해당하는 15만 원만 내도록 내부방침을 변경했다. 또 영국항공은 특별 할인항공권 환불 금지조항을 없애는 방안을 본사와 논의하고 있다.

하지만 일부에서는 부담이 적어짐에 따라 여행객의 환불요청이 늘어 항공사의 피해가 커질 것을 우려하고 있다. 취소수수료가 낮아지면 저렴한 항공권이 나올 때마다 여행객들의 이동이 쉬워져 항공사는 취소수수료를 낮게 받으면서 특별 할인을 할 이유가 없게 된다. 따라서 일부 항공사들은 취소수수료가 낮아지면 초저가 요금이 없어질 가능성도 있다.

자료 : 세계여행신문, 2008.9.29, 40면.

3) 항공사 커미션 지급 재개 및 유류할증료 커미션

(1) 중국의 MU항공

대한항공과 아시아나항공의 대리점에 유류할증료에 대한 커미션 지급상황에 맞춰 동방항공에서는 유류할증료 커미션과 비슷한 개념으로 항공료에 대해 더

블커미션을 주는 프로모션을 시행하고 있다. 항공권 발권에 대한 대리점 커미션을 9% 적용하고 있어 더블 커미션을 적용하면 요금의 18%를 지급하게 되는 것이다. 프로모션 적용노선 중 가장 저렴한 요금이 10만원이고 가장 비싼 요금이 28만원 임에 따라 커미션은 1만 8000~5만 400원까지 지급받게 된다.

이러한 조치는 양민항과 일부 외항사들이 유류할증료에 대한 커미션을 지급하는 것에 따라 경쟁력을 확보하기 위한 것으로 시장상황에 따라 장기화될 수도 있다는 전망이다.

(2) 일부 항공사 수수료 지급

TK 항공커미션 16%를 지급하고 있다. 현재 항공사가 여행사에 제공하는 항공권 수수료가 점점 줄어드는 상황에서 터키항공은 09년 5월 중순부터 12월까지 기존 비즈니스 클래스 좌석에 책정했던 여행사 수수료를 9%에서 7%를 추가하여 총 16%를 지급하기로 한 사실이 보도되었다.

A330과 A340을 운항 중인 터키항공은 각각 24석, 34석의 비즈니스 좌석을 갖추고 있는 상황이다. 비즈니스 좌석의 판매가가 최소 320만원 선으로 여행사에게는 51만 원 이상의 수익(세계여행신문, 2009.5.25, 1면)을 주게 된다. 이러한 방침은 외항사로서 소비자에게 직접 공략하는 국적기와는 차별적인 여행사를 통한 마케팅방식으로 판단된다.

(3) 에어칼린 유류할증료 커미션

에어칼린은 지난 1일부터 항공요금 커미션에 더해 유류할증료에 대해서도 7%의 커미션을 지급하기로 하였다. 인천-뉴메아 구간 유류할증료가 편도 22만 6800원인 것을 감안하면 대리점은 티켓 한 장 판매당 3만 1750원을 받게 된다. 가장 저렴한 요금도 70만 원 이상이어서 티켓 한 장 발권으로 대리점은 8 만원 이상의 커미션을 받게 된다.

이상과 같과 양민항과 외항사들의 유류할증료 커미션 지급 결정은 향후 많은 항공사들이 커미션 지급을 하게 될 전망으로 여행사의 어려운 운영환경에 여러모로 많은 도움이 될 것으로 사료된다(세계여행신문, 2008.9.29, 40면).

05 여행사의 대체수익원

(1) 아시아나항공사의 유류할증료 커미션

항공사의 항공권 판매수수료 폐지로 여행사의 위기상황이 도래한 시점에서 하나의 희망적인 모색이 엿보인다. 아시아나항공의 유류할증료 커미션 지급 확정이다. 아시아나항공은 2008년 9월 1일부터 한국출발 모든 노선에 유류할증료 판매에 대한 수수료 7%를 지급하기로 결정하였다.

그 동안은 미주노선에 한정해서 유류할증료 수수료를 지급해 왔던 것이 아시아나항공이었다. 유류세 인상으로 인해 경영의 어려움에 처해 있는 항공업계의 상황을 볼 때 금번의 조치는 이례적인 것으로 받아들여지고 있다. 금번 결정에 따라 BSP여행사는 7%를, ATR여행사에서는 5%의 유류할증료 판매수수료를 받게 된다.

한편 다른 외항사들은 아시아나의 조치와는 다르게 커미션 지급에 회의적인 상황으로 커미션 미지급이 세계적인 추세로 커미션 지급의사가 없는 것으로 확인되고 있다. 대한항공은 상반기 969억 원의 영업손실을 나타낸바 국제여객수송 증가로 매출은 전년 대비 17.5% 증가했지만 유류비 단기 상승, 원화 약세에 따른 유류비용이 80.4% 증가로 영업이익은 적자 전환된 것으로 발표되었다. 또한 영업의 비용 중 원화 약세에 따른 외화환산손실 2732억 발생으로 2889억 원의 당기 순손실이 발생(세계여행신문, 2008.8.25, 36면)한 것으로 발표되었다.

참고 • 유류할증료 변화

2009년 3월부터 항공요금이 인하될 예정이다. 국제유가가 크게 떨어져 항공료에 추가되는 유류할증료가 0원이 되기 때문이라고 한다. 항공사 관계자에 의하면 1월 말일까지 국제유가가 큰 폭으로 오르지 않으면 2009년 3~4월의 국제선 유류할증료는 면제될 것으로 전망하고 있다. 국제선 유류할증료가 면제되는 것은 2005년 7월 유류할증료 도입 이후 처음이다. WTI(서부텍사스중질유) 기준으로 보면 배럴당 40~50달러 이하면 유류할증료가 부과되지 않는 것으로 나타났다.

미주와 유럽 등 장거리 왕복노선의 유류할증료는 82달러(약 11만 원), 중국과 동남아 등 단거리 왕복노선은 36달러(약 4만 8000원)가 부과되고 있어 해당 금액만큼 항공료가 비싸지는 것이다. 국내선의 경우는 유류할증료가 5400원에서 3000원으로 인하될 것으로 보도되고 있다(조선일보, 2009.1.23, A18).

(2) 국제선 유류할증료

2008년 9월부터 국제선 유류할증료가 편도 기준으로 최대 3만 6000원(36달러) 가량 오를 예정이다. 대한항공과 아시아나항공은 유류할증료 체계를 현행 21단계에서 25단계로 4단계 올려 적용하기로 했다. 이에 따라 미주, 유럽, 호주 등 장거리 노선의 유류할증료는 185달러에서 221달러로 오르고, 동남아와 사이판 등 단거리 노선은 82달러에서 98달러로 인상(조선일보, 2008.8.5, A22면)되는 것으로 알려졌다.

또한 유류할증료가 한동안 유가하락에 따라 없어졌다가 2009년 9월부터 미주 및 유럽노선 45$(US), 동남아지역 20$(US)선으로 다시 부과되기 시작하고 있다. 유류할증료는 국제유가 및 상황에 따라 변화가 있을 것으로 예상된다.

06 전자여권

2008년 8월 25일 이후부터는 여권이 모두 전자여권으로 발급되고 있다. 전자여권은 위조와 변조 등을 막기 위해 얼굴 · 신상정보 등 개인 정보가 수록된 전자칩을 여권 뒷표지에 삽입한 것으로, 겉보기에는 기존여권과 별 차이가 없고 사용방법도 같다(조선일보, 2008.8.21, A2면).

새로 시행되는 전자여권은 뒤표지 안에 여권의 종류와 발행국, 여권번호, 발급일, 기간 만료일 등을 칩과 안테나를 내장, 정보를 한 번 더 수록하고 있다. 여권발급은 전국의 시 · 군 · 구청에서 신청이 가능하다. 발급수수료는 기존과 같이 5만 5000원이다.

여권 신청시는 신체적, 정신적인 질병, 장애나 사고 등이 있을 경우를 제외하고는 본인이 직접 신청기관을 방문해야 하며 여권이 발급되면 종전처럼 우편으로도 수령이 가능하다. 그동안 고무날인 방식으로 연장되었던 기간 연장은 폐지되었다.

전자여권은 미국과 비자면제협정이 발효되면 무비자로 입국이 가능하다. 유학이나 90일 이상 장기체류시에는 별도의 비자를 발급받아야만 미국에 입국할 수 있다. 여권 발급시간은 최근에 연장되어 월요일부터 금요일 오후 9시까지이다. 공휴일은 제외된다. 장소는 종합민원실 여권창구로 여권신청 접수 및 교부가 된다.

> **참고 • 새로운 전자여권**
>
> 새롭게 발급된 전자여권은 겉모양은 이전 것과 모양이 같다. 그러나 다른 점은 위 · 변조를 막기 위해 개인 신상정보를 담고 있는 전자칩이 뒷면에 내장되어 있다는 점이다. 2008년 8월 25일부터 전자여권 발급이 시작되었다.
>
> 여행사를 통하지 않고 본인이 직접 신분증을 지참해서 전국의 시 · 군 · 구 발급기관을 찾아가서 신청하면 된다. 단 18세미만의 청소년이나 장애인의 경우는 여

행사를 통해 대리 신청이 가능하다. 특히 전자여권은 미국 비자 면제 혜택을 받을 수 있으며 기존 구여권은 불가능하다.

07 미국비자면제

우리나라와 미국 간에 비자면제 프로그램 가입을 위한 양해각서(MOU)를 체결하고 미국 정부가 2008년 11월 17일부터 한국에 대해 미국 비자면제프로그램(VWP) 적용을 시작한다는 2008년 10월 31일 공식발표로 무비자로 미국여행이 가능하게 되었다.

그러나 여기에는 조건이 있다. 전자여권으로 준비해야 한다. 전자여권을 소지하고 전자여행허가제(ESTA)를 통해 입국승인을 받으면 미국에 입국이 가능하다. 무비자로 출발할 경우 미국 정부가 지정한 사이트에서 기본적인 개인신상을 입력하고 여행자 승인번호를 얻어야 출발할 수 있다.

미국에 무비자 기간은 90일 미만이며 여행이나 출장 그리고 친지 방문 등의 목적에 한한다. 이외의 다른 목적의 경우, 즉 유학이나 90일 이상의 체류시에는 비자를 받고 출발해야 한다. 기존의 전과가 있는 사람의 경우는 결격사유로 구분된다.

현재 미국은 비자면제를 해주는 국가에 27개국을 선정하고 2년마다 불법체류 등을 파악하여 자격심사를 하고 있다. 지난해 미국 관광객수 80만 6175명을 기준으로 VWP 가입 후 평균증가율을 반영해 앞으로의 한국 방미객 수를 예측해 보면 가입연도(2009년) 98만 8366명, 가입 1년 후(2010년) 113만 9181명, 가입 2년 후 118만 9161명으로 예측된다.

외교부는 VWP을 바로 알리고 국민의 궁금증 해소를 위해 비자면제프로그램홈페이지를 운영한다(세계여행신문, 2008.11.3,2면, 30면 참조).

복수비자 발급, 26개국으로 확대

법무부에서는 2008년 5월 21일부터 복수비자 발급대상 국가를 현행 3개국에서 26개국으로 대폭 늘린다고 밝혔다. 복수비자는 한 번 비자를 받으면 1년 기한 내에 횟수에 제한없이 우리나라를 방문할 수 있는 비자이다.

그동안 우리 정부는 중국, 러시아, 인도 등 일부 국민에 대해서만 제한적으로 복수비자를 발급해왔다. 이번에 복수비자 발급대상에 포함된 국가는 인도네시아, 베트남, 필리핀, 파키스탄, 캄보디아, 스리랑카 등 동남아 10개국과 우즈베키스탄, 카자흐스탄, 몽골, 에콰도르, 나이지리아 등 자원외교 대상 13개국이다.

이번 조치는 우리나라와 해당 국가 간의 협정에 의한 것이 아니라 이들 국가 국민들이 우리나라를 보다 자유롭게 방문할 수 있도록 우리 정부가 자체적으로 기회를 열어주는 것이라고 법무부는 설명했다. – 중략 –

법무부는 이밖에 치료 및 요양목적으로 입국하는 환자와 가족에게 의료관광비자를 발급하는 동시에 중국 청소년 수학여행단 무비자 입국에 따른 영사 인터뷰를 생략하고 중국인 단체 관광객의 입국신고서도 받지 않기로 했다.

자료 : 조선일보, 2008.4.21, A21면.

08 저렴한 여행가격의 실체

최근 저가 여행상품의 경우 중국상품이 3박 4일 일정에 9만 9천 원의 가격으로 출시되어 광고되는 것을 보게 된다. 지역을 떠나 이해가 가지 않는 요금이다. 국내항공사 이용조건에 현지 숙박조건도 4~5성급이며 식사도 모두 제공된다. 이러한 파격적인 요금의 이면에는 현재 항공권에서 많은 비중을 차지하는 유류할증료와 기사와 가이드의 팁 등이 불포함되어 있다는 것이다.

유류할증료의 경우 중국의 이 상품은 15~20만 원 정도이니 사실 저가 상품의 시장가격으로 보면 이해가 된다. 얼마 전 중국에서의 쓰촨성의 지진과 올림픽 전후의 테러 그리고 최근 까다로워진 비자발급 및 현지 보완 강화로 인한 불편함 등이 가격에 반영되었다고 보면 된다. 여기에는 물론 항공사의 항공요금 인하와 여행사의 실적을 채우기 위한 측면에서의 마진 없는 행사라는 정책이 부합되었기 때문이다.

그래서 소비자들은 저가 상품의 경우 무조건 환영할 것이 아니라 꼼꼼히 살펴보고 여행조건을 판단해야만 예상치 못한 추가적인 비용을 물게 되지 않는다.

1) 최저가 상품

2008년 경기침체로 인해 여행사의 상품가가 전반적으로 인하되는 경향을 보이는 가운데 여러 여행사에서 최저가 상품이 출시되고 있다. 이는 수익성 보전보다도 팁을 행사함으로써 항공사나 현지로컬 등 관련업체와의 공조와 흐름을 유지하기 위한 차원에서의 행사진행으로 해석할 수 있다.

(1) 레드캡투어

타사 동일조건 상품 비교시 품질보증제와 최저가 보상제를 실시함을 공지한다. 일부 날짜는 제외되고 차액은 환불함을 공지한다.

노팁 노옵션 터키일주 밸리댄스 8/9일(999,000원부터), 최저가 베네룩스+프랑스+독일 6/7일(999,000원부터), 최저가 동유럽 3국+독/오/체 체스키크롬로프 7일(999,000원부터) 상품이다. 고통분담 최저가로 선착순 마감임박을 공지한다. 또한 괌/사이판 창사기념 확실한 특가로 사이판 동반 소아 1인(299,000원) 상품도 있다. 성인은 999,000원부터 요금이 적용된다.

> 참고 • 노스웨스트항공의 티켓 수수료 인상
>
> 2009년 1월 12일부터 미주와 캐나다 노선의 변경 수수료가 현행 5만 원에서 8만 9000원으로 인상되며 환불 수수료는 현행대로 14만 원이 적용된다.

• 수탁수화물 무게변경

-일본항공-

2009년 4월부터 괌 노선을 포함한 북, 남미 지역을 이용하는 이코노미 클래스 승객의 경우, 수탁 수화물 1개당 최대 허용무게가 32kg에서 23kg로 변경된다.

수화물은 최대 2개까지 가능하다. 퍼스트 클래스 승객과 이큐젝큐티브 승객은 현행과 동일한 수탁수화물 1개당 32kg까지 가능하다. 해당 노선은 캐나다, 미국, 괌 등의 미국령, 멕시코, 브라질 등이다(세계여행신문, 2009.1.12, 14면).

09 미래 여행업계 준비사항

1) 새로운 여행 제안

미국도 경기침체의 여파로 해외여행 부문의 어려움에 처해 있는 것으로 전해진다. 특히 미국인의 비즈니스 여행, 특히 미팅과 컨벤션을 위한 여행이 가장 큰 타격을 받을 것으로 전망되고 있다. 미국여행업협회(ASTA)가 발표한 2008년 여행사 이용 및 수수료 민감도 조사에 따르면 최근 미국인들이 여행계획이나 상담을 구하는 방향으로 소비자패턴이 변하고 있다고 분석하였다.

ASTA가 지난 5년간 1039명의 미국인을 대상으로 여론조사한 결과를 보면 '왜 여행사를 이용하는가' 라는 질문에 대해 많은 고객들이 새로운 여행을 제안받고 싶어서를 첫 번째 이유로 꼽았다. 또 여행계획을 세움에 편리함이 여행사를 이용하게 된 동기요인 중 두 번째로 답했고, 여행정보를 얻기 위해서도 중년층의 고소득자에서 두 번째로 많이 나타났다(세계여행신문, 2009.4.6, 16면).

이러한 내용을 통해 우리에게 시사하는 여행사의 향후 준비사항과 고객들의 요구사항을 전망할 수 있다. 이러한 새로운 서비스에 대한 서비스 수수료 부과가 여행사의 주된 수익원이 될 것으로 판단된다.

2) 인터넷 예약 증가

기존에 여행 예약 경로에 있어 인터넷 예약 비중이 낮았던 유럽이 이제는 인터넷 예약 비중이 높아지고 있어서 주목된다. ITB 여행동향 보고서에 따르면 유럽인들의 패키지 여행상품 예약률은 전체 61%를 차지했다. 여행상품을 예약함에 있어서 유럽인들은 주로 인터넷을 이용하고 있다. 인터넷 예약률은 2003년 19%에 불과했으나 2007년 36%, 2009년 41%로 증가추세에 있다.

지난해 유럽인들의 아웃바운드 여행정보는 1위가 인터넷(47%), 2위 여행사(23%), 3위 친구 혹은 지인(19%), 4위 여행책자(8%), 5위 여행브로셔(7%), 기타 신문(2%), TV(1%)로 나타났다(세계여행신문, 2009.4.6, 16면). 이러한 자료를 보더라도 인터넷을 통한 여행정보 습득과 여행예약이 활성화되고 있는 추세가 세계적 동향으로 파악된다.

3) 기타 사항

또한 다음과 같은 내용들이 구축되고 해결되어야만 좋은 결과를 이룰 수 있을 것이다.

- 새로운 비즈니스 모델 구축
- 높은 부가가치 창출
- 세계적인 실물경기 위축
- 인터넷에 의한 저가상품 범람
- 최근 신종 플루
- 환율변동 문제

참고 • 집중근무제

최근 여행사는 업무의 집중도와 모객능력의 향상을 위해 시간을 정해놓고 집중적인 고객상담을 강화하고자 집중근무제를 시행하고 있다. 노랑풍선, 모두투어, 한진관광 등 업무효율 증대를 위해 2009년 하계시즌 동안 집중근무제를 시행하였다.

참·고·문·헌

세계여행신문, 2008.6.16, 3면.

세계여행신문, 2008.7.7, 37면.

세계여행신문, 2008.8.25, 36면.

세계여행신문, 2008.9.29, 40면.

세계여행신문, 2008.11.3,2면, 30면.

세계여행신문, 2009.1.5, 20면.

세계여행신문, 2009.1.12,14면, 23면.

세계여행신문, 2009.6.8, 12면.

안양시, 우리안양 09월호, 2008, p.5.

안양시, 우리안양 10월호, 2008, p.29.

조선일보, 2008.4.21, A21면.

조선일보, 2008.8.5, A22면.

조선일보, 2008.8.21, A2면.

조선일보, 2009.1.23, A18면.

여행미디어, 2009.1.19, 4면.

www.koreanair.com

www.redcap.com

www.vwpkorea.go.kr

www.0404.go.kr

여행상품의 현황과 트랜드

Ⅲ

여행상품의 현황과 트랜드

세계 관광은 우리가
일생 동안 경험하고 추구해야 할
의미있는 과제이다.

낯선 세상과 세계에서
느끼는 자신의 실체가
진정한 자아일 것이다.

III

여행상품의 현황과 트랜드

01 저자 추천 여행

1) 심태열 · 최대윤 추천 세계 최고의 절경

① 핀란드 헬싱키

② 호주 그레이트베리어리프

③ 남태평양 뉴칼레도니아

④ 노르웨이 송네피오르

⑤ 스위스 알프스

⑥ 아르헨티나 부에노스아이레스

⑦ 볼리비아 우유니

⑧ 브라질 이과수폭포

⑨ 알래스카 매캔리산

⑩ 크로아티아 플리트비체호수

** 스위스 체르마트 쇼핑점

** 브라질 이과수폭포

2) 심태열 · 최대윤 추천 세계자연유산 탐방

① 스위스 알프스

② 베트남 하노이

③ 터키 괴뢰메

④ 아르헨티나 바릴로체

⑤ 네팔 히말라야

⑥ 미국 그랜드 캐니언

⑦ 캐나다 밴프

⑧ 아르헨티나 페리토모레노 빙하

** 캐나다 밴프의 호텔

3) 심태열 · 최대윤 추천 인류문화유산 기행

① 태국 방콕

② 이집트 라스아부갈룸

③ 페루 푸노

④ 시리아 다마스쿠스

⑤ 이스라엘 예루살렘

⑥ 그리스 아테네

⑦ 서부 티베트 다르첸

⑧ 에콰도르 키토

** 아테네 포세이돈 신전

** 아테네 델리 아폴로 신전

4) 심태열 · 최대윤 추천 불가사의 유적 탐방

① 페루 나스카라인
② 쿠스코 맞추픽추
③ 중국 만리장성
④ 멕시코 칸쿤 치첸이트사
⑤ 영국 스톤헨지
⑥ 요르단 페트라
⑦ 칠레 이스터섬
⑧ 이집트 룩소르
⑨ 캄보디아 앙코르 톰
⑩ 터키 에페소스

5) 혀끝에서 맴도는 여행의 기억, 여행 ing 저자 홍기명 추천지역

저자는 소풍가기 좋은 날, 혼자여서 좋은 날, 걷기 좋은 날, 사람이 좋은 날, 고백하기 좋은 날, 술 마시기 좋은 날로 구분하여 여행지역을 추천하고 있다. 더불어 해당 지역별 추천음식을 소개한다.

(1) 소풍하기 좋은 날

- 어린 시절의 설레임 : 덴마크 레고렌드+닭고기 오븐구이
- 바쁜 도시의 작은 쉼터 : 뤽상부르 정원+크루아상 샌드위치
- 일상을 떠나 꿈꿔본 바다 : 무이네 파티엣+코코넛 타피오카
- 하늘 맑은 날 자전거 소풍 : 퐁텐블로와 바르비종+바게트 샌드위치
- 한낮의 에너지 충전 : 스위스 티틀리스+스위스 퐁듀

(2) 혼자여서 좋은 날

- 가장 조용한 고독을 꿈꾸다 : 스위스 루체른+뢰스티
- 바다 한가운데 홀로 남겨지다 : 프랑스 몽생미셸+토마스소스 홍합치즈 구이
- 끝이 보이지 않는 하얀 외로움 : 토야와 노보리베츠+일본식 카레라이스

- 새로운 운명을 만들다 : 홋카이도 개척마을+미소연어구이
- 눈 속에 파묻히고 싶을 때 : 홋카이도 스키+카레우동

(3) 걷기 좋은 날

- 푸른하늘과 붉은 노을의 대표 도시 : 베르겐+오픈샌드위치
- 동화의 한 장면을 걷다 : 에스토니아 탈린+계피아몬드
- 과거와 현대의 어울림 : 파리의 Old & New+오믈렛과 샐러드
- 자연 앞에 겸손해지다 : 폼페이+마르게리따
- 길을 잃는 것도 자유가 된다 : 체코 프라하+베이컨카레볶음밥

(4) 사람이 좋은 날

- 떠나 있을수록 그립다 : 로마 유학생들+까르보나라
- 낯선 장소, 낯선 사람과의 만남 : 호치민+월남쌈
- 사람이 있어 아름답다 : 시엠립 Old Market+그린커리

** 교토 청수사 가는 길

- 친구 같은 사람에서 친구가 되기까지 : 교토+제육복음

(5) 고백하기 좋은 날

- 도시의 매력을 지원군 삼아 : 빈 도나우타워+로제소스스파게티
- 여행과 사랑의 공통점 찾기 : 삿포로 유키마쯔리+생초코렛
- 사랑한 만큼 알고 싶다 : 에펠탑+초코케이크
- 사랑스런 밤의 도시 : 오타루 눈빛거리축제+아망디오쇼콜라
- 머리로 한 여행의 마무리는 마음으로 : 템즈강과 타워브릿지+스콘

(6) 술 마시기 좋은 날

- 때론 말 대신 한 잔 술로 : 베트남 술집+불고기소스/소고기 치즈말이
- 한여름의 마무리는 간단한 맥주 한 잔 : 삿포로맥주박물관+베이컨감자그라탕

** 일본 정식

- 맛있는 술로 눈칫밥을 이긴다 : 하코다테+간장떡볶이(홍기명, 혀끝에서 맴도는 여행의 기억, 여행 Ing, 2007, 팝콘북스)

6) 오마에 겐이치 추천 생애 최고여행

(1) 이탈리아 남부 아말피

나폴리에서 1시간 30분 거리에 위치한다. 나폴리는 라틴족 특유의 정서가 살아있으며 소렌토를 거쳐 카프리섬을 즐기며 드라이빙이 일품인 포시타노, 레몬가도를 거쳐 아밀피로 떠날 것을 추천한다.

(2) 베네치아에서의 휴가

베네치아는 가라앉는 느낌으로 못가는 경우가 생길 수 있다며 바로 갈 것을 권유한다. 또한 아침식사는 다니엘리호텔 꼭대기 지중해식 레스토랑 '라 테라차'에서 세계 최고의 식사를 하라고 추천한다.

** 베니스의 탄식의 다리

(3) 9~12월은 프랑스 브레타뉴 지방

화가 폴 고갱이 살던 퐁타방 마을의 여관 '르 물랭 드 로즈마테크'에서 즐기는 굴요리가 환상적이라고 칭찬한다. 또한 칸이나 니스보다도 앙티브를 추천한다. 칸에서 니스, 모나코를 거쳐 망통까지 남불해안을 '코트 다쥐르(Cote d' Azur · 쪽빛 해안)라고 부르는데 이 중 백미가 앙티브라고 평가한다. 앙티브에서는 뒤카르호텔에서 멋진 풍경과 먹거리를 즐길 수 있다고 평한다.

(4) 기타 장소

북구 크루즈, 태국 푸켓, 팔라우, 도미니카 카사 데 캄포, 호주의 노스 스트래드브로크 섬, 캐나다 휘슬러 등이다. 오마에 겐이치는 와세다대 이공학부 졸업을 하고 매사추세츠공대에서 박사학위를 받았다. 클라리넷 연주가이며 여행 가이드 출신의 세계적 경영컨설턴트이며 여행전문 경영컨설턴트이다(문화일보, 2008.7.25, 19면 ; 오마에 겐이치, 내 생애 최고의 여행, 에디터, 2008 참고).

> **참고 • 오마에 겐이치가 추천하는 여행지**
>
> 세계적인 경영 전략가이기 전에 훌륭한 여행 가이드이자 여행 마니아였던 오마에 겐이치가 제안하는 여행지로 삶이 행복해지는 멋진 여행지로 소개하고 있다.
>
> - 아말피 해안 : 남이탈리아로 이곳을 보지 못했다면 아직 죽기에 너무 이르다라고 표현한다.
> - 호텔 다니엘리 : 북이탈리아 베네치아 소재로 박물관에 온 듯한 실내 인테리어에 압도되는 곳으로 묘사한다.
> - 퐁타방 & 몽생미셸 : 북프랑스 브르타뉴와 노르망디에 위치하며 식도락가들에게 방문을 권고한다.
> - 앙티브 : 남프랑스 코트다쥐르 지역의 세계적인 구로사와 감독도 반했던 하얀궁전으로 설명한다.

- 실리아 라인 : 핀란드 헬싱키-스웨덴 스톡홀름 간 백야를 누비는 환상적인 발트 해 크루즈이다.
- 두바이 : 아랍에미리트연방의 초특급 관광포스로 표현한다.
- 아만푸리 : 타이 푸껫 소재로 지상 극락으로 묘사한다.
- 카사 데 캄포 : 도미니카공화국에 위치한 카리브해의 완벽 · 최상의 파라다이스로 표현한다.
- 코나 빌리지 리즈트 : 하와이 소재로 아무것도 하지 않는 것이 이곳의 최고 미덕으로 설명한다.
- 팔라우 : 팔라우공화국 소재로 첫 만남부터 완전 KO! 순식간에 사로잡힌 곳으로 묘사한다.
- 노스 스트래드브로크 섬 : 호주의 골드코스트 소재로 한 번 빠지면 완전 중독되며 4WD로 지구를 질주하는 기분을 느끼는 곳으로 표현한다.
- 휘슬러 : 캐나다 소재로 프레시 트랙에서는 나도 천재 스키어라고 표현한다.
- 클렌이글스 : 스코틀랜드 소재로 비참함도 바닥까지 가면 쾌락! 이것이 바로 골프의 참맛이라고 표현한다.
- 이과수폭포 : 브라질, 아르헨티나, 파라과이에 접경해 있다. 이 엄청난 폭포를 보는데 생명의 위험이 무슨 대수냐고 반문한다. 그만큼 가치 있는 자원임을 강조한다.
- 프라하 : 체코의 수도로 동유럽을 보아야 유럽을 제대로 본 것으로 평가한다(내 생애 최고의 여행, 에디터, 2008, 8-9면).

** 이과수 폭포

7) 유럽배낭전문가 손봉기의 유럽여행에서 빠먹지 말아야 할 코스

(1) 네덜란드

암스테르담 반 고흐 박물관과 섹스뮤지움, 잔세스칸스

(2) 독일

라인강 유람선, 로맨틱 가도, 뮌헨 렌바흐하우스와 호프브로이 하우스, 퓌센 노이슈반슈타인성, 하이델베르크

(3) 벨기에

브뤼셀 그랑프라스 광장

(4) 스위스

알프스 산 즐기기, 인터라켄 레포츠 즐기기, 전통음식 퐁뒤 즐기기

** 스위스 로잔

(5) 스페인

그라나다 알함브라 궁전, 마드리드 근교 톨레도, 바르셀로나 몬세랏 수도원과 분수쇼 그리고 성가족 성당, 플라멩코 즐기기

(6) 영국

런던 그리니치, 런던 내셔널 갤러리, 런던 대영박물관, 런던 뮤지컬 즐기기, 런던 켄싱턴궁전과 로얄 앨버트 홀, 런던 타워브리지 야경보며 피쉬앤칩 즐기기, 스코틀랜드 에든버러

(7) 오스트리아

오스트리아 비엔나 벨베데르 궁전의 클림트와 오페라 즐기기 그리고 전통 음식 쉬니첼 즐기기, 잘츠캄머구트

(8) 이탈리아

로마 바티칸 박물관과 성베드로 성당/ 피에타 상 그리고 포로로마노, 베니스 리알토다리와 산마르코 광장, 피렌체 두우모와 미켈란젤로 광장, 피사, 즐거움이 넘치는 로마 야경 즐기기

** 베니스 산마르코 광장

(9) 체코

프라하 천문시계탑, 프라하 만찬 즐기기, 프라하 체스키 크룸로프, 카를교와 프라하 성 야경

(10) 프랑스

베르사이유궁전, 수도원 몽생미셸, 파리 2만 원으로 즐기는 달팽이 요리, 파리 근교 오베르 쉬즈 와즈, 파리도시의 아름다움과 라데팡스 즐기기, 루브르 박물관, 파리 센강 유람선 바토무슈, 파리 오르세 미술관(유럽에서 가서 빼먹지 말아야 할 52가지, 성하출판, 2008, 8-11면).

비행기 창가 자리 혈전 위험 높인다

통로좌석보다 6배나

비행기 탑승시 창가쪽 자리에 앉는 것은 승객의 혈전 발전 가능성을 높인다는 연구결과가 나왔다. 영국 데일리 메일은 최근 네덜란드 레이덴대학 의료센터의 연구팀 연구결과 비행기 창가쪽 좌석에 앉는 것이 잠재적으로 혈전의 위험을 두 배 정도 높일 수 있다는 사실이 혈액학학회지에 실렸다고 보도했다.

연구에 따르면 혈전 발생 위험은 비만인 승객일수록 높아지며 통로좌석의 사람들보다 최대 혈전 발생 위험이 6배 정도까지 높아질 수 있다. 그러나 중간좌석에 앉아 있는 사람들은 혈전 위험이 증가하지 않았다. 오히려 비즈니스 석에 앉아 비행할 경우 혈전 발생 위험이 약 30% 정도 감소된다는 것이다.

이에 대해 연구팀은 창가쪽 좌석이 쉽게 잠이 들며, 특히 장시간 비행시 오래 잠을 자는 것이 혈전 발생 위험성을 높이는 것일 수 있다는 가설을 내놓았다.

출처 : 시티신문, 2009.2.2, 11면.

8) 도보여행가 김남희가 추천하는 유럽의 걷고 싶은 길

- 이탈리아 토스카나 : 태양의 축복을 받은 중세의 언덕
- 이탈리아 돌로미테 : 바위산과 푸른 초원이 어우러진 알프스 산맥
- 이탈리아 코모 호수 : 산길과 물길과 하늘길의 끝없는 경주
- 스페인 라스 알푸하라스 : 시에라 네바다 산맥에 숨겨진 하얀 마을
- 프랑스 샤모니 : 산악인들의 꿈이 서린 흰 봉우리들의 파노나마
- 프랑스 몽생미셸 : 물길 건너 바위섬에 오롯이 자리 잡은 성
- 스코틀랜드 웨스트 하일랜드 웨이 : 비와 바람과 안개의 삼중주
- 아일랜드 위클로 웨이 : 인간의 숨결이 그리워지는 시골길
- 잉글랜드 레이크 디스크릭트 : 산빛, 물빛 영롱한 대자연의 신비(김남희, 김남희가 반한 유럽의 걷고 싶은 길, 미래인, 2008).

9) 여행작가 최대윤, 심태열이 추천하는 주제별 여행지

(1) 세계 일주시 반드시 보아야 할 필수 유적지

페루 마추픽추, 캄보디아 앙코르유적, 이집트 고대 문명지, 요르단 페트라, 인도 타지마할, 칠레 이스터섬의 거석상, 티베트 포탈라 궁, 멕시코 테오타와칸

(2) 길 위에서 만난 가장 아름다운 풍경들

볼리비아 우유니 소금 사막, 프렌치 폴리네시아 보라보라 섬, 미국 그랜드 캐니언, 브라질 · 아르헨티나 이과수 폭포, 짐바브웨 · 잠비아 빅토리아 폭포, 아이슬란드 오로라, 모로코 사하라 사막, 아르헨티나 페리토모레노 빙하, 캐나다 밴프 국립공원, 러시아 캄차카반도, 노르웨이 송네피오르

** 빅토리아 폭포

(3) 인류의 역사를 함께한 시간이 멈춰버린 옛 도시

예멘 사나, 모로코 페스, 시리아 다마스쿠스, 인도 바라나시, 네팔 카트만두 밸리, 이집트 카이로, 우즈베키스탄 사마르칸트, 이란 야즈드, 말리 젠네, 중국 서안

(4) 세상에서 가장 스펙터클한 트레킹 구간

네팔 히말라야, 파키스탄 카라코람, 남미 파타고니아, 티베트 카일라스 코라, 중국 야딩 풍경구, 뉴질랜드 밀퍼드 사운드, 탄자니아 킬리만자로, 베네수엘라 로라이마

(5) 세계일주시 반드시 보아야 할 유네스코 자연유산

중국 구채구 & 황룡, 탄자니아 세렝게티 & 응고롱고로, 네팔 사가르마타 국립공원, 캐나디안 로키 국립공원, 크로아티아 플리트비체 호수공원, 미국 옐로스톤 국립공원, 베네수엘라 카나이마 국립공원, 호주 그레이트배리어리프, 에콰도로 갈라파고스제도, 러시아 바이칼호수

(6) 세계 일주 여행자가 뽑은 최고의 현지투어

페루 잉카 트레일, 볼리비아 우유니 랜드 크루즈, 탄자니아 사파리투어, 몽골 고비 사막투어, 나미비아 나미브 사막투어, 두바이 사막 사파리, 서부 티베트 카알라스 랜드 크루즈, 나스카 라인 경비행기 투어

** 사파리 투어

(7) 특별한 경험을 선사하는 전 세계 낭만열차

러시아 시베리아 횡단 열차, 남아프리카 공화국 블루 트레인, 인도 다르질링 히말라야 산악철도, 스위스 드래곤 마운틴 필라투스열차, 케냐 사바나열차, 노르웨이 플롬선 구간, 페루열차, 인도열차, 이스턴 & 오리엔탈 익스프레스, 뉴질랜드 열차, 티베트 청장 철로

(8) 체험과 배움으로 흥미만점 액티비티

몽골 테를지에서 말타기, 네팔 히말라야 번지점프와 래프팅, 호주 캐언스 스카이다이빙, 터키 카파도키아 열기구 타기, 이집트 다합 다이빙, 태국 방콕 마사지 자격증 따기, 인도 리시케시 요가, 이스탄불 밸리댄스

(9) 박물관과 미술관 문화 예술 세계일주

루브르박물관, 대영박물관, 메트로폴리탄박물관, 국립고궁박물관, 바티칸박물관, 뉴욕근대미술관, 에르미타주미술관, 프라도미술관

** 대만 고궁 박물관

(10) 영화 속에서 찾은 잊을 수 없는 세계여행지

** 남아프리카공화국 팔레스호텔

아이슬란드(스타더스트), 영국 런던(러브액츄얼리), 튀니지 · 모로코(글래디에이터), 튀니지(스타워즈), 나미비아/뉴질랜드/남아공 케이프타운(BC 10,000), 티베트(티벳에서의 7년), 요르단 와디럼(아라비아의 로렌스), 인도 캘커타(시티오브조이), 시베리아(러브오브시베리아), 중국 상하이 인근 서당(미션 임파서블3), 태국 꼬피피섬(더 비치), 미국 그랜드 캐니언(인투더와일드), 캐나다 밴프 국립공원(브로크백 마운틴), 캐나다 밴프 국립공원(가을의 전설), 마야문명(야포칼립토), 칠레 이스터섬(라파누이), 뉴질랜드 퀸스타운(반지의 제왕), 쿠바(모터싸이클 다이어리)

(11) 앞으로 주목받을 여행지

차마고도, 튀니지, 라오스, 예멘, 아이슬란드, 크로아티아, 남태평양 섬나라, 러시아 캄차카반도, 발트3국, 카리브해 섬나라, 중앙아시아, 미국이다. 차

마고도는 수많은 배낭여행자의 로망으로 표현한다. 튀니지는 따뜻한 기후와 이국적인 문화 그리고 아름다운 지중해로 표현하고 있다. 라오스는 뉴욕타임스 선정 2008년 꼭 가봐야 할 곳 1위로 소개한다. 예멘은 인류가 지구에 정착한 이래 가장 오래된 도시로 표현한다. 아이슬란드는 불과 얼음으로 만들어진 경이로운 자연풍경이 훌륭한 곳으로 나타내고 있다(중앙 books, 세계일주바이블, 2008, 22-25 ; 280-288 ; 478-479).

02 신규 목적지 및 지역상품

1) 뉴칼레도니아

뉴칼레도니아는 호주와 뉴질랜드 사이에 위치한 남태평양의 열대섬이다. 섬의 전체 60% 이상이 세계자연유산으로 등재되어 있는 만큼 아름답고 훌륭한 자연적 경관을 지닌 곳이기도 하다.

뉴칼레도니아 전문현지랜드인 (주)에이젠투어에서는 드라마 꽃보다남자 한국판 촬영지인 뉴칼레도니아상품을 홍보한다. 한국 최초 현지 법인 설립기념 이벤트로 뉴칼레도니아 4박 6일(할인가 121만 원부터) 상품, 직항 왕복 항공권(TAX포함)(할인가 55만 원부터)을 공지한다. 이벤트기간은 2008년 12월 15일부터 2009년 3월 24일까지이다.

2) 스타가이드 동행 유럽여행상품

하나투어에서는 그동안 고객들에게 가장 좋은 평가를 받고 있는 유럽 전문 스타인솔자의 이름을 내걸고 1~2개월 동안 스타 인솔자와 함께 동서유럽과 지중해를 볼 수 있는 '스타 가이드와 함께 유럽으로 떠나자' 를 기획, 판매하고 있다. 스타인솔자는 경력 10년 이상의 경험을 가진 인솔자 가운데 고객들에게 최고의 평가와 가장 많은 칭찬을 받은 인솔 베테랑들로 구성되었다. 출발 2~3일 전 인솔자가 직접 전화해 사전 여행 설명회를 꼼꼼히 진행하고 있다.

스타인솔자와 함께 유럽으로 떠나자는 상품에 따라 소띠 고객들에게 옵션 관광 한가지를 무료로 제공한다. 겨울방학을 맞은 아동 및 만 18세 미만 청소년들에게는 스와치시계를 증정하고 4인 가족 예약시 1인당 10만 원의 할인 혜택을 제공한다.

더불어 해당 상품으로 여행을 다녀온 후 오는 2월 28일까지 하나투어 홈페이지에 상품명을 남기면 추첨을 통해 5명을 선정, 삼성 디지털카메라를 증정한다(여행미디어, 2009, 1.12, 10면).

3) 케냐항공 아프리카 연합상품

주관하는 연합랜드는 (주)스페셜투어이다. 참여여행사는 레드캡투어, 롯데관광, 모두투어, 세계투어, CJ월디스, 여행매니아, 투어비스, 온라인투어, 세중투어몰, 자유투어, 참좋은여행, 김&류 투어, 투어2000, 하나투어, 한진관광, 현대드림투어이다.

** 사파리 투어

케냐일주 7일(2,990,000원) 상품, 케냐 & 탄자니아 9일(3,990,000원) 상품이 있다. 대자연이 살아 숨쉬는 진짜 아프리카로 올 것을 권유하며 Jambo! Africa(잠보는 아프리카 공통어인 스와일리어로 '안녕' 이란 의미)로 표현한다.

4) 북유럽 전문랜드상품

콘돌투어에서는 2009년 러시아 북유럽 특선상품을 홍보한다. SU 실속 정통일정 베르겐과 함께-실속 러시아 북유럽 5개국 12일(259~289만 원) 상품, KE 베르렌과 탈린을 한 번에-러시아 북유럽 6개국 12일(289~299만 원) 상품, KE 플롬반과 탈린-러시아 북유럽 5개국 12일(349~379만 원) 상품, AY 실속 베르겐과 탈린을 한 번에-실속 러시아 북유럽 6개국 12일(259~279만 원) 상품이 있다. 여행사에는 각각 수수료가 18만 원에서 40만 원까지 책정되어 있다. 콘돌투어는 2004년 이후 5년 연속 러시아/북유럽 최다팀 현지행사를 공지하고 있다.

DFDS 판매대리점과 실자라인 판매대리점 그리고 노르웨이 훗다루튼 쿠크즈 한국판매대리점을 공지한다. 북유럽 최저 지상비를 홍보한다. 노르웨이 관광청이 후원함을 공지한다. 협력여행사는 레드캡투어, 현대드림투어, 온라인투어, 세계투어, KRT, 참좋은여행, 자유여행, 인터파크, 투어2000, OK투어, 세중투어몰, SK투어비스, 여행매니아, 보물섬투어, 온누리여행사이다.

5) 뉴칼레도니아

레드캡투어, 모두투어, 오케이투어에서는 뉴칼레도니아를 홍보한다. 에이젠투어는 뉴칼레도니아 전문랜드로 홍보하고 있다. 남태평양에서 뉴질랜드, 파푸아뉴기니아에 이어 세 번째로 큰 섬이다. 세계 1, 2위를 다투는 규모의 그레이트 베리어리프(산호대)가 섬 전체를 둘러싸고 있어 해양 생태계 및 자연환경이 그 어느 곳과도 비교할 수 없는 아름다움을 자랑한다.

섬 주변에 크고 작은 여러 섬들이 많이 있으며 그 중 일데팡, 우메아, 리푸, 마레라는 섬들이 대표적이다. 아직 우리나라에는 잘 알려지진 않았지만 일본에서는 신혼여행으로 가고 싶은 곳 1위를 기록할 정도로 잘 알려진 나라이며 천국에 가장 가까운 섬이라는 타이틀이 붙어있는 곳으로 소개하고 있다. 세상에서 가장 아름다운 나라로 홍보한다.

하늘에서 명품와인을 만난다 - KE, 스카이숍 와인클럽 운영

지난 1일부터 하늘에서도 명품와인을 구입할 수 있게 되었다. 대한항공(KE)이 기내 서비스 향상 및 와인문화 저변확대를 목적으로 스카이숍 와인클럽 서비스를 시작한 것이다.

대한항공은 '숨겨진 보석 같은 와인을 찾아서'란 기획 아래 고객에게 널리 알려지지는 않았지만 뛰어난 품질을 가진 숨은 와인을 찾아 제공하기 위해 스카이숍 와인클럽 서비스를 준비하였다. 판매하는 와인은 국내 와인박사 1호로 유명한 방진식 박사가 직접 엄선한 것들이다.

스카이숍 와인클럽에 선정된 와인은 중세 교황들이 마시던 와인의 생산지로 유명한 프랑스 론지방 샤토네프 뒤 빠쁘 지역에서 생산된 세네쇼 2006을 비롯하여 이탈리아의 토속적인 맛과 프랑스의 부드럽고 우아한 맛이 절묘한 조화를 이루는 몬비 콜리 2005, 프로미스 2006, 로스탈카즈 2004, 아마로네 2006 등 다섯 종류이다.

5종 모두 국내에 널리 알려지지는 않았지만 빼어난 맛과 향기로 와인애호가들의 기호 충족은 물론이고 와인문화의 지변확대에 기여할 수 있을 것으로 기대된다.

와인의 판매는 철저한 품질 유지를 위해 전화, 인터넷 및 귀국편 예약주문 방식으로 기내에서만 판매한다. 기내 면세판매제도의 장점을 활용해 시중 판매가보다 가격을 크게 낮춰 30~60달러선에서 구매할 수 있는 고품질의 와인을 선정해 판매함으로써 소비자들이 부담 없이 즐길 수 있도록 하였다.

한편 대한항공은 현재 퍼스트 클래스에만 11종을 포함 36종의 와인을 서비스하고 있으며, 노선별로 특화된 총 9개국의 와인을 소비량에 따라 탄력적으로 구매하는 등 기내 와인서비스의 품질유지와 개선에 힘을 쏟고 있다.

출처 : 여행미디어, 2009.1.5, 6면.

(1) 뉴칼레도니아 공식지정여행사 상품

롯데관광에서는 2009년 1월 5일 KBS2 방송예정작 '꽃보다 남자'의 촬영지인 천국에 가까운 섬 뉴칼레도니아 상품을 출시하였다. 이벤트로 첫째, 예약자에게 뉴칼레도니아 가이드북 증정 둘째, 현지 식사쿠폰 할인권 증정 셋째, 동화면세점 10만 원권 또는 여행용가방 증정(허니문에 한함, 커플당)한다. 허니문상품으로 프렌치 파라다이스 뉴칼레도니아 일데팡 8일(2,890,000~3,499,000원), 가족여행 우리가족이 꿈꾸는 여행 휴양+관광 뉴칼레도니아+시드니 7일(2,499,000~3,349,000원) 상품은 각각 유류할증료 포함조건이다.

개별여행 무형의 경험을 수집하는 Nobleness nomad로 2인 이상 출발가능하다. 내가 만드는 뉴칼레도니아+자유여행 6/8일(1,449,000-2,949,000원) 상품은 1월 기준 유류할증료(118,000원) 별도 조건이다.

6) 바누아투

레드캅투어, 모두투어, 오케이투어에서는 뉴칼레도니아를 홍보한다. 에이젠투어는 바누아투 전문랜드로 홍보하고 있다. 광고는 뉴메아 디스커버리와 바누아투 관광청이 현지의 행사 진행을 책임진다고 공지하고 있다. 바누아투는 세상에서 가장 행복한 나라로 홍보한다.

남태평양의 작은 섬 나라 바누아투는 남서태평양 솔로몬 제도와 뉴질랜드 사이에 위치하고 있음을 알린다. 언제나 있는 땅이란 뜻으로 세상에서 가장 행복한 나라, 행복지수가 가장 높은 나라로 잘 알려져 있음을 공지한다. 인구의 약 80%가 시골 마을에 거주하며 주로 농사를 짓고 살고 있고 남태평양의 새로운 이색 여행지로 많은 관심을 모으고 있는 곳으로 소개한다.

7) 티벳여행

8년 노하우, 티벳전문여행사인 (주)스페셜투어에서는 순수한 영혼의 땅, 티벳상품을 공지한다. 티벳 하이라이트 8일(1,690,000~1,890,000원) 상품은 티벳 핵심지역 문화탐방하며 하늘길을 달리는 칭짱열차를 탑승한다. 여행사 수수료가 10만원-9% 지급된다.

티벳+세계의 지붕 10일(2,490,000원부터) 상품은 네팔에서 티벳까지 세계의 지붕일주 코스이다. 리얼 차마고도 11일(3,390,000원부터) 상품은 실크로드보다 더 오래된 차마고도 방문, 보이차의 산지 윈난성(시쌍반나) 방문, 여강, 소설속의 낙원 샹그리라, 여인들의 소금염전 옌진 등을 방문한다.

8) 중앙아시아 5개국 여행상품

(주)스페셜투어에서는 중앙아시아 3개국/5개국 연합상품을 주관하는 랜드사로 상품을 출시하였다. 노랑풍선, 롯데관광, 여행매니아, 오케이투어, 온누리여행사, 자유투어, 참좋은여행, 투어2000이 참여하며 아시아나항공이 운항한다. (주)스페셜투어는 우즈베키스탄, 카자흐스탄, 키르키즈스탄, 투르크메니스탄, 타지키스탄 지역의 현지수배를 담당한다.

실크로드는 인간이 상상할 수 있는 가장 긴 길이라고 중앙아시아 5개국을 거쳐 1만2천킬로미터 실크로드를 도보로 완주한 프랑스의 여행가 베르나르 올리비에의 말을 인용하여 광고하고 있다.

9) 내몽고

(1) 내몽고 직항상품

코스닥 상장법인인 (주)참좋은레저 참좋은여행에서는 안전한 내몽고! 7~8월 평균기온 20℃의 시원한 청정지역, 총 강수량 100mm로 온가족이 함께하

는 체험여행으로 권유한다. 휘텅시러대초원/고비사막+북경 4일/5일(499,000원) 상품은 내몽고 초원 중 가장 아름다운 휘텅시러대초원에서 캠프파이어, 별빛감상, 몽골 전통가무쇼, 고비(소리)사막체험, 내몽고 박물관, 전통환영인사와 특식으로 샤브샤브, 수바루, 한정식이 제공된다.

또한 시원한 태위 C.C골프(54H/72H)+초원관광 5일/6일(799,000원부터) 상품은 5성급 특급호텔 숙박, 그린피+캐디피, 조석식 포함이며 4일 이상 단독 행사가 가능하다. 편도 20만 원 추가시 비즈니스 좌석 이용 가능을 공지한다.

(2) 내몽고 대초원 체험여행

참좋은여행에서는 대한항공과 함께하는 내몽고 체험여행 상품을 출시하였다. 안전한 내몽고! 7~8월 평균기온 20℃의 시원한 청정지역을 홍보한다. 7~8월 연평균 총 강수량 100mm, 온가족이 함께하는 체험여행을 권고한다. 휘텅시러대초원/고비사막체험+북경 4일/5일(499,000원부터) 상품, 시원한 태위 C.C 골프(54H/72H)+초원관광 5일/6일(799,000원부터) 상품, 사막화 방지 해외 자원봉사단 5일/6일(549,000원부터) 상품이 있다.

자원봉사단 상품은 사막화 방지를 위해 나무심기 해외 자원봉사 체험을 하고 내몽고 자치구 정부에서 24시간 해외 자원봉사활동 인증서를 제공한다.

10) 케이투어 상품

(주)케이뚜리스트에서는 몽골 3박5일(50만 원) 상품을 출시하였다. 몽골 OM항공을 이용하며 승마체험, 세계문화유산 테를지 입장한다. 몽골/바이칼(알혼섬) 9일(100만 원) 상품은 대한항공또는 몽골항공을 이용한다.

승마체험, 바이칼크루즈선 탑승과 전통사우나 반야를 체험할 수 있다. 캄차카 6일(88만 원) 상품은 XF(블라디보스톡 항공)을 이용한다. 캄차카의 명물 활화산, 아바친스키관광, 베링해 해양크루즈를 탑승한다.

11) 중국항공여행사 상품

(1) 중국동방항공 패키지

** 중국의 계림

상해/소주/항주 4일(299,000원), 상해/황산/항주 5일(425,000원), 상해/황산/항주 5일(왕복항공-499,000원), 북경 4일(269,000원), 상해/장가계 5일(원수목일-519,000원), 상해/장가계/항주 5일(599,000원), 상해/계림/장가계 5일(599,000원)이며 매일 출발한다.

(2) CA 국제항공

북경/내몽고 5일(749,000원), 북경/장가계 5일(549,000원-현지직불 55$), 북경/만리장성 4일(199,000-279,000원/현지직불 45$), 제남/태산/공자탐방 4일(금출발-419,000원/현지직불 55$), 황주/황산 4일(399,000~449,000원/현지직불 45%) 등이다. 매일 출발이며 공통사항으로 12% 수수료가 여행사에 지급된다. TAX별도이다.

(3) CZ 남방항공

장사/장가계 5일(349,000원-현지직불 55$), 상해/장가계 5일(569,000원), 상해/항주/황산 5일(449,000~469,000원), 상해/항주/소주 4일(239,000원), 상해 주말 3일(269,000원), 장춘/연길/백두산 4~5일(529,000~599,000원), 심양/연길/백두산 4일(569,000원-현지직불 45$), 대련/백두산 5일(399,000원-현지직불 55$), 상해/연길/백두산/대련 5일(529,000원-현지직불 55$) 등이다. 매일 출발하며 여행사에 12% 수수료가 지급된다. TAX는 별도이다.

12) 러시아 전문상품

케이투어(K-Tourist)에서는 러시아의 전문여행사로 상품을 내놓고 있다. 공통으로 2008년 9~10월 출발기준이다. 가을의 백미 황금바이칼 5일(239만 원)상품은 TAX 불포함이며 여행사수수료는 18%이다. XF 이용한다.

러브오브 시베리아 횡단열차 7일(239만 원) 상품은 TAX 불포함이며 여행사수수료는 18%이다. XF 이용한다. 블라디보스톡 에어텔 3일(79만 원) 상품은 TAX 불포함이며 여행사수수료는 10%이다. XF 이용한다. 모스크바/뻬쩨르부르크 6일(230만 원) 상품은 TAX 불포함이며 여행사수수료는 15%이다. SU를 이용한다.

SPF 스파투어에서는 러시아 연합팩 주관사로 러시아+북유럽 11일(KE/FV), 타쉬켄트 GOLF 5일/6일(OZ), 알마티 GOLF 5일(KC) 상품을 운영한다. 특가로 관광초청장은 15,000에서 10,000으로 할인하고 상용 1년복수 초청장도 300,000에서 250,000으로 할인하고 있다. 본사에서는 러시아 및 CIS 전지역 지상수배, 초청장 및 비자를 대행한다.

13) 일본여행 전문상품

(1) 온천/료칸 및 자유여행

하늘땅여행에서는 일본온천/료칸 및 자유여행 전문여행상품을 취급하고 있다. 일본여행 전문 홀세일여행사이다. ANA를 이용한 상품은 다음과 같다. 여행사 수수료는 5% 지급된다. 도쿄/하코네 료칸 3일(649,000원부터), 오사카/아리마 료칸 3일(549,000원부터), 도쿄자유/배낭 3일(269,000원부터), 오사카 자유/배낭 3일(249,000원부터) 상품이 있다. 도쿄상품은 오렌지카드(교통카드)를 1인 2매=2,000엔 증정한다. 그리고 오사카상품은 2008년 12월 31일까지 경비 완납시 스룻토패스 무료(12월20일~2월 말 출발)이다.

(2) 일본 그룹항공권 염가상품

하늘땅여행에서는 성인 4인 이상 구매조건으로 홈페이지 할인항공권을 판매한다. 대한항공 후쿠오카 190,000원부터, 대한항공 삿포로 390,000원부터, 대한항공 오사카 228,000원부터이다. 그 밖에도 전통 료칸 수배, 기업연수, 각종 할인패스 최저가 판매 등을 홍보한다.

한국 - 일본 쓰시마 에어택시(Air taxi) 난다

부정기 항공회사인 코리아 익스프레스에어는 23일 김포-대구공항과 일본 쓰시마를 오가는 에어택시(air taxi)를 다음 달 1일부터 운항한다고 밝혔다. 항공기 기종은 비치크래프트 1900D로 18인승이다.

김포-쓰시마 노선은 월요일 출발-수요일 귀국(2박 3일), 수요일 출발-금요일 귀국(2박 3일), 금요일 출발-월요일 귀국(3박 4일) 등 3개의 일정으로 구성된다. 대구-쓰시마 노선은 금요일에 출발해 월요일에 돌아오는 3박 4일 코스와 월요일 출발해 금요일에 귀국하는 4박 5일 일정 등 두 가지다.

회사 관계자는 요금은 체류기간 숙식, 교통편 등을 모두 포함해 2박 3일 노선 기준 59만 9000원으로 책정됐다고 말했다. 한편, 진에어, 에어부산 등 국내 저가 항공사들도 국제선 취항을 준비하고 있다.

출처 : 조선경제, 2009.6.24, B3면.

03 유럽 최고 여행지와 교통서비스

1) 유럽 최고 여행지

미국 최대 온라인 사이트 트래블러스가 조사한 자료에 의하면 이탈리아 다수의 도시가 유럽의 최고 여행지로 선정되었다. 나폴리에 위치한 아말피는 아름다운 자연환경을 만끽하며 빠른 속도로 드라이브를 즐길 수 있는 것이 매력으로 꼽혔으며 시에나는 올리브로 둘러싸인 도시 구석구석의 풍경과 다양한 역사적 유물이 인기 관광지로 선정된 이유이다. 산지미나뇨는 800년 전에 와 있는 듯한 느낌이 들 정도로 역사적 공간이 많다는 점, 플로렌스는 예술적 건물이 많고 다양한 미술박물관이 있다는 것이 좋은 관광지로 선정되었다.

이번 조사에서 1위로 선정된 곳은 그리스의 로더스로 바람을 가르며 드라이브를 즐길 수 있는 길과 조그마한 마을들이 모여 있는 모습이 여행객에게 좋은 인상을 심어 주었고 2위에는 오스트리아의 잘츠부르크이다. 도시 전체가 오래된 건물로 둘러싸여 운치를 더하고 17세기의 바로크마을을 재현한 듯한 모습이 매력적으로 인식되었다(세계여행신문, 2008.7.14, 16면). 여기서 소개되는 장소는 미국인의 측면에서 인식되는 장소로 참고하도록 하자.

우리나라의 상황과는 다소 차이가 있을 수 있다. 이탈리아의 아말피, 영국의 바스, 아일랜드의 당글반도, 이탈리아 산지미나뇨, 아일랜드 골웨이, 영국의 요크, 이탈리아 아시시, 영국의 스트래트퍼스드온 에이븐은 우리나라에서 선호되는 여행상품의 일반적인 방문지와는 아직은 거리가 멀고 바스는 온천 여행코스로 아시시는 천주교 성지순례지로 유명한 곳이다.

** 이탈리아 베니스

** 이탈리아 쏘렌토

표 3-1 유럽 여행지 베스트 25

순위	여행지	국가	순위	여행지	국가
1	로더스	그리스	2	잘츠부루크	오스트리아
3	아밀피	이탈리아	4	바스	영국
5	시에나	이탈리아	6	당글반도	아일랜드
7	브뤼주	벨기에	8	루체른	스위스
9	바티칸시티		10	에딘버러	스코트랜드
11	산지미나뇨	이탈리아	12	플로렌스	이탈리아
13	폼페이	이탈리아	14	골웨이	아일랜드
15	하이델베르크	독일	16	몬테카를로	모나코
17	로텐베르크	독일	18	베니스	이탈리아
19	요크	영국	20	파리	프랑스
21	프라하	체코	22	상트페테르부르크	러시아
23	베르사이유	프랑스	24	아시시	이탈리아
25	스트래트퍼스드 온 에이븐	영국			

자료 : 세계여행신문, 2008.7.14, 16면.

2) 유럽 랜터카 대행서비스

황금마차는 유럽랜드 이메스(Imesseurope) FIT의 새로운 브랜드이다. 유럽의 주요지역의 보유차량 및 대여비용을 살펴보면 다음과 같다. 각 지역은 해당사에서 직영으로 운영하고 있는 지역이다.

(1) 프랑스

보유차량을 보면 Renault&5, Volvo5, Citroen5, Peugeot7이다. 파리는 5인 승용차 기준으로 250유로화, 7인승 밴은 290유로화이며 미팅/샌딩은 120유로화이다. 퐁텐블루/ 바르비죵/ 도빌 및 에트레타르와르는 각 100유로화가 높다. 몽셀미셀은 5인승 승용차가 390유로화이며 7인승 밴은 450유로화이다.

(2) 스위스

보유차량을 보면 Benz V230, Crysler Grand7, Toyota7, Benz E이다. 취리히/루체른/베른, 샤프하우젠은 승용차나 밴 모두 290유로화이며 미팅/샌딩은 120유로화이다. 인터라켄/제네바/로잔/몽트뢰/에비앙/체르마트/바젤/루가노 지역은 390유로화이다.

** 체르마트

(3) 이탈리아

보유차량을 보면 Toyota5, Crysler5, Citroen5, Opel9이다. 로마에서는 5인승 승용차가 250유로화, 7인승 밴이 290유로화이며 미팅/샌팅은 120유로화이다. 피렌체/피사/아시시/시에나/나폴리/폼페이/소렌토/아말피 지역은 각각 100유로화가 올라간다. 밀라노/꼬모 지역은 5인승 승용차가 290유로화, 7인승 밴이 340유로화이며 미팅/샌딩은 120유로화이다.

> **참고 • 세계 최초 비행기 호텔**
>
> 2009년 1월 14일 스웨덴 스톡홀름 아를란다 공항에서 세계 최초의 비행기 호스텔인 점보호스텔인 점보호스텔이 공개되었다. 보잉 747-200을 개조한 이 호스텔에는 공동침실과 더블베드룸 그리고 조종실의 신혼특별룸 등 모두 74대의 침대가 구비되어 있다고 전해진다.

3) 유럽 시티버스

(주)시티버스 코리아에서는 한국인 전용 일일버스투어 상품을 내놓았다. 시티투어는 한국인이 이용할 수 있는 일일투어 상품이다. 시원한 에어컨 버스와 한국인 베테랑 가이드의 자세한 안내로 관광지 및 박물관, 테마여행 등 다양한 여행을 제공한다. 여행사에 수수료가 지불되며 2인 이상 출발 가능하다.

한국인 베테랑가이드 안내, 전용차량 서비스, 두바이를 제외한 중식 제공, 가이드와 기사의 팁이 포함된 사항이다. 상품을 보면 다음과 같다.

- 파리 하이라이트 60유로
- 파리고성 스페셜 70유로
- 로마 하이라이트 60유로
- 로마 남부 스페셜 70유로
- 로마 티볼리+명품 아울렛 투어 60유로
- 런던 하이라이트 60유로
- 런던 아카데미 스페셜 60유로
- 독일 뮌헨 스페셜 70유로
- 독일 하이델비르크 스페셜 70유로
- 프라하 체스키크룸로프 스페셜 60유로
- 이스탄불 하이라이트 50유로
- 스페인 마드리드 하이라이트 70유로
- 스페인 바르셀로나 하이라이트 70유로
- 두바이 하이라이트 40유로(citybus.co.kr).

04 국내여행상품

1) 국내 패키지 여행상품

국내여행상품은 최근 주제가 있는 여행스타일로 다양해진 상황이다. 섬여행 베스트 1위 여행사인 마운틴여행사의 주요상품을 보면 다음과 같다. 특별할인 이벤트행사 요금 기준으로 2008년 6월~8월 출발상품이다.

① 외도 당일(매일 출발 33,000원) : 겨울연가 마지막 촬영지인 거제도를 방문하고 해금강 유람선 코스이다. 외도의 천국의 정원을 방문하게 된다. 유람선비, 왕복교통비, 3식제공, 입장료 포함이다.

** 해금강

② 외도 1박 2일(매일 출발 85,000원) : 가야산 해인사를 방문하고 부곡온천호텔에서 숙박한다. 구조라항 유람선을 탑승하고 동백군락지, 한려수도, 외도 해상국립공원을 경유한다. 왕복교통비, 5식제공, 입장료, 봉사료 일체포함이다. 2인실은 1인당 만원추가이다.

** 외도

③ 소매물도 유람선(매일 출발 25,000원) : 한산도 상륙 제승당 방문한다. 왕복교통비, 3식제공, 입장료포함이다.

④ 대둔산 케이블카(매일출발 19,000원) : 옥계계곡, 쌍계사 방문한다. 3식제공, 입장료, 케이블카비용 포함이다. 봉사료 포함이며 별도 경비 없다.

본 상품은 케이블카에서 보는 호남의 금강산으로 홍보한다.

⑤ 통영 미륵산 케이블카(매일 출발 25,000원) : 국내 최대 케이블카 개통에 따른 상품으로 인기절찬 예약상품으로 공지한다. 케이블카는 국내 최장거리인 1,975M로 한려수도의 비경을 한눈에 볼 수 있는 상품이다. 왕복교통비, 3식제공, 케이블카비, 봉사료 포함이며 별도 경비없다.

** 미륵산 케이블카

⑥ 선유도(매일 출발 15,000원) : 세계 최대의 새만금방조제, 풍력발전소를 방문한다. 군산을 거쳐 63개 섬을 유람선일주하고 횡경도, 방축도, 장자도, 선유도 코스이다. 유림선비, 왕복교통비, 봉사료, 3식제공, 입장료 포함이다. 별도경비가 없다. 군산 월명유람선 협찬상품이다.

⑦ 오대산/ 휴휴암/주문진 어시장(매일 출발 25,000원) : 맛따라 멋따라 싱싱한 회정식을 제공한다. 양양 휴휴암, 소금강계곡, 구룡폭포, 진고개를 경유한다. 왕복교통비, 3식제공, 입장료, 봉사료 일체 포함이며, 추가비용 일체 없다.

⑧ 월악산/송계계곡 덕주사(매일 출발 25,000원) : 기암절벽 휘감은 천혜의 비경으로 홍보한다. 단양팔경 유람선을 탑승한다. 월악산, 송계계곡 방문한다. 왕복교통비, 봉사료, 입장료, 3식제공이며 별도 경비 없다.

⑨ 사량도 유람선(매일 출발 19,000원) : 남도 최고의 비경으로 홍보한다. 상족암유람선을 탑승한다. 원숭이바위, 사랑동굴, 사랑도, 병풍바위 방문한다. 왕복교통비, 3식제공, 입장료, 봉사료 일체 포함이다. 추가비용은 없다. 사량도는 전설과 낭만이 있는 섬이다.

⑩ 삼척 대금굴/환선굴(매일 출발 47,000원) : 추암촛대바위, 동굴엑스포를 볼 수 있다. 환상의 세계로 홍보한다. 5억 년 전의 시간여행으로 표현한다. 왕복교통비, 3식제공, 입장료, 봉사료 등 일체 제공한다. 별도의 경비는 없다.

⑪ 지리산 칠선계곡/칠선폭포(매일 출발 29,000원) : 지리산 최고의 비경이자 우리나라 최고의 3대 계곡으로 홍보한다. 이곳은 10년 만에 개방된 자연휴식년 지대임을 공지한다. 별도경비 없고 3식제공, 입장료, 봉사료 일체 포함이다.

⑫ 무창포 해수욕장/서천 광어 도미축제(매일 출발 25,000원) : 모세의 기적 신비의 바닷길로 홍보한다. 자연산 광어를 회중식으로 제공한다. 타 상품과 동일 조건이다.

⑬ 강천산(매일 출발 19,000원) : 순창 고추장마을, 담양 죽녹원, 강천사계곡을 방문한다. 기묘한 절경의 바위와 폭포를 홍보한다. 타 상품과 동일 조건이다.

** 담양 죽녹원

⑭ 덕유산 칠연계곡/칠연폭포/용추폭포(매일 출발, 19,000원) : 신비스러운 기암괴석과 울창한 수목이 어우러진 칠연암동으로 홍보한다. 덕유산의 기암절벽과 노송지대를 방문한다. 타 상품과 동일 조건이다.

⑮ 동해 1박 2일(매일 출발 99,000원) : 영덕 대게축제를 방문한다. 싱싱한 활어회를 제공한다. 맛과 멋의 특별한 별미여행으로 홍보한다. 주왕산, 영덕 대게축제, 백암 온천호텔 숙박, 정동진, 통일공원, 주문진 어시장,

박달재조각공원 코스이다. 교통비, 5식제공, 봉사료, 입장료 포함이며, 별도의 경비는 없다.

그 외에 해남 보길도(매일 출발 95,000원) : 1박 2일 상품이다. 땅끝마을, 보성 녹차밭을 방문한다. 보길도 유람선을 탑승한다. 두륜산 도립공원, 세연정 동천석실을 방문한다. 왕복교통비, 5식제공, 입장료, 봉사료 일체 포함이다. 2인실은 1인당 만원 추가이다.

그리고 정산 화암동굴(매일 출발 25,000원) : 모노레일을 탑승한다. 동양최대의 석회석 광장을 방문한다. 아라리촌 민속마을을 방문한다. 화암동굴은 모노레일로 이동한다. 타 상품과 동일 조건이다.

마지막으로 신비의 마이산 탑사 은수사(매일 출발 19,000원) : 태풍, 비바람에도 쓰러지지 않는 신비의 탑사, 은수사 돌탑을 방문한다. 별도 경비없고 3식제공되며 입장료 포함이다.

** 통영해저터널

2) 템플스테이

(1) 템플스테이 수요

한국의 대표관광상품으로 사찰관광이 부각되고 있다. 한국의 고유문화를 체험할 수 있는 내 · 외국인 관광객 상품이다. 템플스테이는 지역관광과 연계가 가능한 상품으로 해외 마케팅 방안이 요청되고 있다.

우리나라의 사찰은 전통문화의 보고이며 불교문화의 원형이 잘 보존된 자원으로 참선, 다도 체험, 사찰의 일상과 수행자의 삶을 경험할 수 있는 전통문화의 체험장소로 가치가 있다.

마음의 휴식과 전통문화 체험의 장소로 2007년 템플스테이 참가자는 8만 1652명이었다. 외국인이 1만 3533명, 내국인이 6만 8119명이 참가한 것으로 나타났다. 전년대비 외국인은 41.9% 증가로 집계되었다(여행미디어, 2008, 12.22, 21면).

(2) 템플스테이 프로그램

외국인이 한국관광상품중에서 선호하는 상품 중의 하나가 템플스테이이다. 2008년 서울관광대상에서 최우수 서울여행상품(국내 부문)으로 선정되었다. 참가자도 지속적으로 늘어나 2006년 7만 914명, 2007년 8만 1652명이었다. 외국인도 2007년 1만 3533명으로 증가하였다. 참가비용은 일반인 1박기준으로 4~5만 원선(조선일보, 2008.6.26, A19면)이다.

템플스테이는 한국의 불교와 전통 · 정신문화를 경험하고자 하는 사람들이 참여하고 있으며 지역의 자연환경을 체험하기 위한 목적도 있다. 무엇보다도 수행이 목적인 경우가 많다. 보통 수행은 적게는 1주일 일반적으로 1달 이상 시간을 투여한다. 부가적으로 차문화를 체험하거나 명상, 한지공예, 참선, 트레킹, 폭포참선 등 다양한 경험을 할 수 있다. 현재 87개 사찰이 프로그램을 운영하고 있다. 다음 〈표 3-1〉는 주요사찰 및 해당 프로그램 등의 내용이다.

3) 금강산 투어

최근 피격사건으로 금강산 투어가 정체상태에 머물고 있다. 관광객을 대상으로 피격사건이 발생하였다는 것은 이유를 막론하고 있을 수 없는 사건으로 유감스럽다. 향후 북한의 변화와 입장에 따라 투어의 재개가 결정될 것으로 전망된다. 올 들어 금강산 관광객은 70% 이상 급증한 것으로 나타났다.

또 작년 말부터 시작된 개성관광에도 6개월 만에 4만 명 이상이 다녀온 것

표 3-2 목적지별 할인요금표

지역	사찰	대상 및 프로그램	비고(기간)
서울	길상사	어린이, 중고생, 일반인 대상 2박 3일~3박 4일 프로그램	2008년 7~8월 중 총 4차
인천 강화	연등 국제선원	어린이, 중고생, 일반인 대상 2박 3일~6박 7일 프로그램, 발우공양, 참선 300배 참회기도	2008년 7~8월 중 총 4차
인천 강화	전등사	어린이, 중고생, 일반인 대상 3박 4일 프로그램, 한지공예, 다도, 단청 등	2008년 7~8월 중 총 4차
충북 보은	법주사	어린이, 일반인, 가족단위 2박 3일~3박 4일 프로그램	2008년 7~8월 중 총 4차
충남 서산	수덕사	어린이한문학당(6박 7일), 청소년, 가족, 다문화가족 대상 프로그램	2008년 8월 중 총 4차
전북 부안	내소사	트레킹, 참선수행 등 2박 3일~4박 5일	2008년 7~8월 중 총 4차
전남 구례	화엄사	중학생-일반인 대상 참선삼매 프로그램 2박 3일~4박 5일	2008년 7~8월 중 총 4차
전남 순천	송광사	어린이, 청소년, 일반인 대상 예불, 좌선, 사찰답사, 다도 등 2박 3일~4박 5일	2008년 7~8월 중 총 4차
경북 김천	직지사	어린이불교학교, 위빠사나수행, 행복명상 등 1박 2일~6박 7일 프로그램	2008년 7~8월 중 총 6차
경남 하동	쌍계사	좌선, 영화로 떠나는 여행, 다맥과 차문화 등 3박 4일 프로그램	2008년 7~8월 중 총 2차
경남 합천	해인사	참선과 묵언 등 스님들과 똑같은 수행 프로그램	2008년 7~8월 중 총 6차
경남 양산	통도사	어린이, 중고생, 대학생, 일반인, 가족단위수련회 1박 2일~3박 4일	2008년 7~8월 중 총 8차
부산	범어사	어린이, 중고생 여름 불교학교 2박 3일	2008년 7~8월 중 총 3차
강원 평창	월정사	일반인 하계수련회 및 어린이 문화틔움터	2008년 7~8월 중 총 2차
강원 영월	법흥사	새벽예불, 좌선, 발우공양, 맨발걷기 명상	2008년 7~8월 중 총 3차
강원 인제	백담사	예불, 108배, 발우공양, 자비명상, 요가	2008년 7~8월 중 총 2차
강원 동해	삼화사	어린이 여름불교학교, 외국인과 함께 하는 중학생 템플스테이	2008년 7~8월 중 총 14차

자료 : 조계종 문화사업단(www.templestay.com)

으로 나타났다. 현대아산은 2008년 5월 1일 기준으로 금강산 관광객이 10만 300명으로 10만 명을 돌파했다고 밝혔다. 이는 작년 동기간(5만 8000명)보다 73%(4만 2300명)이 증가한 것이라고 보도되었다.

1분기(1~3월)가 관광업계의 비수기인데도 금강산 관광객이 몰림에 따라 현대아산은 올해 목표인 43만 명 달성은 물론, 최대 50만 명 돌파도 가능할 것으로 예상(조선일보, 2008.5.5, A18면)했었다. 그러나 피격사건의 파장으로 목표수치 달성은 어려울 것으로 전망된다.

4) 국내주제여행

(1) 드라마 연계여행

여행사닷컴에서는 2008년 하반기 이후 경기침체 상황에서 여행은 따나고 싶은데 끊임없이 올라가는 환율이 걱정되는 문제 등을 극복하고자 동화 속 풍경 처럼 아름다운 국내여행 상품을 출시하였다.

** 외도의 정원

드라마 '베토벤 바이러스'에서 강마에의 작업실이 있는 두물머리 쁘띠프랑스를 비롯해 입구부터 갖가지 꽃향기가 진동하는 포천 허브아일랜드, 바닷가 풍경 그대로 해안선 기차여행과 이국적 풍경을 바라볼 수 있는 대관령 양떼목장, 사계절 낭만으로 가득한 예술의 향기가 느껴지는 외도까지 어디서나 놓칠 수 있는 게 없기 때문이다. 상품가는 성인기준 최소 3만 2000원~최대 7만 9000원까지이다(세계여행신문, 2008.11.24, 17면).

(2) 서울 주제여행

** 새로 조성된 청계천 야경

경기도 안양의 YMCA 여름방학 문화뚜버기들의 서울기행을 예로 살펴보면 다음과 같다. 대상은 초등학교 학생이 대상이며, 참가비는 총 3회 10만 원이다. 테마가 있는 시장투어는 남대문, 동대문시장을 방문한다. 가게 아저씨와 아줌마와의 만남 그리고 이야기가 있는 여행이다. 도깨비시장, 건어물시장, 단추시장, 동대문 완구시장, 헌책방에서 만화책 한권씩 사오기 일정이다.

두 번째 투어는 삼청동일대를 둘러보는 서울 속 세계여행 지구촌 투어이다. 삼청동이 한국문화, 외국문화, 한국화된 외국문화를 비교해서 보기 일정이다. 북촌한옥마을, 세계의 소품가게, 세계장신구 박물관, 티벳박물관, 감리교 어린이 도서관(인사동)코스이다.

마지막은 대학로에서 문화공연투어이다. 연극연출가에게 직접 듣는 연극의 앞 이야기, 연극관람, 연극의 뒷이야기, 한국문화 예술위원회 일정이다. 연극관람료 중 일부는 별도부담이다.

(3) 국내 섬 여행

** 한려수도

한국관광공사와 행정안전부가 공동으로 2008 휴양하기 좋은 섬을 선정하였다. 우리나라는 3000여 개의 섬을 보유하고 있다. 이번 심사는 문화유적, 빼어난 경관과 독특한 별미나 향토음식, 조개잡이, 갯벌체험, 하이킹 등의 체험거리인 관광매력 그리고 접근성, 숙박 및 화장실 등 편의성을 고려하였다.

표 3-3 2008 휴양하기 좋은 섬 Best 30

지역	섬
인천(4)	석모도, 대이작도, 덕적도, 대청도
충남(4)	대난지도, 삽시도, 원산도, 외연도
전북(1)	선유도
전남(15)	보길도, 청산도, 관매도, 거문도, 임자도, 외달도, 상하조도 등
경북(1)	울릉도
경남(3)	지심도, 사량도, 소매물도
제주(2)	추자도, 우도

자료 : 세계여행신문, 2008.7.7, 16면.

(4) 웰빙 김천 오감여행

대한민국 구석구석 공식여행사인 솔항공여행사에서는 지례흑돼지구이, 명품 과일수확 체험, 환상적인 분수쇼와 나이트투어로 꼬마연등 만들기/ 포도송편과 녹차/ 사찰석식/와인과 시낭송/ 김천 명물 춤추는 음악 분수쇼를 감상할 수 있는 상품을 출시하였다.

** 안면도 오션월드

연 7회 행사로 4월부터 10월까지 출발한다. 여행경비는 성인 39,000원, 소아 34,000원으로 전용차량, 중식, 사찰, 석식, 체험비, 여행자보험이 포함된다. 여행사수수료도 5,000원이 있다.

(5) 바로 보는 아름다운 여행

솔항공여행사에서는 바보여행(바로보는 아름다운 여행)을 출시하였다. 느림의 미학 슬로시티 여행시리즈로 증도와 아리랑 진도 기차여행(KTX-1박 2일)과 청산도 기차여행(KTX-1박 2일)상품이다. 요금은 각각 2인실 기준

(159,000원), 2인실 기준(169,000원)이며, 여행사수수료도 24,000원과 25,000원이 책정되어 있다. 교통비, 1박 2식, 입장료, 체험료, 여행사보험료가 포함되어 있다.

증도와 아리랑 진도 기차여행은 목포해양유물전시관, 진도 거북배 승선, 진도 토요민속공연 관람, 운림산방, 신비의 바닷길, 증도 신안 해저유물인양기념비, 짱뚱어교 및 우전해수욕장, 고사리 뜯기, 소금박물관, 소금거두기 체험 코스이다. 청산도 기차여행은 목포 자연사박물관, 생활도자기박물관, 해남 대흥사, 완도타워공원, 슬로시티 청산도, 서편제촬영지, 범바위, 지리해수욕장 코스이다.

(6) 어촌체험 상품

웹투어에서는 한국어촌어항협회와 전남 영광 어촌체험 상품 아름다운 어촌 찾아가기 행사를 진행하고 있다. 영광군 두우리 어촌체험마을 1박 2일은 갯벌체험, 후릿그물체험, 염전체험 등 독특한 어촌체험을 경험할 수 있다. 이튿날에는 백수해안도로를 따라 법성포로 이동하며 해안도로의 절경을 감상하고, 영광군 문화해설사의 설명과 함께 천년 고찰인 불갑사도 둘러보게 된다. 영광군에서 여행경비의 50%를 지원하여 참가비용은 성인과 초등학생이 6만 원, 유아가 5만 5천 원이다.

웹투어와 한국어촌어항협회에서 진행하는 아름다운 어촌 찾아가기 행사는 도시민에게는 어촌체험의 기회를 제공하고 어촌 관광 활성화에 기여하고자 전국의 아름다운 어촌마을을 대상으로 실시하고 있는 상품이다. 2009년 8월 8일과 22일 두 차례 영광군에서 진행되었다(세계여행신문, 2009.8.3, 16면).

(7) 슬로시티 상품

자연 속에서 여유를 찾는 Slow City상품이 개발되고 있다. 완도의 청산도 슬로걷기축제의 경우 하루에 3,000명이 몰리기도 했다. 구들장 논, 노란 유채꽃과 돌담길이 어우러진 환상적인 풍광을 느낄 수 있다. 영화 서편제와 드라마 봄의 왈츠를 이곳에서 촬영하였다. 이곳을 비롯해서 슬로시티 명품 관광지로 부각되는 곳은 신안 증도, 장흥 유치 · 장평, 담양 창평이다.

슬로시티 운동은 느림과 여유의 가치를 지향하는 것으로, 1999년 이탈리아의 작은 산골마을에서 시작되었다. 지역이 본래 가진 자연환경과 고유음식, 전통문화 등을 지키며 지속 가능한 발전을 추구하는 삶의 자세를 말한다. 현재 16개국 116개 도시가 슬로시티로 지정되어 있다. 국내에서는 아시아 최초로 신안 증도와 담양 창평, 장흥 유치 · 장평, 완도 청산도 등 4곳이 지정되었고, 올 초 경남 하동군 악양면이 추가되었다.

신안 증도는 전국 최대 염전과 석조 소금 창고 · 소금 박물관 그리고 갯벌 · 염전체험이 가능하다. 장흥 유치 · 장평은 장수풍뎅이 마을과 무공해 표고버섯 그리고 지렁이마을 생태학습장이 있다. 담양 창평에는 전통 한옥마을과 돌담길 그리고 쌀엿 · 전통장류 · 한과 등 슬로푸드를 갖고 있다(조선일보, 2009.4.25, A10면 참고).

05 지역축제

1) 하남시 미사리 들불축제

경제회복을 기원하는 2009 정월대보름 축제로 하남시가 개최한다. 2009년 2월 8일 17시부터 20시까지 열린다. 장소는 미사동 억새밭으로 근린공원 예정지로 120,000㎡이다. 행사는 식전공연 행사, 기념식 행사, 쥐불놀이 행사로 진행된다.

- 식전공연 행사 : 풍물놀이공연, 국악공연(비나리공연 및 민요경창 등)
- 기념식 행사 : 쥐불놀이 어원 소개, 인사말, 달집태우기, 시민과 함께 강강수월래

- 쥐불놀이 행사 : 쥐불놀이 및 풍물놀이

2) 화진포 일출걷기 여행축제

고성군이 주최하고 주관은 학송회, 한국관광공사 등이 후원한다. 현대아산 등이 협찬한다.

동해안 낭만가도 관동별곡 8백리 길에서 펼치는 감동의 국민행복 여행축제 제1탄으로 소개한다. 화진포에서 맺은 사랑 가수 이 시스터즈 모녀, 내인생은 나의 것 가수 김현준 특별공연, 정준단장의 학춤 건강법 감동 특강이 진행된다. 관동별곡 8백리 길이란 45세에 강원도 관찰사가 된 송강 정철이 동해안의 절경이 펼쳐져 있는 관동 8경을 본 후 관동별곡을 썼던 문화와 역사가 있는 신비의 길로써 21C가 주목하는 새로운 슬로우 걷기여행코스로 소개한다.

환상의 1박 2일 코스로 2009년 3월 28일 서울, 미시령, 청간정, 화진포, 간성종합체육관(웰빙 콘서트)와 3월 29일 화진포 일출행사, 해안 일출 도로 걷기, 건봉사, 왕곡마을, 고성 잼버리장, 미시령, 서울도착 일정이다. 본 행사는 3월부터 10월까지 매월 넷째 주 주말(토, 일)에 1박 2일로 참가비 없이 진행됨을 공지 한다.

3) 섬탐방 여행

** 외도 선착장

홍익여행사에서는 KORAIL 28년 전통 믿을 수 있는 국내 기차전문여행사로 홍보하며 우리나라 대표 섬탐방 여행을 매일 출발함을 공지한다. 동해 울릉도, 독도 1박 2일/2박 3일(231,000원부터 /262,000원부터) 상품은 여관 및 리조트 숙박 조건이다.

서해 홍도, 흑산도 1박 2일/2박 3일(187,000원부터/220,000원부터) 상품은 흑산도비치호텔 숙박조건이다. 남해 거문도, 백도 2박 3일(232,000원부터) 상품은 거문도 1박, 여수 1박 일정이다. 전남 1박 2일 보물섬을 찾아서 보길도, 청산도, 해남땅끝 1박 2일(189,000원부터) 상품은 5인실로 주중출발 조건이며 매일 출발한다. 각 상품은 대인기준요금임을 공지한다.

기타 백령도, 대마도, 제주도, 외도, 매물도, 가거도, 선유도, 진도, 완도 등 단체행사 진행, KTX 이용 경북 테마 여름 바캉스 특가열차여행 등의 상품을 진행하고 있다. 여행사 별도 수수료 제공도 공지한다.

4) 보령 머드축제

문화체육관광부가 지정한 대한민국 대표축제로 2009년 12회를 맞는다. 세계인과 함께 하는 즐겁고 신나는 머드체험으로 7월 11일부터 19일까지 대천해수욕장에서 열린다. 주최는 보령시이며 후원은 문화체육관광부, 충청남도, 한국관광공사, KBS이다. 우리나라의 가장 대표적인 국제화된 축제로 인정받고 있다.

최근 외국인이 가장 선호하는 국내 축제 중의 대표적인 것이 보령 머드축제이다. 보는 관광에서 즐기는 관광으로 선호도가 있는 가운데 참여자들에게 즐거운 경험이 되고 있는 것이 보령 머드축제이다. 보령의 머드축제는 해수욕장이라는 관광자원과 프로그램이 연계된 성공적인 상품이다.

매년 10여일 동안 많은 테마를 갖고 열린다. 2008년의 경우는 12일부터 20일까지 총 58개의 프로그램이 선보였다. 2007년에는 외국인 7만 명이 참여한 것을 포함하여 217만 명이 이 축제를 찾았다. 지역경제 파급효과도 2007년 529억 원(조선일보, 2008. 7. 5, A12면)으로 증가되었다. 향후 축제의 경쟁력을 위해 테마파크, 아쿠아리움 등 관광인프라를 구축할 것으로 전해졌다.

부산문화관광축제조직위원회가 주관하였다.

개막행사는 해운대해수욕장 특설무대에서 인기가수 초청 특별공연과 축하 불꽃쇼가 펼쳐졌다. 또한 제9회 부산국제록페스티발이 다대포해수욕장 특설무대에서 진행되었다. 6개국의 정상급 20개 록 밴드가 출연하였다. 제4회 현인가요제는 송도해수욕장 특설무대에서 열렸다. 고 현인 선생을 기념하는 전국 창작가요제이다.

12) 대한민국축제박람회

2009년에는 5월1일부터 5일까지 인천 송도컨벤시아에서 열렸다. 축제들의 축제 대한민국축제박람회로 소개한다. 문화체육관광부 선정 최우수축제를 비롯해 우수축제 등 80여 개의 지역축제로 홍보한다. 부대행사로 외국인 다문화 부부가 올리는 전통혼례 실연, 600여 점의 공모전에서 선정된 우수사진을 전시하는 전국축제사진전, 성공한 축제의 노하우와 비결을 알 수 있는 우수축제사례발표회가 진행되었다.

그리고 다양한 공연과 시연이 추가되었다. 4월 28일 오후 7시 30분에는 대한민국축제박람회 기념공연으로 KBS 열린음악회가 문학경기장 특설무대에서 치러졌다. 주최는 대한민국축제박람회조직위원회이다. 후원에는 문화체육관광부, 인천광역시, 부산광역시, 한국관광공사, 전국시도지사협의회, 전국시장 · 군수 · 구청장협의회, 연합뉴스, 신한은행, 포스코건설, 현대건설, 삼성물산, 인천교통공사, 인하대학교, 인천환경공단, 인천광역시교육청이 참여하였다.

13) 진주 남강유등축제

2008년 진주 남강유등축제는 10월 1일부터 12일까지 진주 남강일원에서 열린다. 문화체육관광부 지정 3년 연속 최우수 축제로 선정되었다. 소망을 담는 축제로 홍보하고 있다. 주최는 진주시, 진주문화예술재단이며 주관은 진주 남강유등축제 제전위원회이고 협찬은 하이원리조트이다.

개천예술제는 우리나라 지방문화예술제의 효시로 2008년이 58회가 된다. 진주성 외 16개소에서 열린다. 주최는 진주시, 예총진주지부이며 주관은 개천예술제 제전위원회이다. 10월 3일부터 10일까지 열린다.

14) 서울약령시 한의약문화축제

2008년 슬로우 한방페스티발로 올해는 14회가 되는 축제이다. 우수한 한약재, 안전한 한약재 서울약령시로 홍보한다. 10월 9일부터 12일까지가 행사기간이다. 장소는 서울특별시 동대문구 서울약령시장이다. 한의약축제로 무대공연행사가 열린다. 한방그랜드세일은 10% 세일이 진행된다. 서울약령시 회원업소에서는 구매고객에게 10% 할인혜택을 준다.

Slow 한방 퍼레이드에서는 조선시대 약령시의 모습을 재현한 퍼레이드가 진행된다. 도가, 전사대, 전부고취, 의장대, 내의관, 의녀, 도제조, 제조상궁, 약재운반상, 백성, 만사기수단 등 약 200여 명이 참여하는 대형 행렬의 역사문화를 담은 퍼레이드이다. 그리고 서울약령시 한의약박물관에서는 한의약 관련 유물과 다양한 약재 전시를 통해 우리의 우수한 한의약문화를 체험할 수 있다.

15) 조선시대 과거제 재현행사

2008년 10월 5일 오전 10시부터 오후 6시까지 행사가 진행된다. 올해 15회를 맞는다. 주최는 서울특별시이며 주관은 (주)예문관이고 후원은 문화재청이다. 조선시대의 과거시험이 경복궁(문과)과 경희궁

** 청도 소싸움 축제

(무과)에서 재현된다. 다양한 전통예술 공연 및 체험과 함께하는 축제의 장에서 가족과 함께 전통의 멋과 흥을 즐길 수 있다.

퓨전타악공연, 궁중무용, 판소리 및 남도민요, 퓨전국악공연, 풍물마당 등 축하공연이 열리며 시조백일장(경복궁), UCC 및 사진공모전, 행사 후기 공모 등 부대행사가 있다. 체험행사로 경복궁에서는 한지를 이용한 한적(옛날책) 만들기가 진행되며, 경희궁에서는 대나무 활 만들기, 대나무 물총 만들기, 솟대 만들기, 단청무늬 목걸이만들기, 주막체험 등이다.

06 계절상품

1) 겨울상품

(1) 겨울방학 가족여행

현대드림투어에서는 현대홈쇼핑 방영 인기상품으로 겨울방학 가족여행을 홍보한다. 온가족 행복여행으로 마담투소 상해/소주/항주+난쉰 4일(549,000원부터), 노팁 하와이 초특급 하얏트 리젠시 5일(1,790,000원부터) 상품이 있다.

** 청도용암온천

따뜻한 휴양지 상품으로 달콤한 상상 세부 샹그릴라 골드 4/5일(899,000원부터), 괌 PIC GOLD+BBQ+원주민 문화체험+별빛투어 5일(1,179,000원부터) 상품이 있다. 효도여행 베스트 상품으로는 900년 신비의 미사사온천 & 겨울한정 게요리 카이세키 3일(799,000원부터), 노팁+노옵션 품격 터키 완전일주(7성급) 8/9일(2,590,000원부터) 상품이 출시되었다.

(2) 겨울여행지 핀란드

핀란드 관광청이 후원하고 핀에어와 20여 개 여행사가 함께 겨울철 핀란드의 매력을 속속들이 체험할 수 있는 상품 윈터 매직 인 핀란드 헬싱키-로바니에미 8일(389만 원)을 출시하였다. 이 상품은 모던하면서도 유서 깊은 수도 헬싱키와 산타 클로스의 본고장 라플란드의 로바니에미를 중심으로 일정을 잡고 있다. 로바니에미에서는 산타 빌리지와 북극 연구센터 악티쿰 등을 돌아본다.

사리셀카에서는 시베리안 허스키들이 이끄는 개썰매와 스노우모빌 사파리 체험도 하게 된다. 해당 기간 중 북극선 너머에 위치한 로바니에미 등에서는 북극 여행의 하이라이트로 꼽히는 오로라를 볼 수 있는 가능성이 높아 더욱 감동의 여행이 될 수 있을 것으로 기대를 모은다.

핀란드는 미국의 뉴욕에서도 겨울이면 전세기를 띄워 오로라 여행을 올 정도로 대표적인 오로라 여행지이다. 1년에 200일이 넘게 오로라를 볼 수 있는 가능성이 높은 것으로 알려지고 있다. 헬싱키-로바니에미 구간은 최근 새로운 열차를 장착해 더욱 편해진 산타익스프레스를 편도로 타고 이동하게 된다. 15명 이상이면 인솔자가 동행한다.

핀란드관광청과 핀에어가 공동으로 주관하여 상품설명회를 실시하며 하나투어, 모두투어, 롯데관광, 레드캡투어 등 20여개 업체에서 판매하며 유로타임이 주관랜드이다(세계여행신문, 2008.12.1, 36면).

(3) 겨울인기상품 남태평양

하나투어에서는 남태평양 상품을 BEST 특별할인하여 판매한다. 겨울철에 인기있는 상품이다. 호주/뉴질랜드 남북섬 10일(하나투어 단독 타스만 빙하투어 관광상품/ 3,190,000~3,890,000원) 상품, 사이판 PIC골드 5일(1,049,000원부터) 상품으로 오전에 출발하는 상품, 괌 PIC골드 5일(1,049,000원부터) 상품이 있다. 출발은 2008년 12월 중이다.

핀란드가 최고의 겨울여행지로 선정되는 이유

핀란드는 원조산타의 고향으로 핀란드 북극권인 라플랜드, 로바니에미에는 산타가 사는 마을이 있다. 이곳을 12월에 방문하면 연중 산타가 가장 바쁜 시간을 보게 된다. 소리없이 눈내리는 고즈넉한 마을에 산타는 종일 전 세계 어린이들에게 전달해줄 선물을 준비하느라 바쁘다. 이곳에서는 가장 전통적인 핀란드식 크리스마스 디너도 맛볼 수 있다.

프리스타일 스키, 스노보드, 노르딕 스키 등 원하는 모든 눈 위 스포츠를 즐길 수 있다. 다른 지역과 비교해도 경제적이다. 한밤중에도 스키를 탈 수 있다.

전동 스노우모빌을 타고 두꺼운 얼음이 언 호수 위를 질주할 수도 있고 시베리안 허스키개들이 이끄는 썰매를 타고 눈덮인 숲속을 달릴 수도 있다. 또한 쇄빙선을 타고 얼음을 깨며 항해하는 크루즈도 이용할 수 있다. 순록썰매, 얼음낚시 등은 더욱 즐거운 체험이 된다.

이글루나 눈으로 만든 호텔에서 이색적인 체험을 할 수 있다. 객실 란 온도는 4도 이상 오르는 법이 없지만 보드카와 순록 가죽 등이 만들어내는 독특하면서도 로맨틱한 분위기가 멋진 추억을 안겨 줄 것이다.

출처 : 세계여행신문, 2008.12.1, 36면.

(4) 겨울인기상품 동남아시아

CJ월디스에서는 겨울인기상품으로 가장 완벽한 휴식 동남아시아 상품을 출시하였다. 이 보다 편할 수 없다! 고품격 휴양지가 가득! 발리 아디다르마 5일(699,000원부터), 푸켓 5/6일(649,000원부터), 세부 샹그릴라/프리미엄카드 5일(1,095,000원부터), 아동반값 코타키나발루 5/6일(949,000원부터) 상품이 있다.

이보다 신날 수 없다! 세계적인 볼거리 가득! 하노이, 하롱베이, 난빈+선상유람 5일(519,000원부터), 항공+호텔1박 마닐라 자유여행 2박4일(469,000원부터), 세계문화유산 캄보디아 앙코르왓 5일(828,000원부터), 싱가폴/바탐/플라이어 5일(949,000원부터) 상품이 있다. CJ 월디스는 CJ그룹 온라인여행사이다.

(5) 캐나다로 떠나는 겨울여행

가) 스릴만점 개썰매

개 썰매는 북극지방의 전통적인 운송수단으로 애용되었다. 스노모빌 등이 개발된 이후에는 개 경주로 명맥을 이어오고 있다. 보통 썰매는 허스키(Husky)라고 부르는 늑대개와 그레이하운드로 구성된다. 개가 이끄는대로 몸을 맡겨보거나, 혹은 직접 운전을 해 보는 등 선택할 수 있다.

보통 6~8마리의 개가 이끄는 썰매에 두 명이 타는데 한 사람은 앉고, 다른 한 사람은 뒤에 서서 탄다. 규모에 따라 팀으로 여러 명이 앉아 타는 것도 가능하다. 빼어난 캐나다 겨울 절경을 즐기며 탁 트인 눈길을 달리는 개썰매는 캐나다 겨울여행에 있어 빠뜨리면 안 되는 필수 활동이다(세계여행신문, 2008.12.15, 11면).

나) 아이스와인 축제

** 횡성 디오니소스 와이너리 전경

캐나다를 대표하는 특산품인 아이스와인, 캐나다는 전 세계 속에서 가장 맛있는 아이스와인을 생산한다. 차갑게 언 포도송이로 만든 와인인 아이스와인은 당도가 상당히 높고 일반 포도주의 10배 정도의 고농축으로 만들어진다. 캐나다 전역에 400여 개의 와이너리가 있는데, 규모와 품질 면에서 볼 때 브리티시 컬럼비아주 오카나간 벨리와 온타리오주 나이아가라-온-더-레이크 지역이 아이스와인의 양대 산맥으로 꼽힌다.

이 두 곳에서는 매년 1월, 아이스와인의 수확을 기념하는 아이스와인 페스티벌이 개최된다. 한 겨울 새벽녘 영하 8도 이하의 온도에서 수확한 포도로만 만들어지는 아이스와인의 과정도 볼 수 있고, 다양한 와인 시음은 물론 와인에 대한 전문지식을 넓힐 수 있는 세미나도 준비되어 있다(세계여행신문, 2008.12.15, 11면).

2) 여름상품

(1) 일본 온천여행

겨울여행의 최고 인기상품이다. 유후인/규슈 온천여행 4일(799,000원~1,699,000원) 상품, 온천의 본고장 마츠야먀 3/4일(849,000~1,699,000원)상품, 북해도 5일(1일은 자유여행) 4/5일(999,000~2,399,000원) 상품, 아오모리 온천여행 3/4일(999,000~1,499,000원) 상품이 있다. 마츠야마와 아오모리상품은 한정일자에는 동반 1인 50% 할인이 적용된다. 출발은 2008년 12월~ 2009년 1월 중이다.

(2) 여름철 전세기 휴가상품

KAL투어에서는 2009년 특별한 휴가지를 추천한다. 대한항공 직항 전세기 상품이다. 쉽게 가 보지 못했던 놀랍고도 새로운 그곳으로 소개하고 있다. 북해도, 바이칼, 캄차카로 특별한 휴가를 떠날 것을 권유한다.

1탄 신이 내린 선물! 순수한 자연관광과 상쾌한 골프여행 북해도(쿠시로/삿포로)상품은 7월~8월 출발하며 단 7회와 단 3회 행사이다. 한여름 평균기온이 20도 안팎의 시원한 북해도에서 즐기는 최적의 골프라운드, 유네스코가 지정한 지구 생태계의 보고 쿠시로 습원, 신비한 마리모가 살고 있는 원시호수 아칸호, 신선한 해산물을 즐길 수 있는 정통 어시장인 와쇼이찌바 방문의 특전을 제시한다.

2탄 한민족의 시원 · 영화 닥터지바고, 러브 오브 시베리아의 무대 러시아 바이칼 상품은 7~8월 단 6회 출발한다. 세계 최대의 청정 담수호인 바이칼호수 크루즈, 시베리아 관광열차 탑승, 향긋한 자작나무향이 가득한 러시아식 사우나, 러시아식 꼬치구이 사쉴릭과 오믈 시식, 한민족의 시원/샤먼의 고향 알혼섬, 체르스키 전망대(리프트 탑승)가 제공된다.

3탄 원시자연의 보고 · 극동의 알래스카 러시아 캄차카상품은 9월 3회 출발한다. 만년설 무뜨놉스키 화산, 원시 야생화지대 트레킹, 물반 고기반 손맛을 느낄 수 있는 낚시 최적지 아바차만, 미네랄이 풍부한 온천수와 노천온천이 포함된다.

(3) 여름특선 휴가상품

KAL 투어에서는 대한항공 직항 전세기편으로 쉽게 가 보지 못했던, 놀랍고도 새로운 북해도와 바이칼 특별한 여름휴가 상품을 내놓았다. 신이 내린 선물! 순수한 자연과 상쾌한 골프여행 북해도(쿠시로/삿포로) 상품은 여행사 수수료 9%와 6월 조기예약 7% 할인을 제공한다. 동일 조건 업계 최저가로 홍보한다. 조기 예약 7% 할인시, 별도로 대리점은 6% 수수료가 제공된다.

대표적인 상품으로는 삿포로/노보리베츠/도야/오타루 관광 4일(1,490,000 1,590,000원), 기타히로시마 골프(54홀)+온천 4일(1,530,000~1,630,000원) 상품과 7~8월 평균기온 18℃ 북해도 쿠시로 관광 4일/5일(1,390,000~1,690,000원) 상품, 북해도 쿠시로 도동 골프+관광(54홀/72홀) (1,790,000 ~2,090,000원) 상품 등이다.

대한민국 국민의 1%도 가보지 못한 곳! 러시아 바이칼 상품은 9% 수수료와 첫 취항 기념특가로 7/27일 출발 예약자에 한해 동반자 1인 20만 원의 할인이 주어진다. 대표상품으로는 징키스칸의 혼이 느껴지는 여행, 시베리아의 진주 바이칼! 한민족의 시원 알혼섬과 바이칼(시베리아 관광열차)5일/6일(2,090,000부터/2,390,000부터) 상품과 2천만 년 전 신비가 살아 숨쉬는 바이칼 호수와 함께하는 여름! 바이칼 호수의 신비(시베리아 관광열차 5일/6일)(1,990,000부터/2,290,000원부터)상품이 있다. 시베리아 관광열차 체험, 브리야트 민속공연 및 바이칼 유람선 탑승을 할 수 있다.

(4) 여행사 제안 여름휴양지 특가 추천상품

돌핀스트래블에서는 목적별 여름휴양지 특가상품을 추천하고 있다. 5가지 유형별로 살펴보면 다음과 같다.

Style 1 휴양형

괌 웨스틴 리조트는 이동에 대한 부담감이 없으며 내 집과 같은 편안한 휴가를 원하는 고객에게 추천하는 리조트이다. 투몬비치와 투몬시내에 위치하고 있어 투숙객들은 바다를 내려다 보며 휴식을 취할 수 있고 쇼핑과 시내관광을 쉽게 할 수 있다. 객실료는 정상가에서 US$ 42 저렴한 US$ 138부터 제공된다.

Style 2 탐험형

필리핀 세부 플랜테이션베이는 호기심과 모험심이 강해 새로운 것을 경험하고자 하는 여행자들에게 추천한다. 세부 시내에서 30분 거리에 위치해 있어 주변 명소 산 페드로요새, 마젤란 십자가, 아기예수상, 도교사원, 카르본 시장을 둘러보기에 좋다. 최신식 편의시설을 갖추고 있는 객실은 다양한 카테고리로 구성되어 있어 선택의 폭이 넓은 편이며 객실료는 정상가에서 US$ 52 낮은 US$ 168부터 이용가능하다.

Style 3 재충전형

푸켓의 아카디아리조트는 일상에 지친 몸과 마음을 편안하게 재충전하고 싶은 고객에게 추천하는 곳이다. 열대 정원 속에서 스파를 체험할 수 있으며 푸켓 환타지 테마파크, 차롱사원, 동물원 등과도 가까워 활동적인 여행 또한 가능하다. 이용료는 US$ 74 정도 저렴한 US$ 101부터 제공된다.

Style 4 로맨스형

아요다리조트는 해양스포츠를 즐기며 연인과 로맨틱한 시간을 누리고 싶은 여행객들에게 추천한다. 이리조트는 발리 수상궁전을 모델로 디자인된 발리 스타일의 건축물과 우아함을 뽐내고 있으며 누사해변을 끼고 인도양을 마주하고 있어 연인들의 휴식처로 유명한 곳이다. 정상가보다 US$ 62 할인된 가격 US$ 188부터 예약 가능하다.

Style 5 가족형

인도네시아 빈탄라군리조트는 가족과 함께 편안하고 여유로운 시간을 즐기고 싶은 고객들에게 권하는 리조트다. 깨끗하고 아름다운 샌드비치와 시원스럽고도 깔끔하게 정리된 열대정원 속에서 휴식을 취할 수 있으며 US$ 31의 할인가가 적용된 가격 US$ 84에 이용 가능하다(세계여행신문, 2009.7.6, 10면).

(5) 러시아지역 상품

러시아가 여름상품으로 부각되고 있다. 시베리아 횡단열차, 활화산이 있는 태초의 땅 캄차카, 부동항으로 알려진 블라디보스톡, 지구에서 가장 청정하다고 하는 바이칼호수 상품 등이다.

3) 가을상품

붉게 물든 단풍과 절경 속에서의 휴식, 고마츠를 광고한다. 여행매니아에서는 계절상품으로 고마츠 상품을 홍보하고 있다. 단풍절정 고마츠/알펜루트/쿠로베협곡 4일(1,069,000원부터) 상품이 있다. 알펜루트 전 코스(다테야마-오기사와)를 관광한다. 쿠로베협곡 도롯코열차를 탑승(우나즈키-키네츠리)한다. 명탕순례로 와쿠라 온천/ 노도반도/가나자와 3일(779,000원) 상품, 품격 고마츠/가나자와/가타야마즈 온천 4일(959,000원부터) 상품, 쿠사츠 온천/유자와/ 쯔키오카 온천 4일(899,000원부터) 상품이 있다. 쿠사츠온천은 일본 3대 온천 중 하나이며, 일본 최대의 용출량, 수질제일주의 온천마을 중심가로 가이드 동행 자유시간이 주어진다.

가루이자와는 일본 부호들의 여름 휴양지이다. 유자와 관광은 소설 설국의 무대인 가이바타 야스나리 기념관을 방문한다. 쯔키오카 온천은 니가타 현 최고의 온천지역으로 숙박한다. 대한항공이 고마츠 주 4회 운항으로 협찬한다.

07 세계의 축제

1) 호주 시드니 Royal Easter Show

호주의 연간 최대 축제이다. 세계에서 여섯 번째로 큰 축제인 로열 이스터 쇼는 1820년대의 호주 농경문화로부터 이어진 호주의 상징적인 축제이다. 부활절 전후로 개최된다. 100만 명 정도의 많은 관광객들이 방문한다.

커다란 대포 속에 여성 선수가 들어가 탄환이 되어 날아가는 인간 탄환 쇼, 철장 안에서의 오토바이 서커스, 로데오 쇼 챔피언십, 익스트림 프리스타일 오토바이 경연대회, 도끼로 나무 베기 등 보는 이들의 손에 땀을 쥐게 만드는 인기 프로그램이 진행될 예정이다.

그리고 풍성한 호주산 과일과 야채, 세계적으로 인정받는 호주와인, 다양한 종류의 음식들이 준비되어 있다. 입장권은 성인 한명당 약 3만 원이며 온라인 구입도 가능한 것으로 알려져 있다. 축제의 하이라이트는 인간탄환 쇼로 소개되고 있다.

2) 몽골 나담축제

세계적인 북방 유목민의 축제이다. 매년 여름철 7월초~중순 사이에 열린다.

3) 오키나와 축제여행

롯데 제이티비의 오키나와 모리노니기와이축제 상품은 일본 최남단 독자적인 류큐왕국을 이루었던 일본 속의 또 다른 일본 오키나와는 남국의 자연과 독창적인 문화를 바탕으로 오키나와만의 색다른 축제와 향토예능의 매력을 마음껏 즐길 수 있음을 공지한다. 2009년 1월 22 단 1회 출발하는 모리노니기와이 오키나와 4일(1,599,000원) 상품이 있다.

모리노니기와이축제는 오키나와의 박력있고 이국적인 전통예능을 감상하게 된다. 일본에서 가장 빠른 벚꽃을 감상할 수 있다. 1월 중순경에 가능하다. 리조트 호텔인 리잔시파크 탄차제이 오션뷰룸에서 2박 숙박이다. 오키나와의 에메랄드 빛 바다와 해변을 만끽할 수 있다. 일본 최대규모의 수조 크기를 자랑하는 츄라우미 수족관, 만좌모, 수례문 등 오키나와의 인기관광지를 둘러볼 수 있는 여정이다.

08 특별관심관광(SIT)

1) 이스라엘 와인투어

레하임(건배)! 이스라엘은 축복받은 기후뿐만 아니라 프랑스, 미국, 이탈리아, 남아공산의 품질 좋은 포도를 사용하는 와인제조업자 덕에 맛있는 와인을 자랑한다. 성경에 나오는 노아가 방주에서 오래된 포도를 먹고 술에 취한 이래로 이스라엘에서는 와인이 생산되었다.

** 영동 와인 저장 터널

이스라엘의 와이너리는 피노누아, 메를로, 샤도네이 등의 와인을 생산한다. 대규모 와인생산은 1980년부터 시작되었고 오늘날 이스라엘 와인은 국제적인 상을 수상하기도 하였다. 이스라엘에는 대규모 와이너리 뿐만 아니라 부티크 와이너리도 있다. 대부분의 와이너리는 방문객에게 공개돼 와인 제조모습을 보여주고 있다. 물론 와인을 맛볼 수도 있다.

주요 와이너리는 골란 하이트 와이너리(The Golan Heignts Winery), 카멜 마즈리히 와이너리(Carmel Mizrahi Winery), 빈야미나 와이너리

(Binyamina Winery), 쵸라, 소레크, 사스러브(Tzor' s, Soreq and Saslove)가 있다(여행미디어, 2008.12.29, 8면 ; 이스라엘관광청). 실제적으로 이스라엘 골란하이트 와인을 시음했을 때 메를로나 까베르네쏘비뇽은 탄닌이 강한 오크숙성으로 바닐라향과 구조감이 좋은 밸런스를 갖고 있는 우수한 와인으로 와인전문가들은 평가하고 있기도 하다.

2) 호주 헌터밸리 와인투어

** 헌터밸리 전경

호주의 대표적인 와인산지의 헌터밸리는 시드니에서도 가까운 곳으로 접근서이 좋은 곳이다. 호주의 가을이 시작되는 3~4월이면 포도의 수확기로 와인 페스티발이 개최된다. 헌터밸리의 주요와이너리는 로즈마운트, 린드만, 브로큰우드, 쿠퍼 등이다.

헌터밸리 관광안내센터에서는 매주 3개 브랜드씩 선정하여 시음을 실시하고 있다. 이곳에서 출발하는 와이너리 셔틀버스인 와인로버(Wine Rover)를 타면 두 가지 루트 중 하나를 선택하여 이용할 수 있다(여행미디어, 2009.1.12, 19면).

3) 유럽 와이너리 투어

참좋은여행은 참좋은 레져(주)의 기획여행명이다. 피렌체 와이너리 1박 이탈리아 & 인스부르크/뮌헨 7일(2,090,000원 부터) 상품은 일정 가운데 토스카나 키안티 와인테스팅 코스가 포함되어 있다. 그리고 꼬뜨다쥐르 프랑스 이탈리아 라비에라+피렌체 와이너리 7일(2,390,000원) 상품은 토스카나 와인테스팅과 피렌체 와이너리 고성호텔 숙박이 포함된다.

** 청도 와인터널 카페

** 임실 금화와이너리 시음장

09 크루즈

1) LT 크루즈홀리데이

LT 크루즈홀리데이에서는 창립기념 이벤트로 크루즈요금의 10%를 여행사에 수수료로 지급한다. 러시아, 네덜란드, 덴마크, 핀란드, 스웨덴, 에스토니아 13일 메디테라네호 상품은 2009년 5월 13일 출발한다. 인사이드 1,500$, 발코니 1,800$이다. 2인 1실 기준이며, 뷔페와 정찬식, 룸서비스 및 선내 다양한 이벤트, 라스베가스식 쇼 관람이 포함된다.

선장 주최의 갈라 디너파티 및 정찬 파티 참여, 뷔페식당에서의 각종 음료(주류는 제외) 포함이며, 각종 세금 및 선박 보험료는 별도이다. 세계최대의 크루즈 동맹체인 World Leading Cruise Lines의 6개 선사 중 메이저 선사인 Costa Cruises, Princess Cruises, Cunard Line, P&O Cruises 총 4개의 전문 PSA(Prefered Sales Agent) 판매대리점임을 공지한다.

2) 여름 크루즈 특선상품

크루즈 전문 홀세일러 i 아이 크루즈에서 태고의 신비를 찾는 경이로운 탐험 노르웨이 피요르드 10일(439~519만 원) 상품, 북구의 보석 빙하크루즈와 함께 노르웨이 피요르드 & 빙하14일(439~549만 원) 상품, 기품있는 북유럽의 향기 속으로 러시아 발틱 10일(439~519만 원) 상품, 찬미의 대절경 알라스카 빙하 9일(299~379만 원) 상품, 지상 최고의 낙원 골프 라운딩 가능 하와이 4개의 섬 일주 9일(339만 원) 상품, 보석처럼 빛나는 동남아 크루즈 싱가폴/푸켓/랑카위(페낭) 6일(149~189만 원) 상품이다. 전 상품은 대한항공을 이용한다. 2009년 6~8월 출발기준이다.

92,400톤의 MSC 오케스트라호, 58,600톤의 MSC 릴리카호, 92,400톤의 MSC 오케스트라호, 109,000톤의 프린세스 골든 프린세스호, 81,000톤의 NCL 프라이드 오브 아메리카호, 78,900톤의 스타크루즈 버고호를 탑승하게 된다.

3) 가을 크루즈여행

** 오사카 해유관 입구

Land Japan은 FIT 호텔수배와 인센티브 전문랜드업체로 골프투어 수배도 담당한다. 특히 크루즈 여행 상품을 홍보하고 있다. 부관훼리 큐슈 온천여행(운젠코스) 4박 5일(369,000원), 큐슈 온천여행(벳부코스) 4박 5일(359,000원), 뉴카멜리아 큐슈 온천여행 3박 4일(389,000원), 팬스타 오사카/나라/교토 낭만크루즈 4박 5일(469,000원) 상품이 있다. 개인경비, 가이드 및 기사봉사료(2만 원), 해외여행자보험은 불포함사항이다. 여행사를 상대로 한 상품이므로 각 상품당 수수료가 50,000원이 지급된다.

4) DBS 크루즈훼리

DBS 크루즈훼리(주)에서는 모두투어, 하나투어리스트를 협력사로 하고 일본 전문여행사 및 랜드사인 가이드 재팬, 굿 재팬 투어, 도야투어, Look Japan, 미래재팬, 스타재팬, 썬투어 재팬, ACE 재팬, NTT, 여행박사, 일본이야기, 자코트래블, 제이엘애스, 제이제이투어, 제이티에스, JTP, Charm Japan, 한스트래블과 러시아지역으로는 케이투어로 공동판매를 모색하고 있다.

2009년 6월 29일 첫취항을 하게 된다. 여객정원은 480명이다. 운항코스와 거리는 동해-일본 사카이미나토항(240miles, 12시간/18노트), 동해-러시아 블라디보스톡항(380miles, 18시간/21노트)이다. 운항계획은 일본 2박 3일 토요일 출발하여 월요일 도착, 일본 3박 4일 수요일 출발하여 토요일 도착, 러시아 9박 10일 월요일 출발하여 수요일 도착한다.

5) 크루즈상품 Club Thomas

세상의 모든 크루즈, 클럽토마스로 광고한다. 고객감사 특가 지중해 크루즈 패키지로 서부지중해 10일(289만 원), 터키/그리스/이집트 14일(369만 원) 상품이 있다. 클럽토마스는 최고의 크루 즈스페셜리스트이다.

영국의 크루즈라인, 말레이시아의 젭센 인터내셔널과 전격 제휴로 세상에 존재하는 모든 크루즈상품 즉 전 세계 40여 선사 1만여 개의 상품을 동시에 예약할 수 있다. 여행사 수수료는 10%로 인사이드, 오션뷰, 미니스위트, 모든 캐빈의 예약이 가능하다. 항공권, 인솔자, 랍스터 특식 2회 제공한다.

6) 크루즈여행명가 상품

터키항공 크루즈 팩 운영사인 CRUISER 크루즈여행명가에서는 한국총판으로 운영하고 있다. 산토리니/미코노스/크레타 파트모스(밧모섬)+그리스 터키

6일(199~229만 원) 상품, 산토리니/미코노스/크레타 파트모스/로도스+그리스 터키 8일(219~239만 원) 상품 등이 있다. 여행사 수수료가 각각 30만 원이다. 최소출발인원은 10명부터이다. 기항지는 쿠사다시에서 출발하여 귀항하게 된다. 크루즈팩 허니문상품은 산토리니/미코노스/크레타 파트모스/로도스 + 그리스 터키 8일(219~269만 원) 상품이 있다. 에메랄드호를 전세운영한다.

7) Alaska 크루즈 특선

현지직영시스템 제이제이 USA, 부산사무소 랜드마스타, 광주사무소 우림여행사에서는 대한항공, 아시아나 환상의 알래스카크루즈+앵커리지 투어 13일(540~690만 원) 상품을 광고한다. PRINCESS CRUISE(South Bound)를 이용한다. 앵커리지 위티어항-컬리지 피요르드-클래시어 베이 빙하-스캐그웨이-주노-캐치칸 인디언 마을-벤쿠버 코스로 시애틀 1박, 앵커리지 3박, 크루즈 7박, 벤쿠버 경유 일정이다. 출발은 09년 6~9월이며 인사이드와 발코니 객실에 따라 100만 원 정도의 요금 차이가 발생한다. 여행사수수료는 12% 지급된다.

8) 페리로 가는 중국여행

백두산/고구려 유적지 전문랜드인 고구려닷컴에서는 페리로 가는 중국여행 상품을 공지한다. 2008년 단동훼리 송출 1위, 2008년 위동훼리 송출 2위를 홍보한다. 백두산/고구려유적지 단동훼리 5일/6일(369,000원부터) 상품, 위동훼리 태산/산동성 일주 6일(349,000원부터) 상품 등이 있다. 여행사 수수료는 12% 지급된다.

한편 특가상품으로 대련/백두산(서파)/고구려유적지 5일(350,000원부터) 상품, 북경/백두산(북파)/용정/도문/연길(직항)5일(640,000원원부터) 상품 등이 있다.

셀러브리티 크루즈

컨디나스 트래블러 선정 크루즈 대형 선박 부문 1위

여행 레저 전문 월간지 컨디나스 트래블러(Conde Nast Traveler)가 선정한 2008 크루즈 대형 선박부문에서 셀러브리티 크루즈가 1위의 영광을 안았다. 개별 크루즈선에 대한 평가에서도 매년 높은 점수로 상위에 랭크되고 있는 셀러브리티 크루즈는 총 6가지 평가 기준 중 디자인, 음식과 다이닝, 승무원의 서비스, 선실 등 4개에 걸쳐 최고점을 받아 당당히 1위를 차지했다.

또한 셀러브리티 크루즈의 자매 선사이자 대중적, 현대적 크루즈인 로얄캐리비안 인터내셔널은 엔터테인먼트 부문에서 최고점을 받았다. 이 외에도 셀러브리티 크루즈는 2008년 트래블 위클리(Travel Weekly), 트래블 & 레저(Travel & Leisure)가 뽑은 베스트 프리미엄 크루즈 라인으로 선정되었으며 이밖에 다양한 부문에서 가디언, 텔레그라프 등 세계 유수의 매체 및 기관으로부터 최고의 선사로 선정된 바 있다.

셀러브리티 크루즈는 1989년 처음 운항을 시작한 이래 품격 높은 전통적인 크루즈 서비스를 현대인의 라이프 스타일에 접목시킨 오성급 프리미엄 크루즈 선사이다. 현재 살스티스 클래스, 밀레니엄 클래스 유람선, 센츄리 클래스 유람선, 엑스페디션 클래스 등 총 9척의 현대식 중, 대형 유람선을 보유하고 있으며 알래스카, 카리브해, 북유럽, 지중해, 대서양 횡단, 캐나다, 멕시코, 파나마 운하, 남미, 갈라파고스, 북극 등 전 세계를 연중 운항한다.

자료 : Hotel & Restaurant, February 2009, p.88.

9) 제주페리

군산-제주 주 3회 출항하는 제주페리를 이용하는 제주올레 상품(139,000원)은 2009년 6월 26일 첫 출항한다. 여름휴가 기간에는 7월 31일, 8월 15일 모두 금요일 출발이다. 9월부터는 매주 출발한다. 포함사항으로는 선상비, 일반호텔(4~5인실), 도시락 2회, 호텔식 2회, 5천만 원 여행자보험, 기사와 가이드팁 포함이다. 선상식, 버스 왕복 30,000원은 불포함된다.

버스운행은 동대문운동장/강남역/ 서초구민회관-수원/평택(안산지역)/-군산 코스와 잠실/복정역/천안/청주/대전-군산 국제여객터미널 코스가 있다. 믿을 수 있는 등산 전문여행사로 광고하는 유피트레킹여행사 상품으로 서울보증보험에 가입되었음을 공지한다. 여행사 수수료는 Full com이다.

10 할인 및 특전상품

1) 유럽 특가상품

현대드림투어에서는 유럽 완전특가 벨기에/네덜란드/룩셈부르크/파리 6일(990,000원부터), 천년의 신비 프라하+동유럽 3국 7일(990,000원부터) 상품을 내놓았다. 특전으로 국적기 이용, 마일리지 적립, 정규 2급 호텔 이용이며 유류할증료 15만 원은 불포함이다. 출발은 2009년 2월 2~3회 한정출발 조건이다.

또한 야심 한정 특가상품으로 서커스+전신 마사지 상해/소주/항주 4일(199,000원), 발맛사지+서커스+만리장성 북경 4일(199,000원) 상품이 있다. 2009년 2월 매일 출발 조건이다. 초특가 상품으로 정주/낙양/소림사/운대산/(개봉) 4/5일(299,000원부터), KE 장사/장가계/원가계/천자산 5일(349,000원부터) 상품이 출시되었다.

2) 특가 및 특전

자유투어에서는 롯데 홈쇼핑 2월 6일 밤 12시50분(70분 방영) 잘보고, 잘먹고, 잘자고 상해/항주/소주 4일(299,000원) 상품을 출시하였다. 특전은 세미디럭스 3박 이용, 국적기 이용, 유류할증료 및 TAX 포함이다. 또한 4대 특식(거지닭+동파육+샤브샤브+태가촌+한정식)이 포함된다. 전신 마사지, 마시청서커스, 동방명주, 임시정부청사, 홍구공원, 서호유람, 외탄야경, 신천지가 포함된다. 꽃의 도시 곤명 전객실 과일바구니 제공된다. 곤명/석림/구향동굴+백련스파온천 5/6일(399,000원부터) 상품이 있다.

북경/만리장성+용경협 빙등제 4일, 상해/소주/항주+동방명주타워 4일(179,000원부터) 상품은 2009년 2월 한정일 출발된다. 유류텍스 포함되며 옵션은 없다. 북경출발 전 고객에게 따뜻한 귀마개가 제공된다. 상해 출발 전 고객에게는 동방명주타워 앞에서 기념사진 촬영 서비스가 제공된다.

3) 동반자 반값 할인상품

온라인투어에서는 하노이/하롱베이/앙코르왓 6일(599,000원부터) 상품은 특급호텔을 사용한다. 2009년 2월 4회에 걸쳐 동반자 399,000원 반값 할인을 실시한다.

4) 초특가 상품

온라인투어에서는 방콕/파타야+전통안마+6대 특식 5일(279,000원부터) 상품을 내놓았다. 2009년 2월 출발기준으로 과일바구니 증정하며 대한항공 이용하는 조건이다. 구마모토/아소/유후인+벳부온천 4일(599,000원부터) 상품도 2월 출발기준이다.

5) 파격특가상품

온라인투어에서는 황산/서해대협곡/외탄+송성가무쇼 4/5일(249,000원) 상품을 출시하였다. 2009년 2월 5회 출발한다. 유류할증료와 텍스는 별도이다.

서유럽 6국+이탈리아 완전일주 12일(169만 원부터) 상품은 2009년 3월 단 1회 출발한다. 국적기/초특가 미서부+친지방문 8일(1,090,000원부터) 상품도 2~3월 단 5회 출발한다. 유류할증료와 텍스 불포함된다.

6) 할인대특가 상품

(1) 하나투어

하나투어에서는 2008년 11월 출발 알뜰여행상품을 출시하였다. 특가상품에는 3가지 유형으로 나눠져 있다.

가) 휴양형 특가

발리 일급리조트 5일(599,000원부터) 상품, 코타키나바루 5/6일(499,000원부터) 상품, 세부 비스타마르리조트 5일(499,000원부터) 상품이다. 아름다운 해변과 고급리조트에서의 달콤한 휴양으로 홍보하고 있다.

나) 관광형 특가

홍콩 일급리조트 3/6일(449,000원부터) 상품, 프놈펜/앙코르왓 5일(549,000원부터) 상품, 하노이/하롱베이+옌터산 5일(569,000원부터) 상품이 있다. 다양한 볼거리와 먹거리가 가득한 관광여행으로 홍보한다.

다) 관광+휴양형

방콕/파타야 5/6일(499,000원부터) 상품, 푸켓/피피섬 4/5일(399,000/499,000원부터) 상품, 싱가폴/바탐 5일(799,000원부터) 상품이 있다. 관광과 휴양의 적절한 조화를 홍보한다.

** 방콕의 왕궁

(2) 투어2000

투어2000에서는 유럽으로 가는 절호의 찬스! 119만 원 마감임박으로 소개한다. 히트 1〔벨기에+네덜란드+룩셈부르크〕베네룩스+프랑스+독일 6/7일 상품, 히트 2 로맨틱 크리스마스〔체코/오스트리아/독일〕 동유럽 3국+체스키

크롬로프 7일 상품, 프랑스/독일+룩셈부르크 6일상품, 독일/오스트리아/스위스 7일상품으로 해당 가격의 출발은 단 2회이다. 2008년 12월 초 출발기준이다.

11 히트상품

1) KRT 베스트 히트상품

KRT에서는 대양주 NO 옵션, 10대 특식 Best 히트상품을 내놓았다. 특급호텔 시드니/포트스테판/울릉공(돌핀크루즈) 6일(899,000원) 상품 등이다. 포트스테판, 와이토모동굴(11일 상품에 해당), 밀포드사운드, 유류할증료, 택스포함이다. 2009년 3월 출발기준이다.

동유럽 노팁/전일정 일급호텔 로맨틱가도 동유럽 6국 9일(990,000/1,190,000부터) 상품이 있다. 프라하 야경, 로맨틱가도, 다뉴브 크루즈 탑승, 백조의 성 조망, 셸부른궁전 내부, 소금광산, 아우슈비츠 수용소(수신기 제공), 특식 2회 제공된다. 출발은 2009년 2~3월 기준이다.

지중해 노팁 밸리댄스 터키일주 8/9일(749,000/1,290,000원부터) 상품은 2009년 2~3월 출발기준이다. 공동경비 포함, 일급호텔, 돌마바흐체궁전, 톱카프궁전(보석관포함), 소금호수, 보스포러스해협 크루즈, 특식제공(케밥), 파묵깔레 온천체험, 에페소유적지, 트로이 목마를 방문한다.

2) 투어2000 베스트 상품

투어2000여행사에스는 고객만족 베스트 오브 베스트 상품을 소개하고 있다. 로맨틱 가도+서유럽 완전일주 10개국 16일 269만 원을 비롯해 파리야경+융프라우 서유럽 5개국 10일 229만 원, 러시아/북유럽 4개국+베르겐 12일

349만 원, 다뉴브강유람선+동유럽 5개국 9일 229만 원, 스페인/포르투갈/모로코+바로셀로나 12일 259만 원, 터키 완전일주+안탈랴 9일 188만 원 등의 상품(세계여행신문, 2008.7.7, 46면)을 추천하고 있다.

3) 창립기념 이벤트 베스트 상품

한진관광에서는 대한항공창립 40주년 기념이벤트로 BEST 여행상품 40선을 내놓았다. 7가지 여행소원(알뜰한 실속여행 특가 다이어트 상품, 킹왕짱 BEST판매 인기상품, 우리 패밀리도 떳다! 가정의달 I LOVE FAMILY, 고객만족도 1위 상품, 홈쇼핑왕대박 상품, 온천/벚꽃/트레킹/크루즈 체험 테마플러스, 프리미엄 칼투어 상품으로 구분)도 이루고 총 170명에게 추첨을 통해 동경 왕복항공권, 호텔숙박권, 스카이패스 마일리지 적립의 행운을 제공함을 공지한다.

기간은 2009년 3월 2일(월)~4월 10일(금)까지 40일간이며 이벤트 여행상품 완납고객이 대상이다. 참고로 베스트판매 인기상품은 동유럽 3개국(오/체/헝) 7일, 로맨틱 & 매력도시 홍콩 완전정복 3일, NEW 베이징/만리장성 4일, 아키타 자유 3일, 아오모리 자유 3일, 호주 시드니 가족여행 6일, 괌 PIC 가족여행 GOLD 5일 상품이다. 고객만족도 1위 상품을 보면 호주/뉴질랜드 남북섬 10일, 유럽의 첫관문 나폴리와 서유럽 10일, 베트남 북부 앙코르왓 6일, 북경 Marriott 황제여행 4일, 하와이 Marriott 5일 상품이다.

4) 송출실적 우수기념상품

레드캡투어에서는 08년도 러시아+북유럽 송출 1위 기념특가를 홍보한다. 가장 합리적이고 저렴한 상품가로 품질만족도 평균 4.5점을 광고한다. 레드캡만의 차별화된 특전은 다음과 같다. 노르웨이 전 일정 현지 전문가이드 동행, 베르겐-그리그 생가 내부 입장, 북유럽 3대-바사/바이킹/빙하 박물관(일부), 러/북의 하이라이트 베르겐+에스토니아 탈린 방문, 전 상품 러시아 국내 편리한 항공(타사-야간열차) 이용, 100회 이상 출장 러시아/북유럽 전문인솔자 동행, 예카테리나 궁전의 호박방 포함(30유로) 등이다. 최저가 러시아/북유럽 5국+탈린 플롬열차 호박방 12일(2,090,000원부터) 상품, 최저가 러시아/북유럽 3대피요르드 베르겐+자고로스크 13일(2,190,000원부터) 상품, 빙하/바사박물관, 송네+하당메르 피요르드, 실자라인 최저가 북유럽 일주(덴/노/스/핀) 9일(1,790,000원부터) 상품이 있다.

5) 베스트셀러 상품

여행매니아에서는 아시아나항공을 이용하여 여행매니아가 함께하는 안전하고 편리한 직항상품을 공지하고 있다. 최고 인기상품 5가지를 내놓고 있다. 실속 융프라우+서유럽 6국 12일(1,990,000원부터) 상품/기획 융프라우+서유럽 10국 16일(2,590,000원부터)/특선 파리야경+서유럽 5국 10일(1,990,000원부터)/노옵션 동유럽 6국 9일(1,490,000원부터)/노팁 노옵션 발칸+동유럽 8국 12일(1,990,000원부터) 상품이다. 2008년 10~12월 출발 기준이다.

** 스위스 융프라우 전경

12 국가별 특별 관광코스

1) 호주

호주 시드니의 하버브리지의 아치 위에 올라 등반하는 브리지클라임(BridgeClimb) 상품이 인기를 끌고 있다. 이미 이 코스가 개발된지가 10년이 넘고 있다고 한다. 시드니의 하버브리지의 아치를 산처럼 등반하는 시드니의 대표적 관광코스로 자리를 잡고 있다. 지금껏 137개국 220만 명이 이 다리를 등반(조선일보, 2008.10.2, A18면)한 것으로 보도되고 있다.

2) 쿠바

쿠바 북쪽 바하마제도 일루서라섬 앞바다 수심 15m 속에 설치될 바닷속 호텔 포세이돈 리조트는 바닷속 객실에서 바다를 바로 볼 수 있는 특별한 호텔이다. 한 기업가가 4000만 달러를 들여 만들기로 한 휴양시설로 알려졌다. 별 다섯 개 등급의 이 호텔 숙박비는 하루에 1500달러(약 150만 원)으로 알려졌다(중앙일보, 2005.2.25, 2면).

3) 칠레

칠레의 수도 산티아고에서 서쪽으로 100Km 떨어진 알가로보에 있는 산 알폰소 델 마르 리조트의 수영장은 세계 최대 수영장이다. 길이가 1013m, 면적이 8ha(8만㎡)에 이르러 기네스북에도 오른 수영장이다.

4) 바티칸

바티칸의 스위스 용병 신고식은 로마 교황청 근위대의 신병들이 성베드로 광장에서 충성을 서약하는 의식이다. 1506년 창설된 교황청 근위대는 정원이 100명으로 전원 모두 스위스인으로 구성된다.

1527년 5월 6일 신성로마제국의 샤를5세가 교황청을 공격했을 때 스위스 용병 147명이 교황 클레멘토 7세를 끝까지 지키다 전사한 후 스위스인의 용맹성과 충성심을 인정하여 생긴 전통이다. 근위병으로 선발되기 위해서는 미혼의 가톨릭 신자이며 신장은 174cm 이상으로 수염은 기르지 않아야 하는 것(조선일보, 2008.5.8, A22면)으로 알려지고 있다.

스카이트랙스 선정 수상 항공사

세계의 고층 빌딩

현재 세계 최고의 고층 빌딩은 대만의 타이베이101빌딩으로 508m이다. 2004년 완공되었고 층수는 101층이다. 이러한 초고속 빌딩의 기술의 핵심은 수십만 톤을 버티는 콘크리트 기술이 핵심으로 알려지고 있다. 바람을 이기기 위해 건물 위로 올라갈수록 첨탑 모양으로 설계되어 저항을 최소화하고 있다. 건물을 똑바로 짓기 위해 인공위성까지 동원하고 있는 것으로 알려졌다. 사우디의 1620m 세계 최고 마일 하이 타워가 가장 높이 지어질 초고층 빌딩으로 알려지고 있다. 층수는 375층이다. 사우디아라비아의 제다에 위치하며 2012년 완공예정(계획 중)이다.

현재 공사 중인 999m~1050m의 두바이의 알 버즈는 층수가 200층으로 2012년 완공예정으로 9조 원이 투입되며 아프리카까지도 조망권으로 보도되고 있다. 그 다음으로는 1001m의 쿠웨이트시티에 위치할 무바라크타워로 2011년 완공예정이다. 818m의 버즈두바이는 2009년 완공예정이다.

우리나라의 빌딩도 초고속 빌딩이 준비 중인 것이 많다. 상암랜드 마크타워로 640m로 133층으로 계획 중이다. 632m의 상하이센터는 공사 중이며 127층이다. 620m 용산드림타워는 계획 중이며 150층이다. 613m 인천타워는 공사 중이며 151층이다. 555m 잠실 제2 롯데월드는 계획 중이며 114층으로 알려지고 있다.

자료 : 조선일보, 2008.4.1, A20면 ; 2009.2.25, B1면.

13 기차여행 상품

1) 국내 기차여행

현대드림투어에서는 코레일(한국철도공사)과 함께 하는 파랑새 기차여행을 소개하고 있다. 섬진강 매화꽃 기차여행 당일(57,000원), 쌍계사 십리벚꽃 기차여행 당일(59,000원) 상품과 월출산 벚꽃 기차여행 당일(59,000원), 김제 금산사 벚꽃 기차여행 당일(51,000원), 청풍명월 벚꽃 기차여행 당일(50,000원), 충주 복사꽃 기차여행 당일(51,000원) 상품이다.

** 제천 청풍호 전경

DJ SHOW 등 기차여행 낭만 이벤트, 현시 문화관광 해설사 동반, 현지 전통 특산음식 제공, 현대드림투어 전문인솔자의 안전한 진행, 편안하고 안전한 무궁화 특실이용 등의 특전을 제공한다. 비자 프리미엄 회원에게는 최대 5% 할인된다.

2) 기차여행 인기

최근에 해외여행상품 가운데서도 눈에 띄는 것이 기차여행이다. 시베리아 횡단열차, 미국의 암트랙(Amtrak : 전미철도여객수송공사) 등 기차여행상품이 출시되어 판매되고 있다. 우리나라에서도 이미 KTX열차가 일반화되어 있는 상황이다. KTX를 이용한 국내여행상품이 많이 출시되어 있다.

부산투어, 보성녹차여행, 내소사, 외도 해금강, 여수향일암 오동도 등 당일에 가능한 상품들이 개발되었다. 특히 근래에 고유가와 고환율로 항공여행과 자동차여행이 부담스러운 여건이 된 만큼 국내뿐만 아니라 해외에서도 기차여행이 인기를 끌고 있다.

코레일에 따르면 2008년 6월 총 900만 7164명이 기차를 이용해 2001년 6월(904만 4327명) 이후 7년 만에 가장 높은 수치를 기록한 것으로 나타났다. 특히 6월 KTX이용객은 301만 4677명으로 2004년 개통 후 가장 많다. 그리고 저가항공사에 밀리던 도버해협 횡단열차 유로스타 이용객도 2007년 처음으로 800만 명을 돌파한 후 2008년에도 가파르게 늘어나고 있다(조선일보, 2008.7.21, A2면)고 전했다.

우리나라에서도 유럽, 특히 프랑스에서 성공적으로 시행하였던 일주일 사용조건의 학생용 티켓이 인기를 끌고 있는 것으로 보도되고 있다.

3) 국내 기차여행 전문상품

홍익여행사는 27년 전통의 기차여행 전문여행사이다. 2009년 기차로 떠나는 겨울 눈꽃여행 상품은 다음과 같다.

(1) 겨울 눈꽃여행 상품

- 당일 태백산 겨울 눈꽃 기차여행(37,000원부터)
- 당일 환상적인 설경 태백 천제단 일출-눈꽃여행(49,000원부터)
- 무박 2일 정동진 해돋이 대관령-오대산 기차여행(59,000원부터)
- 당일 눈꽃이 펼쳐진 환상선 기차여행(36,000원부터)
- 무박 2일 정동진 해돋이 환상선 눈꽃 순환기차여행(47,000원부터)
- 당일 KTX 내장산 눈꽃(등산) 한우마을(55,000원부터)
- 당일 환상적인 눈꽃여행 하이원곤도라(35,000원부터)
- 당일 KTX 대둔산 케이블카 눈꽃여행(55,000원부터)
- 당일 KTX 덕유산 향적봉 눈꽃 무주리조트(59,000원부터)

- 1박 2일 신년해돋이 진도 셋방낙조-선상해돋이-목포시티투어(59,000원부터)
- 1박 2일 청정 고원 강원도 눈꽃, 오대산-양떼목장-설악산-용평리조트(59,000원부터)
- 1박 2일 겨울온천 내장산 눈꽃-화순온천-순천만 온천여행(KTX)(59,000원부터)

(2) 국내여행상품

연중 국내여행상품으로는 다음과 같다.

가) 1박 2일 상품

- 동해대표 울릉도 1박 2일(KTX) (305,000원부터)
  가깝고도 아름다운 섬탐방 백령도(185,000원부터)
- 외도/해금강+보리암+보성차밭 남도일주 기차여행(KTX)(175,000원부터)

** 보성차밭

- 통영 한려수도 케이블카/매물도+거제도 외도/해금강 바다여행(KTX)(203,000원부터)

나) 2박 3일 상품

- 정통 섬탐방 홍도 흑산도(KTX) (229,000원부터)
- 신비의 섬 울릉도/독도(260,000원부터)
- 가깝고도 아름다운 섬탐방 백령도(235,000원부터)
- 거문도+백도+여수시티투어(238,000원부터)

14 교통관련 상품

1) 일본의 Skyliner & Metro Pass

스카이라이너 & 메트로 패스는 나리타공항과 도심을 연결하는 스카이라이너의 차표와 도쿄 메트로의 전 구간을 1일간 또는 연속하는 2일간에 한해 자유롭게 타고 내릴 수 있는 승차권이 조합된 편리하고 이용자에게 유익한 기획 승차권이다. 발매소는 나리타공항역과 공항제2빌딩역의 라이너 카운터에서 가능하다. 일본인을 제외한 여행자가 대상이다.

가격은 Keisei Skyliner ￥1,920+Tokyo Metro ￥710을 포함한 ￥2,100(1일권)이며, Keisei Skyliner ￥1,920+Tokyo Metro ￥1,420을 포함한 ￥2,480(2일권)이다. 이는 각각 ￥530, ￥860이 할인된 가격이다.

2) 최저가 보상제 항공권

현대카드 PRIVIA에서는 모든 항공권 최고 10% 할인과 국제선 항공권 최저가 보상제를 실시함을 광고한다.

15 주제별 여행상품

1) 드라마여행

현대드림투어에서는 드라마 꽃보다 남자의 촬영지를 관광상품화하여 판매하고 있다.

> 꽃보다 남자 촬영지 VS 쁘띠프랑스
>
> 교대역을 출발 - 양수리 두물머리 - 양평 영어마을 - 중식 - 쁘띠프랑스마을 일정이다. 왕복교통비, 중식, 여행지입장료, 가이드, 여행자보험 포함된다. 비자 프리미엄 회원에게는 최대 5% 할인된다.

방문하고 싶은 드라마 해외 촬영지

드라마와 영화의 촬영지를 방문하는 상품이 인기를 끌고 있다. 인기드라마와 영화의 경우 시청자와 관람객이 한 번쯤은 꼭 방문하고 싶은 지역이 되기 때문이다. 그래서 여행사에서도 이러한 작품의 촬영협찬은 자사의 브랜드를 홍보하는 효과적인 마케팅 방식으로 인식하고 있다.

가장 대표적인 드라마와 연계하여 최근에 인기있는 지역은 다음과 같다. 꽃보다 남자와 뉴칼레도니아(국내지역은 쁘띠프랑스 등), 프라하의 연인과 체코의 프라하, 파리의 연인과 프랑스 파리, 발리에서 생긴 일과 인도네시아 발리, 풀하우스와 태국 푸켓, 미안하다 사랑한다와 호주 멜버른, 로맨틱 아일랜드와 필리핀 보라카이 등이다.

우리나라의 남이섬, 속초 등이 일본관광객들에게 많은 인기를 끌고 있는 것도 겨울연가 등 드라마의 일본 내 인기와 연결되어 있기 때문이다.

참조 : 세계여행신문, 2009.4.13, 4면.

2) 테마관광지

대관령 삼양목장, 신리 너와마을, 척산온천, 설악 워터피아, 고성 통일전망대, 오색약수, 이효석 문화마을, 허브나라, 용평리조트, 휘닉스파크, 비발디파크 오션월드, 성우리조트, 강원참숯, 원당종마목장, 남양주 종합촬영소, 판타스틱스튜디오, 아인스월드, 서일농원, 장흥국민관광지, 한국민속촌, 이천도예마을, 이천온천 스파플러스, 헤이리 문화예술마을, 임진각, 허브아일랜드, 해여림식물원, 부산 아쿠아리움, 거제 자연예술공원, 외도보타니아, 충무마리나리조트, 상족암군립공원, 부곡하와이, 평사리 최참판댁, 경주보문단지, 하회마을, 지례예술촌, 백암온천, 북촌 한옥마을, 코엑스 아쿠아리움, 섬진강 매화마을, 지리산 온천랜드, 대나무골 테마공원, 담양리조트 온천, 보성차밭, 함평 해수찜, 학원농장, 무주리조트, 풍혈냉천, 성읍민속마을, 유성온천, 외암리 민속마을, 아산 스파비스, 덕산 스파캐슬, 상수허브랜드, 대명리조트 단양 아쿠아월드(삼성출판사, 대한민국 웬만한 곳 다 있다, 2009)

** 충무 마리나리조트

** 단양 대명리조트

3) 골프상품

(1) 해남도 골프상품

참좋은여행에서는 아시아나 2008년 12월 11일 중경, 12월 25일 해남도 해구 주 2회 취항기념 상품을 출시하였다. 중경 특급 골프(108H) 5일(749,000원부터), 중경 특급 골프(144H) 6일(799,000원부터), 해남도 해구 무제한 5일(799,000원부터), 해남도 해구 무제한 6일(699,000원부터) 상품이다. 전 상품 여행사에 수수료 9%가 보장된다. 일부상품을 제외하고 전 지역 티켓 조인이 가능하다.

(2) 괌 골프대회 상품

투어 2000여행사에서는 2008년 레저신문 초청 윌슨 Spine 괌지사배 아마추어 골프대회 상품을 내놓았다. VIP를 위한 특별한 행사로 공지한다. 윌슨 소속 연예인 골프구단과 함께하는 공연, 환타지쇼, 괌주지사 만찬 등 다양한 상품 및 이벤트가 준비되어 있음을 공지하고 있다. 장소는 CCP C.C 호텔은 PIC리조트이며 일정은 11월 20일부터 24일까지 3박 5일 3회 라운드로 1인부터 예약이 가능하다. 가격은 노마진 가격으로 119만 원이며 추가경비는 없다.

4) KAL투어의 김연아 선수 경기관람 여행

미주나라는 소비자 신뢰가 높은 7개 여행사가 만든 미주 여행전문 연합브랜드이다. 무비자 여행시대를 맞아 차별화된 상품으로 고객과 함께 하겠다고 홍보한다.

미주나라 김연아 선수 공식응원 및 경기관람 자유여행(1,390,000원/1,690,000원) 상품은 경기관람 1회 포함으로 2009년 3월 1회 출발한다. LA 3박과 기내 1박 일정이다. 미주나라 김연아 선수 공식응원 및 경기관람 상품 1탄(2,290,000원) 상품은 3월 1회 출발한다. 경기관람 3회와 LA관광이 포함된다.

5) 튀니지 영화 촬영지 방문 상품

튀니지 몰타 전문랜드인 스파이시스에서는 아프리카의 보석 튀니지를 8일 여행하는 카타르 연합상품을 출시하였다. 소그룹인 4인 이상이면 출발이 가능하다. 카타르항공을 이용하는 튀니지 연합상품은 8일 동안 세계문화유산 및 로마유적, 사하라사막과 영화 촬영장소 등을 볼 수 있다. 항공 및 현지호텔과 교통편, 식사, 입장료, 붉은 도마뱀 기차와 낙타타기 체험, 가이드 및 운전사 팁 포함이며 상품가는 299만 원이다.

일정 가운데 특히 영화 글레디에이터 촬영지로 세계에서 3번째로 큰 엘젬의 원형극장과 마트마타에서 SF 영화 스타워즈 촬영지를 방문한다(세계여행신문, 2009.4.27, 23면).

말레이시아, 최우수 여행지로 선정

연 33회 비행하는 독자층 페낭은 아시아 최고의 섬

말레이시아가 세계적인 여행월간지 독자들이 뽑은 2008년 최고의 여행지로 선정되었다. 미국 여행잡지 글로벌트래블러 독자들이 뽑은 최우수 해외 여행지로 말레이시아가 선정된데 이어 트래블앤레저에서 진행한 2008 세계의 여행지 시상의 섬 부문에서 말레이시아 페낭이 아시아 최고의 섬들 중 하나로 선정된 것이다.

특히 연중 왕복 비행 횟수가 평균 33회인 프리미엄 여행객들이 주요 독자층을 형성하고 있는 글로벌트래블러의 경우 말레이시아가 최우수 해외 여행지 부문에서 올해로 3년 연속 수상의 영예를 안았다는 점에서 주목할 만 하다.

또한 트래블앤레저에서 선정된 페낭의 경우 말라카(Malacca)와 함께 그 역사적 · 문화적 가치를 인정받아 유네스코 세계문화유산에 등록된 곳이기도 하다.

이처럼 말레이시아의 잇따른 수상은 최근 여행업계에 닥친 불안한 시장 상황 속에서 성취한 결과라는 점에서 그 의미가 깊다.

이와 관련해 모하메드 아미룰 리잘 말레이시아 관광청 서울사무소 소장은 말레이시아는 태고의 모습을 그대로 간직한 천혜의 자연환경과 저렴한 가격에 즐길 수 있는 최고급 숙박시설은 물론 안정된 치안으로 전 세계적인 불황에도 불구하고 최고의 여행 목적지로 사랑받고 있다고 밝히며 2009년에도 다양한 마케팅과 홍보활동을 통해 한국시장에 좀더 친밀하게 다가갈 수 있도록 최선을 다하겠다고 전했다.

출처 : 세계여행신문, 2009.1.26, 19면.

에어택시

코리아 익스프레스에어는 국내 최초 에어택시를 전국 공항 어디서나 사용 가능함을 광고한다. 해외 스포츠스타, 연예인 선호도 1위 기종으로 미국을 비롯해 캐나다, 프랑스, 독일, 덴마크, 스페인, 스웨덴 등 전 세계 30여 국에서 운용되고 있는 최신형 비행기로 소개한다. 머리를 숙여야 하는 다른 동급 기종과 달리 똑바로 서서 이동이 가능한 스탠드 업 캐빈(stand-up cabin)설계를 공지한다.

항공사고율은 모든 교통수단 중 빈도면에서 가장 적으나 만약 사고나 준사고가 발생할 경우 터보프롭 항공기가 안전함을 설명한다. 엔진 정지시 Gilding(무동력 활공)이 가능하므로 제트기에 비해 안전한 착륙이 가능하고 착륙시 Approach 속도가 제트기에 비해 낮으므로 사고율이 높은 착륙단계에서 안전성이 높음을 강조한다.

Beechcraft 1900D는 제트 항공기의 이착륙이 불가능한 짧은 활주로를 가진 공항이나, 모든 기상 조건에서도 비행을 안전하게 수행할 수 있도록 설계되었음을 공지한다. 제작사는 Raytheon Airline이며 길이 17.63m, 높이 4.72m, 너비 17.67m이다. 탑승인원은 조종사 2명과 승객 18명이다. 엔진은 프랫 앤 휘트니 캐나다 PT6A-67D 터보프롭 엔진이다.

SBS '있다! 없다?', 2009년 4월 10일(금) '제주 에어사피리' 방영과 YTN STAR '특종헌터스' 2009년 2월27일(금) 방영을 홍보한다.

출처 : www.expressair.co.kr

16 도시관광

1) 파리 소형스쿠터

Segway는 전기모터를 이용하여 타는 보드의 일종이다. 두개의 바퀴가 이동을 수월하게 해준다. 보드 위에 올라가서 핸들을 잡고 이동한다. 헬멧을 쓰고 이용한다.

최근 프랑스 파리여행자들은 최근 파리시가 운영하는 세그웨이투어를 하고 있다. 세그웨이투어는 4시간 이용에 75유로이다. 1인용 소형 스쿠터로 편안하게 빠른 시간 안에 관광코스를 이용할 수 있는 장점이 있다. 세그웨이는 외국의 브래드피트 등 유명 연예인들도 즐겨하는 이동수단 및 레저용으로 이용된다.

2) 고품격 유럽형 버스

움직이는 궁전으로 불리는 유로팔레스(Euro Palace), 즉 고급 유럽형 버스가 국내에 상륙했음을 홍보한다. 지상의 퍼스트 클래스로 불리기도 한다. StarLiner EURO는 독일의 기술과 유럽의 디자인이 빚어낸 고품격 유럽형 버스이다. 안정성과 편안한 승차감을 자랑한다. 세계적 권위의 레드닷 디자인 어워드 2007년 수상하였다.

제작 수입사는 네오플란오토모빌코리아(주)이며 국내 최장 12.44m, 국내 최초 더블 후축, 최대 탑승인원 57명까지 가능하다. 1대의 차량으로 2대의 경제적인 효과를 공지한다.

17 연합상품

1) 유럽랜드사 연합상품

유로타임(주)에서는 지중해 상품을 연합상품으로 내놓고 있다. 이집트항공(MS) 공식연합 이그터 3국 9일(289만 원)은 10명 이상 매주 금요일 출발 가능하다. 추가 유류할증료 인상분은 별도이다. 특전으로는 나일강 디너크루즈, 톱카프 궁전 보석관 포함이다. 왕복 대한항공 탑승한다. 전 구간 항공으로 이동하는 최고의 일정이며 전 지역 일급호텔에서 숙박암을 공지한다. 여행사수수료는 30만 원이다.

이집트항공(MS) 공식연합 이집트+이탈리아 9일(349만 원) 상품은 15명 이상이면 금요일 출발이 보장된다. 특전으로는 카이로-룩소 구간 편리한 항공이동, 로미오와 줄리엣의 배경인 베로나 관광 포함, 전 지역 1급호텔 숙박, 왕복 대한항공(코드쉐어) 탑승한다. 여행사수수료는 40만 원이다.

핀란드항공(AY) 공식연합 이탈리아 일주 8일(229만 원) 상품은 15명 이상이면 매주 금요일 출발이 보장된다. 특전으로는 로마 귀족들의 별장이 있는 티볼리 관광, 베로나 관광, 콜로세움과 포로로마노 내부입장, 바티칸 박물관 관광시 수신기 제공, 경쟁력 있는 상품가격이다.

2) 이스타항공 제주연합 PACK 상품

Eastar Jet 이스타항공 제주연합 PACK 상품 지정여행사인 라니트래블에서는 10명 이상시 전용차량 무료 제공 및 단독투어 진행을 공지하고 있다. 이벤트 상품으로는 제주도 3일(119,000원) 상품과 명품골프투어(349,000원) 상품이다. 각각 여행사수수료는 25,000원과 40,000원이 지급된다. 명품골프투어 상품의 이용호텔은 롯데호텔이다.

3) TK항공 터키일주 연합상품

TURKISH AIRLINES 터키일주 연합상품은 터키항공 연합 주관 랜드사인 (주)투어메드가 진행한다. 터키일주 8일(149만 원~169만 원) 상품은 2009년 6월~7월 중순까지 진행된다. 터키국내선 2회 탑승, 특급 및 일급호텔 사용, 아시아나항공 마일리지 적립이 가능하다. 체험이 가능한 것으로 클레오파트라가 애용한 달얀 유황머드팩 체험과 지중해 최대 바다 거북 산란지에서 바다거북 체험을 하게 된다. 8명 이상이면 출발을 보장한다.

이스탄불, 가파도키아, 파묵깔레 및 에페소 유적지를 방문한다. 연합회원사로는 레드캡투어, 롯데관광, 모두투어, 세계투어, 세중투어몰, SK투어비스, 여행매니아, 여행신화, 온누리여행사, 온라인투어, 자유투어, 참좋은여행, 투어이천, 현대드림투어가 참여한다.

4) 에어칼린/ 뉴칼레도니아 관광청 연합패키지

Aircalin과 New Caledonia 관광청은 눈부시게 아름다운 뉴칼레도니아에서의 여름 100배 즐기기 연합패키지를 공지한다. 에어칼린과 뉴칼레도니아 관광청이 함께하며 4번의 출발상품이다. 전 일정 가이드 동행, 10명 미만 출발시 현지 코디네이터로 진행, 10명 미만 출발 시 요트투어는 아메데 섬 투어로 대체 진행으로 공지한다.

패키지 르메르디앙 성인기준 1,950,000원 상품, 패키지 르서프 성인기준 1,720,000원 상품, 에어텔 라마다 플라자 성인기준 1,360,000원 상품이 있다. 참여하는 여행사는 롯데관광, 모두투어, 세계투어, 오케이투어, 온라인투어, 자유투어, 참좋은여행, 하나투어, 한진관광 칼투어이다.

5) 루프트한자 독일항공 연합상품

유럽 최고의 항공사 LH와 함께하는 연합상품이 출시되었다. My Europe, TNG Network(투어노블), Euro-Land가 모집 및 행사를 주관하는 랜드사이다. Lufthansa는 스타얼라이언스 마일리지 적립이 가능하다. 서유럽 6국 12일(2,190,000원) 상품은 런던-파리-안터라켄-밀라노-로마-베니스-인스부르크-프랑크푸르트-인천 일정이다.

크로아티아, 슬로베니아+동유럽 11일(1,590,000원) 상품은 찰즈부르크-블레드-플리드비체-그라츠-비엔나-부다페스트-크라코프-프라하-바이덴-프랑크푸르트-인천 일정이다. 발칸 7국 12일(2,490,000원) 상품은 부카레스트-소피아-스코프예-베오그라드-사라예보-드브로브니크-스플릿-플리트비체-블레드-자그레브-인천 일정이다.

스페인, 포르투갈, 모로코 12일(2,190,000원) 상품은 리스본-세비야-탕헤르-카사블랑카-말라가-그라나다-마드리드-바르셀로나-프랑크푸르트-인천 일정이다. 2009년 5~6월 출발기준이며 모든 상품 여행사 수수료가 20만원으로 책정되어 있다.

참고로 상품특전을 보면 동유럽상품은 짤즈부르크/짤쯔캄머굿 관광, 센부른 궁전 내부 관람, 블레드 호수 및 블레드 성, 포스토니아 동굴, 플리트비체 국립공원, 부다페스트 다뉴브강 유람선(주간)탑승, 비엘리츠카 소금광산 내부 관광, 프라하 야경 관광, 로맨틱가도의 하이라이트 로텐부르크와 오스트리아의 호이리게 정식, 헝가리의 굴라쉬가 제공된다.

발칸지역 상품은 세계적으로 유명한 소설 드라큘라의 무대 브란성 내부 관광, 카르파티아 산맥의 아름다운 휴양지 브라쇼브 관광, 아드리아해의 보석 드브로브니크(누드비치) 관광, 세계에서 가장 긴 석회동굴 관광과 드브로브니크의 블랙리조또, 스플릿의 해물스파게티가 제공된다. 스/포/모 상품은 유럽

** 인터라켄 소재 산악 · 빙하마을 그린델발트

땅끝마을 까보다로까(로까곶), 성로별현지인 파티마, 중세고도 신트라, 가우디의 성가족성당, 알함브라 궁전, 프라도 미술관(휴관시 왕궁 대체입장)관람과 모로코에서 꾸스꾸스, 스페인 빠에야가 제공된다. 서유럽상품은 세계 3대 박물관 관람, 베르사유 궁전 내부관람, 파리 에펠탑과 세느강유람선(주간) 탑승, 세계 7대 불가사의 중 하나 피사의 사탑(외관), 베니스의 낭만의 곤돌라 탑승, 유럽의 지붕 융프라우 산악열차 탑승과 런던에서 로스트비프, 파리 에스까르고(달팽이), 이탈리아 해물스파게티가 제공된다.

6) 발칸반도여행 연합상품

발칸 7개국 일주 12일 상품이 에어프랑스 연합상품으로 판매되고 있다. 루마니아, 불가리아, 세르비아, 보스니아, 헤르체고비나, 몬테네그로, 크로아티아, 슬로베니아를 방문하게 된다. 판매여행사는 자유투어, 세중투어몰, 현대드림투어, 참좋은여행, 온누리여행사, 세계투어, 여행매니아, 코오롱세계일주, 내외여행사, 사랑의여행사이다.

랜드사는 오딧세이로 수배지역이 전 유럽, 중동, 튀니지, 몰타, 그린란드, 아이슬란드이다. 호텔수배가 어려운 크로아티아와 슬로베니아 지역의 안정적인 호텔 룸을 확보하고 있음을 공지한다. 각 출발일별 27석 좌석을 보유하여 안정적인 상품을 운영하고 있다. 상품은 발칸지역의 특수성을 감안하여 전문적인 지식과 경험을 보유한 인솔자 동행이 필수적임을 공지하고 있다. 상품가격은 2008년 8~10월 기준으로 339만 원에서 389만 원선이다.

7) Air Macau 에어텔상품

에어마카오에서는 한국인이 가장 선호하는 5대 호텔 에어텔상품을 홍보한다. Taipa Spuare(시내중심에 위치한 호텔로 399,000원부터/499,000원부터), Golden Dragon(마카오항구에 인접한 호텔로 429,000원부터/520,000원부터), Venetian(베니스를 모티브로 한 초호화호텔로 629,000원부터/699,000원부터), MGM Grand(포르투갈식 정원의 아름다운 호텔로 629,000원부터/699,000원부터), Wynn(Wynn그룹 최고의 호텔로 629,000원/699,000원부터)상품이 있다. 가격은 7~8월 성수기에 따라 차이가 난다.

4일 일정으로 2인 1실 1인 요금기준이다. 연합판매여행사로는 내일여행, 넥스투어, 노랑스케치, 블루여행사, 여행박사, 온라인투어, 웹투어, 이오스여행사, 인터파크투어, 클럽리치투어, 투어익스프레스가 참여한다.

18 중국항공 대리점 상품

중국동방항공, 중국국제항공, 중국남방항공, 중국하문항공의 판매대리점인 행복한여행에서는 실시간 중국 국내선 항공예약 시스템을 오픈하였음을 홍보한다. 각 상품에 대해 여행사 수수료 12%(GRP)이 제공됨과 삼아, 곤명을 제외하고는 10+1FOC를 공지한다. 곤명 단독 전세기상품으로 상해, 곤명, 석림, 구향동굴 5일(특가 609,000원) 상품, 곤명, 석림, 구향동굴, 백여온천 4박6일(799,000원) 상품 등이 있다.

삼아 주 2회가 주 4회로 증편됨을 공지하며 해남도 관광 3박 5일/4박 6일(599,000원) 상품을 공지하고 있다. 계림 재운항을 안내하며 계림, 양삭, 용승, 이프 4박 6일(579,000원) 상품, 장사 재운항을 안내하며 장사, 장가계, 원가계, 천문산 4박 6일(569,000원) 상품을 공지한다. 해남도는 A-333 296석기종 외 모두 A-320 156석 기종을 운항한다. 전 상품 2009년 7~8월 출발기준이다.

19 여행사 운항기념 상품

현대드림투어에서는 당신은 특별합니다. 대한항공 3월 14일부터 러시아 상트페테르부르크 주 3회(화, 목, 토)운항 기념상품을 출시하였다.

취항기념 완전특가 크레믈린궁+예카테리나궁(호박방) 러시아일주 5/6일(899,000원부터) 상품, 품격 푸른빙하와 로멘틱열차 러시아+북유럽(덴, 노, 스, 핀) 4국 12일(3,890,000원부터), 실속 에르미따쥐 박물관과 피요르드 러시아+북유럽(덴, 노, 스, 핀) 4국 12일(2,590,000원부터) 상품과 가격반란 환상의 피요르드 북유럽 핵심도시 여행상품으로 1탄 북유럽 핵심 3개국(노, 핀, 스) 7일(1,790,000원부터), 2탄 북유럽 4개국(덴,노,핀,스) 8일(1,990,000원부터) 상품이 출시되었다. 2009년 3~4월 출발기준이다.

20 수익성 상품

** 스위스 라 그리에르 – 구릉지대의 동화와 치즈마을

최근 여행매체에서 소개된 여행사별 수익성 좋은 상품을 보면 대체로 허니문상품이 가장 많이 나타났다. 그리고 개별여행, 크루즈, 인센티브, 인바운드 상품이 나타나고 있다. 허니문상품은 기존처럼 수익성이 가장 좋은 상품이라는 게 중론이다. 취소율이 적고 효자상품으로 취급된다.

푸켓, 발리, 몰디브, 프랑스, 스위스, 하와이, 시드니/골드코스트, 뉴칼레도니아 등이 개별여행은 민박, 저가항공권 등 저렴한 상품이 인기를 보이고 있는 것으로 나타났다.

크루즈여행은 재구매율이 높은 특징을 보이는 것으로 조사되었다. 인센티브상품은 지자체수요, 의료관광상품 등 테마상품이 인기를 끄는 것으로 나타났다. 인바운드는 환율의 영향으로 일본관광객들이 증가하고 있으며 관광공사에서도 적극 유치하는데 힘쓰고 있는 상황이다.

21 싱글족 상품

최근 국내의 중견여행사에서는 싱글족 상품이 등장하였다. 순수한 여행으로 다른 일반상품보다는 가격이 다소 비싸다. 상품명처럼 공인된 싱글만이 참여할 수 있다. 호적등본에 싱글이어야 하고 나이는 제한이 없는 것으로 알려졌다.

지역은 뉴칼레도니아, 호주, 미국, 하와이, 홍콩 등 젊은층이 선호하는 지역으로 상품화되어 있다고 하겠다. 관광청과의 협찬으로 할인된 가격으로 출발할 수도 있다. 국내지역으로 일정화된 상품도 개발 중이며 온라인 마케팅을 통해 모객을 강화하려는 것으로 보인다.

22 여행사 단독 전세기 특선상품

1) 롯데관광

단독 황산 직항전세기 특선상품으로 천하제일의 감동을 느끼는 황산으로 소개한다. 단독전세기를 이용한 최단거리 최단시간 이용, 황산 정상숙박으로 황산의 일출과 일몰 감상이 가능, 황산 케이블카 왕복으로 편안한 여행, 발마사지 및 온천욕 체험, 현지특식 제공, 가족당 1개의 문방사우 제공 등이다.

품격 황산 NO 옵션/닥터피쉬, 의현광촌+5성급 4일(849,000~949,000

원), 황산 발마사지+비취계곡, 화산미굴 4일(699,000-799,000원), 정통 황산 삼청산/비취계곡, 화산미굴 5일(799,000~899,000원), 정통 황산 상해, 항주, 서당+상해서커스/비취계곡, 화산미굴 5일(749,000~849,000원)이다. 출발기준은 2008년 9~11월초 기준이다.

2) KAL투어

대한항공 팔라우 직항 전세기 운항상품이다. 모든 바다가 질투하는 바다, 남태평양의 보석 팔라우를 강조한다. 조기예약 이벤트로 로얄리조트상품 동반자 1인 30만 원 할인(선착순 10명, 2008년 12월 15일까지 예약시)한다.

한진관광의 특전은 스카이패스 대한항공 탑승 마일리지 적립+결제금액 1,000원당 1마일 추가 적립이다. 홈쇼핑 특가로 씨패션 호텔 5일/6일(980,000~ 1,140,000원)상품이 있다. 에어텔 팔라우 5일/6일(849,000~949,000원) 상품이 있다. 대한항공에서는 2009년 1월 7일부터 팔라우 총 15회 운항(정부인가 조건)한다.

23 대한항공 마일리지투어

1) 지역별 기획상품

KAL투어에서는 Skypass 회원들을 위한 대한항공 마일리지투어를 실시한다. 칼투어가 제안하는 현명한 여행습관으로 적립한 마일리지로 떠나는 특별한 보너스 여행상품이다. 왕복항공권은 물론 숙박, 현지여행까지 모두 마일리지로 해결함을 공지한다. 항공TAX 및 유류할증료는 별도이다. 마일리지투어 기획상품을 지역별로 보면 다음과 같다.

- 동남아 : 대만/홍콩/방콕/마닐라/세부/발리/푸껫/싱가포르/코타키나발루/하노이/앙코르왓/네팔
- 일본 : 벳부/가고시마/후쿠오카/아오모리/북해도/하코다테/도쿄/오사카
- 중국 : 베이징/상하이/곤명
- 대양주 : 시드니/골드코스트/뉴질랜드/피지/괌
- 유럽 : 영국/독일/동유럽/이스라엘/터키/이집트/스페인/러시아

** 대만 충렬사

** 후쿠오카 해안지구

- 미주 : 미서부/뉴욕/호놀룰루/라스베이가스/캐나다
- KALPAK : 치앙마이/홍콩/괌/고마츠/상하이/베이징
- 부산출발 : 방콕/마닐라/후쿠오카/홍콩
- 국내 : 제주

2) 새로운 KAL투어 Skypass+여행상품

Skypass+여행상품이란 대한항공 탑승시 적립되는 마일리지 외에 결제요금 기준으로 스카이패스 마일리지(1,000당 1마일)를 추가 적립해 주는 특별한 여행상품으로 홍보하고 있다. 파리여행시 현명한 여행자가 되는 법(여행팁)에서는 다음과 같은 내용을 공개하고 있다.

첫째, 대한항공을 타고 파리 여행상품을 골라서 약 9,000 대한항공 탑승 마

일리지를 적립하고 둘째, Skypass+가 표시된 파리 여행상품으로 선택(상품가 4,000,000원)해서 약 4,000마일을 추가로 적립하고 셋째, 스카이패스 제휴 신용카드로 결제하여 약 2,600마일을 추가로 적립하는 것이다.

24 우수여행상품

1) 우수 인바운드 여행상품 공모

문화관광부와 한국관광공사는 우수 인바운드 관광상품을 적극 발굴하고, 한국관광상품 취급 해외여행사의 신상품 개발을 유도하기 위해 매년 우수 인바운드 관광상품 공모전을 실시하고 있다.

2008년에는 4월 15일부터 6월 30일까지 열렸다. 올해 실시한 동 공모전에 여행사 부문 36건과 개인부문 34건 등 총 70건이 응모하였다. 응모작을 대상으로 지난 7월 8일 국내 관광전문가들이 참여하여 심사한 결과 일본 나고야지역 NTS여행사의 건강트레킹 한국이라는 상품과 미국 아주관광에서 제출한 의료관광상품인 고국에서 10년 젊어지기 상품 등 8점이 선정되었다. 개인부문에서는 두 가지 매력을 가진 나라, 한국여행 6박 7일 등 6점이 선정되었다.

선정된 상품은 실제 방한관광상품으로 개발될 수 있도록 공사 해외지사를 통해서 마케팅활동을 적극 지원할 예정이라고 한다. 이번 심사에서 주안점을 둔 인바운드 상품기획 소재로는 템플스테이, 태권도 등 한국 고유 가치문화 활용 상품, 지역축제, 재래시장 등 전통문화와 지역특성을 활용한 상품, 스로우시티, 장수벨트, 람사르가입습지 등 농어촌 체험 관광상품, 유네스코 등재 세계유산, 한국의 문화재 등 문화재 활용상품, 한스타일(한복, 한글, 한지 등) 연계상품, 공연, 드라마 등 영화촬영지 등 한류 콘텐츠를 이용한 상품과 의료관광 및 DMZ 활용상품 등을 대상으로 하였다.

관광공사는 향후에도 신규 인바운드 관광상품 소재를 발굴하여 해외 관광객 유치증진에 활용될 수 있도록 해외 현지 여행사 및 국내 인바운드 여행사를 통해 신규 방한관광 판촉활동을 지원해 나갈 예정(월간 호텔&레스토랑, August 2008, 122면)인 것으로 알려졌다.

** 호텔 VIP 안내데스크

** 특급호텔 뷔페

호텔에도 막걸리 떴다

일 여성관광객에 인기 많아 .. 롯데호텔 한식당서 첫 선

서울 소공동 롯데호텔이 막걸리(탁주)를 판다. 롯데호텔 한식당 무궁화는 지난 25일부터 우리 전통주인 막걸리를 내놨다. 국내 특급호텔의 식당에서 정식으로 막걸리를 파는 것은 롯데호텔이 처음이다.

특히 막걸리는 일본의 20~40대 여성관광객에게 최고의 인기를 누리고 있기 때문에, 일본인 관광객이 가장 많이 투숙하고 있는 롯데호텔은 이를 고려, 전통주와 함께 하는 음풍농월 프로모션이라는 이벤트를 준비했다.

롯데호텔이 내놓은 막걸리는 찹쌀과 멥쌀, 보리, 밀가루 등을 쪄서 누룩과 물을 섞어 발효시킨 고양막걸리와 이동막걸리, 국순당 쌀막걸리의 3종 세트다. 가격은 2만~6만 원이다.

출처 : www.clubcity.kr ; CityEconomy, 2009.4.27, 10면.

2) 우수여행상품 인증제도

급증하는 국내외 관광객의 여행상품 선택에 편의를 제공하고 품격있는 여행상품 개발을 통한 국제 경쟁력 제고를 목적으로 문화체육관광부가 여행상품의 품질을 인증하는 제도이다.

인증기준 및 절차를 살펴보면 안전성 및 소비자보호, 독창성, 시장성, 만족도 및 품격 등을 기준으로 평가되며 공정성과 전문성을 반영하기 위해 학계, 언론계, 여행업계, 소비자단체, 관광 관련기관의 전문가들로 구성된 우수여행상품 평가위원회에서 종합적인 평가를 실시한 후 문화체육관광부가 인증한다.

문화체육부 인증 우수여행상품은 문화체육관광부에서 주관하고 한국일반여행업협회에서 시행기관으로 참여한다.

3) 2008 · 2009년도 우수여행상품

우수여행상품 인증제도는 급증하는 국내 · 외 관광객의 여행상품 선택에 편의를 제공하고, 품격있는 여행상품 개발을 통한 국제경쟁력 제고를 목적으로 문화체육관광부가 여행상품의 품질을 인증하는 제도를 말한다.

안전성 및 소비자보호, 독창성, 시장성, 만족도 및 품격 등을 기준으로 평가되며, 공정성과 전문성을 반영하기 위해 학계, 언론계, 여행업계, 소비자단체, 관광관련기관의 전문가들로 구성된 우수여행상품평가위원회에서 종합적인 평가를 실시한 후 문화체육관광부가 인증한 여행상품이다. 문화체육관광부가 주관하고 한국일반여행업협회가 시행기관이다. 국내여행과 해외여행상품으로 나눠 살펴보도록 한다.

(1) 국내여행

가) 강원 · 경기도

- DMZ 철책선걷기와 병영체험(연천)
- DMZ 철책선걷기와 활쏘기(국궁)체험 : 디엠젯관광

나) 경상도

- 신비의 섬 울릉도/독도 : 대아여행사
- 국제휴양의 섬 울릉도 옛길 트레킹 2박 3일 : 한국드림관광

다) 전라도

- 슬로시티 청산도와 함평해수약찜(무박일정포함) : 솔항공여행사
- KTX 남도 꿈의 코스 외도/보리암/보성차밭 1박 2일 : 하나투어인터내셔날
- 품격호텔 PACK 홍도 흑산도 진도 KTX 여행 2박 3일 : 한국드림관광

** 외도 정원

라) 제주도

- 스토리텔링투어(제주) : 뭉치이벤트투어
- 세계자연유산 제주도 웰빙투어
- 제주로맨틱허니문 - 요트세일링과 선상BBQ : 제주하나투어
- 제주세계자연유산 탐방과 新영주십경
- 꼭 한번 가보고 싶은 섬 우도와 제주일주여행 : 하나투어인터내셔날
- 크루즈 야경관광과 바비큐 그리고 선상뷔페 별미여행
- 신제주완전정복(비양도+크루즈야경+산호섬우도)

- 제주완전정복(비양도, 마라도, 우도, 한라산-세계자연유산체험) : 한라산 가자투어

(2) 해외여행

가) 일본

- KTX와 함께하는 대마도 역사 탐방 3일 : 대아여행사
- 미야자키 마린투어 3일 : 레드캡투어
- 4명 출발 북큐슈/유후인/야소 3일 : 세계투어
- 패키지 북해도 4일-맛집기행 : 하나투어

나) 중국

- 고품격 NO팁/비자 장가계 원가계 장사직항+천문산 5일 : 모두투어네트워크
- 패키지 장가계/천문산 완전일주 5일 : 하나투어
- 귀주성 완주일주 대탐방 12일 : 혜초여행개발

다) 동남아

- 허니문 세부마리바고 블루워터 스페셜 5일 : 가야여행사
- 관광+휴양 코타키나발루 수트라하버 퍼시픽윙 5일 : 모두투어네트워크
- 고품격 베트남 북부 앙코르왓 6일(대한항공) : 한진관광
- 안나푸르나 정통 로얄 트레킹 9일(KE) : 혜초여행개발

라) 대양주

- 허니문 사이판 하얏트 리젠시 리조트 : 가야여행사
- 멜버른/시드니 6일 : 롯데관광개발
- 패키지 호주/뉴질랜드 남북섬 10일-빙하체험 : 하나투어

마) 미주

- 품격단독 캐나다 항공완전일주 5일 : 롯데관광개발
- 3대캐년(레이크파웰) 미서부/라스베가스 8일 : 모두투어
- 품격/KE/단독 10일간의 미국/캐나다 동부 제대로 즐기기 : 한진관광

바) 유럽

- 프라하와 비엔나, 그 천 년의 향기 동유럽 5개국 9일 : 롯데관광개발
- 패키지 서유럽 5개국(영국, 프랑스, 스위스, 이탈리아, 독일) 10일-융프라우와 베니스 : 하나투어

** 스위스 융프라우

- 패키지 이집트 일주 9일 : 한진관광

4) 국내여행을 계획하고 계신 분을 위한 2007/2008 우수여행상품

(1) 한국의 알프스! 대관령 양떼목장 체험과 추억이 한가득

웰컴투 동막골 여행으로 대관령 양떼목장, 봉평 효석마을, 동막골 촬영장 등을 방문한다.

(2) 색다른 체험! 안면암 부교체험과 톡톡튀는 조개구이, 꽂지 해수욕장에서의 즐거운 추억

안면암, 영목항, 꽂지 해수욕장 등을 방문한다.

(3) 말랑 말랑한 치즈만들기와 양 건초체험, 영화 속 주인공 되기

웰컴투동막골 촬영지, 대관령 바람마을, 치즈만들기 체험장, 양떼마을 산

책, 양떼 먹이주기 체험 등

(4) 의와 예의 고장 아름다운 의성, 안동 하회마을과 나만의 와인만들기 체험

안동 화회마을, 하회별신굿 탈놀이, 의성 사과, 석류 와인 만들기 체험, 만취당 등을 방문한다.

** 하회마을 탈춤공연 관람장

** 안동 하회마을 탈춤공연

(5) 새콤달콤 딸기따기와 민물고기 수족관, 중미산 자연휴양림 여행

딸기농장, 민물고기 연구소, 수족관 관람, 중미산 자연휴양림 숲속길 산책 등의 코스이다(주) 산바다여행 상품).

(6) 제주완전정복 Ⅱ(한라산, 비양도, 마라도, 유람선 투어)

비양도 이시돌목장, 한라산, 이중섭기념관, 마라도, 파크서던랜드, 산호섬 우도 8경 유람선을 탑승 코스이다.

(7) 신제주완전정복(한라산, 비양도, 마라도)

비양도 이시돌목장, 한라산 절경, 송악산 해안절경, 마라도, 야경관광, 도깨비도로, 성읍민속마을 등을 방문한다.

접수처는 한국일반여행업협회 사무처이다. 평가기준은 안전성 및 소비자보호(30점), 독창성(10점), 시장성(20점), 만족도 및 품격(40점)이다. 인증절차는 인증 신청접수(KATA)-인증심사(평가위원회)-인증추천(KATA)-인증(문화체육관광부) 순이다. 우수여행상품 인증시 특전은 다음과 같다.

① 문화체육관광부장관 명의의 우수여행상품 인증서 수여 및 인증마크 사용
② 우수여행 인증상품의 포상금 지급
③ 언론매체, 유관기관 및 KATA 인터넷 홈페이지, KATA NEWS지에 게재
④ 정부 및 공공기관에 여행상품 추천시 우선순위 인정 등
⑤ 인증상품모음집 발간 등 홍보지원

인증상품 판매업체 의무사항은 다음과 같다.

① 인증상품광고시 인증마크 사용 또는 여행계약서에 명기 등을 통해 우수여행상품임을 고지하여야 한다.
② 소비자만족도조사를 위한 개인정보사용동의를 얻은 후 연락처를 확보(성명, 전화번호, 주소)하여야 한다.
③ 인증 후 분기별로 판매된 상품의 실적을 보고하여야 한다.

자료 : 한국일반여행업협회 ; www.kata.or.kr.

25 기획여행 광고

1) 준수사항

현재 일간지 등 신문지상에 광고를 게재하는 여행사에서는 기획여행 신고제도를 지켜야 한다. 일간지에 신문광고를 보면 당사는 관광진흥법 및 공정거래위원회의 중요한 표시 및 광고사항고지를 철저히 준수하고 있음을 밝히고 있다. 여행사별로 신문광고의 게재내용에 있어 약간의 차이는 있지만 다음과 같은 사항은 꼭 준수하여야 하는 사항들이다.

- 영업보증보험 5억 원 가입 : 소비자의 피해가 있을 수 있으므로 제도적으로 여행사가 책임질 수 있는 보험금액이다. 7억 원 정도 가입된 회사가 있다. 1997년 IMF 당시 많은 소비자들이 여행사 부도로 인해 여행도 못 가고 입금한 돈도 돌려받지 못하는 등 많은 피해가 있었다. 이러한 사고에 대한 대비책으로 보면 된다.
- 공항이용료
- 관관진흥기금 : 일종의 출국세로 국가의 관광진흥을 위한 차원에서 징수하는 기금이다.
- 유류할증료 : 최근에는 많이 축소되고 있는 상황이다. 한때는 항공료보다도 더 높게 징수되었던 것이 사실이다.
- 여행자보험 : 국내 및 동남아의 경우 5천만 원이 일반적이었다. 그러나 최근에는 거의 해외의 모든 지역이 1억 원으로 일반화되어 있다.
- 호텔등급 : 특급, 일급, 이급 이상으로 표기한다. 2인 1실 기준이 일반적이다.
- 추가경비 : 개별적인 팁, 개별 선택관광, 각국 비자발급 비용
- 예약기간 : 여행출발 7일 전까지
- 식사 : 전 일정 식사제공이 일반적이나 상품에 따라 일부상품 및 자유시간 중 중식 또는 석식을 제외라고 표기해야 함.
- 전문 안내원 동행 : 10인 또는 15인 이상 동행한다고 표기해야 함. 일부 상품의 경우 제외됨을 명시해야 함.
- 최소출발인원 : 회사의 상품마다 차이가 있음. FIT의 경우 2, 4 이상과 패키지는 10명, 15명으로 표기
- 이용교통 : 항공, 선편, 기차, 전용차량 등으로 표기
- 요금 변동 공지 : 환율 및 항공요금에 의해 변동 가능 공지
- 관광불편처리센터 : 회사의 담당부서 연락처 명기

2) 기획여행 광고시 등록관청 표기

여행업을 휴업하더라도 영업보증보험이나 여행공제회에 가입해야 한다. 개정된 관광진흥법 시행규칙은 2008년 8월 26일부로 시행에 들어갔는데 일반, 국외, 국내여행업을 영위하다가 휴업을 하더라도 영업보증보험에 가입해야 한다. 또한 기획여행의 광고시 여행업의 등록관청도 반드시 표시해야 한다.

이 밖에도 국외여행인솔자의 자격을 여행업체 1년 이상 근무자에서 6개월 이상 근무자로 자격요건을 완화하였다(여행정보신문, 2008.9.5, 1면).

26 클럽메드 광고상품

9~10월 클럽메드 리조트에서는 최고 30% OFF한다는 광고를 기재하고 있다. 말레이시아 체러팅 119만 원, 빈탄 아일랜드 125만 원, 태국 푸켓 139만 원, 몰디브 카니 220만 원, 모리셔스 242만 원이다. 2008년 8월 중순의 일간지 신문광고이다. 클럽메드만의 특별한 할인혜택으로 2009년 겨울방학 조기예약 이벤트를 실시하고 있다.

** 양평 대명리조트

출발기간은 2008년 11월부터 2009년 4월까지이다. 예약기간은 2008년 10월 31일까지이다. 클럽메드 정상가에서 성인 25만 원, 2세 이상 어린이 10만 원 할인으로 4박 이상 에어 패키지를 이용하며 출발 90일 전에 예약을 해야 한다.

27 KAL PAK 상품

여행 그 이상의 짜릿한 경험! 한진관광의 칼팍상품 광고이다. 단독 로얄캐러비안 레전드호 핵심 아시아 3개국 크루즈 7일(2,090,000원)이다. 1달 내로 조기 예약시 1인당 10만 원 할인된다. 단독 셀러브리티 밀레니엄호 뉴질랜드/호주 일주 크루즈 16일(7,990,000원)이다. 1달 내로 조기예약 시 1인당 50만 원 할인된다.

단독 로얄 캐러비안 리버티호 카브리해 크루즈+멕시코/쿠바+코스타리카 16일(8,990,000원)도 1달 내로 조기예약시 1인당 30만 원 할인이다. 단독 셀러브리티 인피니티호 중남미 7개국 일주+크루즈 27일(13,900,000원) 상품, 마야, 잉카문명과 중남미 5개국 일주 (9,590,000원) 상품, 아프리카 4개국 크루거 National Park 10일(7,590,000원)상품, 아프리카 세렝게티 국립공원 Safari 15일(9,690,000원) 상품 등이다.

롯데관광 B2B 예약관리 시스템 오픈 이벤트와 프로모션 상품

롯데관광에서는 최고의 멀티시스템, 롯데관광 B2B 예약/관리시스템 LT Partner 오픈 이벤트를 실시하고 있다. 여행사 최고의 예약관리시스템 LT Partner로 직접 예약하면 푸짐한 경품이 쏟아짐을 알리고 있다.

http://partner.lottetour.com로 들어가서 회원가입 후 롯데관광에서 승인 후에 사용자 ID가 생성되면 바로 사용할 수 있음을 공지한다. 이벤트 기간은 2008년 10월 6일부터 11월 30일까지이다. 이벤트 1 – 예약이 우수한 여행사 직원(2명) 1등에게는 30만 원 상당 백화점 상품권, 2등은 20만 원 상당 백화점 상품권이 지급된다. 이벤트 2 – 회원가입 후 최다 접속자 50인을 선정하여 도서를 증정한다. 도서는 까칠한 그녀의 Stylish 세계여행이다. 이벤트 3 – 회원가입 선착순 400명에게 고급 USB 메모리 증정한다.

LT partner는 심플한 디자인, 첫 화면에서 바로 상품조회가능, 다양한 방법으로 상품조회 가능, 상품조회에서 예약까지 최소한의 클릭, 편한 예약정보 수정,

SMS/FAX를 마음껏 누릴 수 있는 포인트적립, 한눈에 들어오는 예약캘린더의 특징을 갖추고 있다.

기념 프로모션 상품은 다음과 같다.

국적기/하노이 초특급 베트남 하노이(하롱베이, 닌빈) 5일(879,000원부터) 상품, 품격 전신 마사지+호핑투어 세부 샹그릴라 리조트 골드 5/6일(1,099,000원부터) 상품, 단독전세기 노옵션/정상숙박 황산 4일(849,000원부터) 상품, 휴양+관광 뉴칼레도니아+시드니 7일(3,190,000원부터) 상품, 부산출발 코끼리트레킹, 안마, 텍스포함 푸켓 직항 4일(849,000원부터) 상품, 서부 지중해 4개국(이탈리아, 튀니지, 스페인, 프랑스) 크루즈 마지카 호 10일(4,290,000원부터) 상품이다. 출발은 10~11월 기준이다. 여행사에 지급되는 수수료는 15%이다. 상기 요금은 현금결제 및 B2B사이트 예약조건이다.

자료 : http://partner.lottetour.com

28 동반자 무료

여행매니아에서는 사이판 Day GRAND SALE로 사이판 PIC골드(1,428,000원 부터) 상품을 출시하였다. 4일~5일 상품으로 1+1동반자 무료이다. 이 상품의 특전으로 2인 예약시 성인 1인 무료, 미화 85불 상당의 별빛크루즈 탑승, 환상의 섬 마나가와섬(왕복페리+환경세 포함), 사이판 최고의 일몰을 감상하며 썬셋 BBQ, 전일정 호텔식 및 씨사이드 그릴디너 제공이 특전사항이다. 출발기준은 2008년 11월~12월기준이다.

29 미국비자면제 프로그램 기념 이벤트상품

KAL투어에서는 미국 비자면제 프로그램 기념 이벤트로 상품을 출시하였다. 2008년 12월 18일까지 특가기간이다. 하와이 와이키키 리조트 5일/6일

(1,640,000/1,740,000부터)상품이다. 각각 10만원의 할인이 적용되었다. 에어텔 LA 월셔 그랜드 3박+왕복항공권(1,990,000원부터) 상품은 매일 출발이 가능하다.

Wilshire Grand Hotel은 LA시내 다운타운에 위치하며 고급스러운 한식당과 다양한 부대시설을 갖춘 4성급 호텔이다. 특전사항은 다음과 같다. 전자여권 발급비용으로 1인당 5만 원을 지원한다. 대한항공 마일리지 추가로 적립된다. 상품가 1,000원당 1마일이 적용된다. 일식부페 토다이가 포함된다. 에어텔 이용시에는 EARLY CHECK IN이 된다. 정상 체크인 시간은 두 시이다.

한국의 대표상품으로 외국인이 인식하는 것을 살펴보면 한국의 대표적인 기업브랜드, 즉 삼성전자, LG전자, 현대자동차, 삼성중공업, 대우조선, 포스코 등이다. 또한 최근에 금강산 관광객 사망사고가 문제가 되고 있는 가운데 핵 폐기 이슈 등 북한문제가 크게 인식되고 있다. 그밖에 태권도, 한국의 음식, 한류 등이 외국인에게 떠오르는 것으로 알려지고 있다.

30 자유여행상품

1) 오케이투어 동경 황금박쥐상품

자유여행상품은 일본을 중심으로 가장 활성화되고 있다. 오케이투어의 동경 황금박쥐상품은 도쿄 1박 3일 자유여행으로 호텔급 상품이다. 일본항공(JL), 대한항공(KE)으로 상품가가 349,000원부터이다. 7월 출발 KE보너스로는 오오에도 온천 나이트입욕권 무료 제공과 귀국일 오오에도 온천 - 공항 편안한 무료송영택시 운행이다. 상품특전의 경우 항공만 예약한 상황에서는 적용되지 않는다.

2) 오케이투어 프리시아

심야 전세기 황금박쥐 도쿄 3일 27만 9000원, 맛있는 괌 PIC 자유여행 5일 72만9000원, 상하이 자유여행 3일 29만9000원, 홍콩 자유여행 3일 39만 원 9000원, 클럽메드 빈탄 리조트 125만 원 등이다. 오케이투어에서는 자유여행을 프리시아라고 명명하고 있다. 꽃의 이름이기도 한 프리지아는 앞의 Free에서 자유를 나타내고 특색있는 향기를 가지고 여행을 한다는 의미라고 한다.

31 의료관광상품

우리나라에 의료관광을 목적으로 입국하는 나라는 중국, 러시아 등 주로 성형수술을 받기 위해 오는 경우가 많았다. 그러나 최근에는 미국 등 의료관광을 목적으로 입국하는 경우가 증가하고 있다. 주로 한국관광공사의 마케팅에 의해서 연결이 되고 있다. 의료관광은 의료와 관광이 접목된 형태의 상품으로 우리나라에 입국하는 의료관광객들은 주로 판문점, 비무장지대(DMZ), 인천 상륙작전 기념관, 경주 등을 방문하는 것으로 나타났다.

최근에는 관광과 건강검진 그리고 피부과 진료 등의 상품도 인기를 끌고 있는 것으로 보인다. 건강검진의 경우 빠른 시간에 결과가 나오며 미국에서는 진료분야별로 병원을 찾아야 하는데 한국에서는 한 장소에서 대부분의 검진이 가능하다는 이점을 인식하고 있다. 가격면에 있어서도 종합검진비용이 미국의 1/10 정도로 가격경쟁력을 확보하고 있다. 미용성형도 기술면에 있어서 세계 최고 수준으로 미국의 가격에 절반 정도이다. 의료관광객은 항공, 호텔에 관한 기본 경비와 의료비용과 기타 쇼핑비 등을 준비하게 된다. 여행경비를 합쳐도 미국에서의 치료비보다도 저렴하다는 평가이다.

또한 우리나라는 무릎과 엉덩이 관절을 중심으로 한 인공관절 수술에 있어서 기술적이고 비용적인 경쟁력을 확보하고 있는 것으로 평가되고 있다. 비용도 미국의 1/8 정도 수준으로 알려지고 있다. 향후 우리나라의 인바운드 활성화와 발전을 위해 이러한 특별관심관광(SIT)을 확대하고 발전시켜 나가야 할 것이다. 우리나라가 의료강국이라는 이미지를 외국에 홍보하고 의료관광을 활성화시켜 나가야 할 것이다. 참고로 미국의 경우 의료보험의 혜택과 의료비용이 상대적으로 열악한 상황으로 환자의 치료비용이 심각할 정도로 부담을 갖게 되는 상황으로 알려지고 있다.

32 가족여행상품

여행상품가운데서도 가장 주목해야 할 것은 가족여행이다. 국내뿐만 아니라 해외여행도 가족중심의 여행이 대세라고 할 수 있다. 2008년도의 경우에는 해외 목적지의 가족여행상품으로 수요가 많았던 것이 괌, 사이판 등 휴양지로 평가되고 있다. 괌, 사이판으로의 가족여행은 워터파크 시설이 되어 있는 PIC 리조트가 인기가 높다. 사이판은 월드리조트도 선호되고 있다.

** 오크밸리 리조트

33 스포츠 이벤트상품

2008년에는 베이징올림픽이 스포츠 이벤트상품으로 주목받고 있다. 특히 국내의 관심을 받고 있는 축구경기는 여행사에서 상품화하여 판매하고 있다.

우리나라는 카메룬과의 경기를 진황도에서 8월 7일 시작하였다. 올림픽 공식 후원 항공사인 중국국제항공공사와 올림픽공식지정 여행사인 세방여행의 상품을 보면 다음과 같다.

경기관람 포함한 북경 3일(949,000원)으로 상품화하였다. 2차전 진황도에서 열리는 이탈리아전 북경 3일 상품(899,000원)이다. 3차전 온두라스전은 상해에서 열리며 상해 4일(799,000원)으로 상품화되었다. 매 경기는 약 2,000석+입장권을 확보하였다. 인천, 부산, 대구 출발기준이다.

김포-대마도 경비행기 운항

코리아익스프레스에어가 26일부터 김포-대마도 구간을 운항함에 따라 수도권 출발 대마도 여행이 보다 쉬워져 시장이 확대될 전망이다.

대마도정이 발표한 통계에 따르면 지난 1999년 부산출발 정규 여객선이 취항하면서 이듬해인 2000년 7500명이 대마도를 방문했으며, 지난 2007년에는 6만 5000명의 관광객 수를 기록하며 평균 연간 4만 5000명이 대마도를 향하고 있는 등 대마도는 한국여행객의 관심이 높은 지역이다. 그러나 여객선이 부산에서 출발함에 따라 수도권 여행객들이 대마도로 향하기 위해서는 KTX를 이용해 부산으로 이동해야 하는 취약점이 있어 현 수요의 70% 이상이 경남권에서 이뤄지고 있다. 이로 미루어 볼 때 접근성이 보완된다면 수도권 지역으로 시장이 확대될 가능성도 점쳐지고 있어 코리아 익스프레스에어가 내 놓은 김포-대마도 연결노선이 주목받고 있다. 이 항공노선을 이용하면 기존 서울에서 대마도까지 6시간 걸리는 것을 1시간 30분 이내로 단축할 수 있다.

이에 트레킹과 문화탐방에 강점을 보이고 있는 혜초여행사는 이 비행편을 이용해 등산/관광낚시를 주제로 한 상품을 구성하였다. 기존 배편을 이용한 상품보다 일정의 여유가 있어 보다 알찬 내용으로 구성되었으며 월, 수, 금 주 3회 출발이다. 혜초여행사는 수도권 지역 대마도 상품 활성화에 주력하고 있으며 각 여행사가 혜초여행사의 등산/관광 상품 판매시 5만 원, 낚시 상품은 7만 원의 커미션을 지급할 계획이다.

출처 : 세계여행신문, 2009.6.8, 3면.

34 한국인이 선호하는 해외여행상품

1) 일본상품

한국인이 가장 선호하는 해외여행상품은 일본여행 상품이다. 2008년 6월 6일 일본 국토교통성이 발표한 2007년판 관광백서에 따르면, 2007년 일본을 방문한 외국인 수는 총 835만 명을 기록하였다. 국적별로는 한국인이 260만 명으로 가장 많아 총 30%를 차지하였다. 다음으로 대만인이 139만 명, 중국인 94만 명, 미국인 82만 명 순이었다.

이렇듯 한국인의 수요가 가장 많게 나타났다. 최근 한시적이지만 비자면제의 영향도 작용한 것으로 분석된다. 마찬가지로 한국에 입국하는 외국관광객 가운데 가장 높은 비중을 차지하는 것은 일본인들이다. 백서에 따르면 일본을 여행한 한국인 가운데 많은 수가 골프를 즐길 수 있는 규슈와 시코쿠를 찾은 것으로 나타났다.

이에 대해 일본 언론은 한국에 골프장이 부족해 골프비용이 저렴한 규슈와 시코쿠로 집중되는 것으로 분석하면서, 특히 구마모토와 오이타에서는 외국인 숙박자의 70% 이상이 한국인으로, 골프를 마치고 온천을 즐긴 뒤 돌아가는 패턴을 보이고 있다고 전했다(문화일보, 2008. 6. 7, 21면 참고).

** 구마모토성 전경

** 구마모토성

이처럼 골프와 온천이 연계된 상품을 최근 선호하고 있다. 그러나 중년층 이상의 수요 외에도 젊은 층들의 배낭, 쇼핑, 연수 등 다양한 측면에서 일본으로의 수요가 커지고 있다. 특히 한국 내에서의 북해도 등 전세기투어 상품 개발에 의해 연중 고른 분포의 송출이 계속되고 있는 상황이다.

2) 중국상품

일본과 함께 한국인이 가장 많이 출국하는 나라가 중국이다. 얼마 전 쓰찬성에서의 대지진으로 많은 피해가 있었던 이후 여행수요가 줄었지만 북경, 상해, 백두산, 우루무치, 홍콩, 마카오 등 전반적인 수요는 지속적이라고 하겠다.

** 계린

최근 중국은 올림픽유치로 인프라 구축을 강화하였다. 특히 단일 공항 터미널 가운데 세계최대라는 서우두 공항터미널은 축구장 170개를 합쳐놓은 면적이며 길이가 3km에 달한다고 한다. 황금빛 지붕에 삼각형 채광장을 열어놓고 하늘에서 보면 비늘을 번쩍이는 용의 형상(조선일보, 2008. 5. 15, D9-D11)이라고 한다. 이 밖에도 관련 인프라 강화에 많은 심혈을 기울였다고 한다.

3) 하와이

2007년 하와이를 방문한 관광객은 총 740여만 명이었다. 일본관광객은 총 130만 명이었다. 한국관광객은 지난 1996년 12만 3000명이 하와이를 방문하였다. 최근에는 알로하 비자 프로그램 시행 등으로 다시 한국방문객이 증가하는 추세에 있다(세계여행신문, 2008. 4. 28, 55면)고 한다. 향후 한국인의 미국 무비자입국이 가시화되면 하와이 입국수요도 점증할 것으로 전망된다.

35 전시 · 박람회 홀세일러 상품

국내의 전시 박람회 전문업체인 비산항공여행사에서는 박람회 홀세일러 상품을 취급하고 있다. 항공커미션 제로 시대로 향하는 상황에서 전시 · 박람회 상품은 여행사에 새로운 수익창출의 대안이 될 것임을 공지하고 있다. 다음은 비산항공의 특징을 설명하고 있다.

- 전세계 1만여 개의 박람회 정보가 업종별, 지역별, 기간별로 업그레이 되어 있음. 전시 박람회의 패키지 참관일정과 요금 등이 잘 정돈되어 있어서 검색이 쉬움.
- 연중 박람회 기간 다량의 항공좌석 및 호텔룸을 확보
- 넉넉한 대리점 수수료 지급함. 최대 10%를 공지함.
- 상황에 따라 Net 정산도 가능하다고 공지
- 전 박람회 패키지상품 8명 이상 출발 보장 공지
- 대리점 직원 누구나 비산항공 홈피를 이용, 고객에게 박람회 정보, 공문 및 일정 · 참관 요금 등 이메일 전송이 가능하여 공문 작성, 일정표 작성, 요금 산정 등 시간 낭비를 줄임 공지하고 있다.

36 어린이를 위한 추억 여행

1) 핀란드 산타마을

KBT여행에서는 여름에도 방문하고 겨울에도 방문하는 핀란드 산타마을 여행상품을 공지하고 있다. 전국의 여행사에도 모객협조시 10%의 수수료를 지불한다. 본 상품의 일정상의 특징을 보면 다음과 같다. KBT여행사는 인바운드 여행사로서 특화된 상품을 개발한 점이 높이 평가된다.

- 핀란드 헬싱키, 로바니에미(산타마을) 방문
- 전 일정 유능한 관광통역안내사 동행 통역
- 전 일정 영어/한국어 순차통역 진행
- 현지 선택관광 및 지정쇼핑 배제
- 전 일정 지정일 출발 등이다.

37 고가여행상품

최근 한 여행사가 내놓은 유럽중서부 9일 여행상품의 판매가격이 3700만 원에 출시되었다. 일반적인 비슷한 상품의 가격이 400만 원 미만이니 거의 10배 정도의 차이다. 항공권이 비즈니스 클래스이고 유럽에서는 개인 전용기를 이용한다고 한다. 관광시에는 명차인 벤츠 또는 BMW 등 최고급 승용차를 이용하게 된다.

본 상품은 일본의 VIP고객들이 이용한 상품을 국내에서 소개한 것이라고 한다. 고가여행상품으로 소비자층의 다양성을 고려한 특별여행상품으로 시장에서의 수요발생 결과에 주목된다.

38 배낭여행상품

최근 공무원들의 해외여행 자제권고에 따라 해외 배낭여행 수요가 미진한 상황이다. 기업체의 수요도 큰 움직임이 보이지 않는다. 경기둔화의 영향도 크게 작용하는 것 같다. 해외배낭여행은 여름철인 7, 8월 중에 수요가 가장 크다고 할 수 있다. 인터넷의 활성화로 나홀로 여행의 비법이 공개되고 있어서 많은 도움이 되고 있다.

인터넷 포털사이트의 카페를 통해서도 여행준비부터 공항 입 · 출국, 맛집,

쇼핑, 숙소가격 등 많은 정보가 공개되고 있다. 인터넷 검색만 잘해도 많은 도움이 되고 있는게 현실이다.

최근의 배낭여행의 추세를 배낭여행 전문업체인 내일여행에서 발표한 2008년 배낭여행 트랜드를 통해 살펴보도록 하겠다.

1) 편하고 안전하게

안전한 여행을 위해 단체배낭과 호텔팩 상품이 인기다. 단체배낭여행은 전문인솔자가 동행하여 도시 간의 이도와 도시 내에서의 팀 관리가 이루어진다. 호텔팩은 항공은 물론 도시별 숙소, 교통편 등을 미리 정해놓고 이동하므로 안정적이라 할 수 있다.

2) 한 도시에서 오래 머물기

기존의 배낭여행이 주어진 여행기간 동안 많은 도시와 장소를 방문하는 것이었다. 최근에는 방문도시를 줄이고 한 도시에서 오래 머무는 여정이 인기이다. 이는 수박겉핥기식이 아닌 제대로 된 여행을 위한 차원으로 해석된다.

3) 개성 살리는 테마여행

건축, 미술, 음악 등 테마를 강조한 여행상품이 인기를 끌고 있다. 런던, 브뤼셀, 베를린, 프라하 등 테마형 지역이 인기 있는 상품코스이다.

4) 지중해, 동유럽 관심증가

드라마나 영화의 영향과 개성을 중시하는 소비자의 취향으로 타인이 많이 찾지 않는 지역이 관심을 끌고 있다. 유럽에서 호주나 캐나다, 동남아, 중국, 일본 등으로 배낭여행의 목적지가 넓어지고 있다. 최근에는 1주일 내외의 단기 일정상품이 많이 출시되고 있다.

5) 직장인 배낭여행 증가

예전 대학생의 전유물인 시대는 지났다. 일반적으로 10~15일 정도의 2~3개국 집중 도시여행이 인기를 끌고 있다. 대학생의 수요는 6월 말~7월 중순이며, 직장인과 가족배낭여행 참여시기는 7월 말~8월 중순에 집중되고 있다.

** 17세기 네덜란드 재현한 숲속의 집 의미인 하우스텐보스 전경

39 캠핑카 투어

미국 서부 대륙을 직접 본인이 운전하면서 대륙을 탐험하며 여행할 수 있는 캠핑카 RV투어가 소개되고 있다. 명지트래블 RV투어로 한국대학 브랜치 오피스이다. 모든 RV차량 예약은 출발 35일 전에 마감하며 2종 보통면허로 렌탈되며 운전경력 2년 이상이면 운전이 가능함을 공지한다. 5~6인의 인원이 잠을 잘 수 있다. 거실, 주방, 침실, 욕실을 갖추고 있다. 최대 8인용은 침대가 4대 설치되어 있다.

5인 기준 클래스 C25를 사용해서 미서부 캐년 7일 상품을 이용하면 Low시즌에는 6,978,800원과 High시즌에는 7,224,800원이다. 여행자보험과 현지 옵션은 불포함되어 있다.현지 진행비용은 대부분 포함되어 있다. 자세한 비용은 사이트를 참고하면 된다.

40 고객선호도에 따른 상품개발

홍콩이 개별여행자가 선호하는 최고의 여행지로 조사되었다. 전 세계 할인 호텔예약서비스를 제공하는 GTA가 집계한 2008년 1~6월까지의 상반기 XML 호텔예약 자료에 의하면 1~2박 위주의 예약이 약 79%, 2인 이하 예약이 약 65%를 나타내었다. 호텔 예약고객들이 가장 즐겨 찾은 상위 5개 도시는 홍콩, 도쿄, 싱가포르, 파리 그리고 런던이었다.

고유가, 고물가, 고환율의 어려운 상황에서 근거리 여행선호현상을 나타낸 것으로 분석하고 있다. 홍콩관광진흥청의 자료에 의하면 한국에서 홍콩을 찾는 수요는 2007년 상반기 57만 9211명으로 집계되어 약 22%의 증가세를 보였다.

한국에서 약 4시간 거리로 직장인이든 학생이든 저렴하고 상대적으로 가까운 거리에 위치하고 다양한 식도락문화와 쇼핑의 기회가 제공되는 곳으로 인식되고 있기 때문이다. 최근에는 쇼핑의 천국이란 이미지에서 와인을 통해 새로운 비즈니스로 부각하려는 움직임도 보이고 있다.

홍콩 방문시 연계되는 목적지인 마카오도 전년대비 54.6%의 증가를 보여 성장하는 시장으로 인식된다. 걸리버를 통해 캐세이퍼시픽항공의 DISCOVERY를 구입하면 마카오 왕복페리를 제공한다(세계여행신문, 2008. 9. 8, 12면 참고). 이처럼 수요가 증가하는 지역에 참가하는 연령층, 여행목적 등을 파악하여 상품화하면 보다 효과적이고 여행사의 마케팅에도 많은 도움이 될 것이다.

41 홈쇼핑 상품

현대드림투어에서는 현대홈쇼핑 방영 베스트전 상품을 출시하였다. 현대백화점그룹, 현대드림투어, 현대홈쇼핑 공동기획이다. 시드니 〈노팁+노옵션

+NO 유류세〉 시드니/타롱가/포트스테판 6일(1,590,000원부터), 스페인 자유가 내게로 오다 스페인(바)/포르투갈 9일(2,790,000원부터), 노유류/노옵션 궁중요리+쿵푸팬더 IN 베이징 4일(549,000원부터), 빛의 도시 홍콩+해양공원+토다이(일식뷔페)+마담투소+보헤미아크루즈 4일(699,000원부터), 태국 노팁 Your Perfect Dream 방콕/ 파타야 5일(599,000원부터), 상해 〈노옵션+NO 유류세〉 상해/부양/항주 4일(499,000원부터)상품이다. 차별화된 서비스와 업계최강 특전을 보장함을 광고하고 있다. 호주에서는 와인농장에서 스테이크 시식과 카지노호텔 뷔페식, 홍콩에서는 2층 오픈탑 버스 시승과 기사팁 30$ 포함, 상해 준5성급호텔 이용과 해선누룽지탕/ 동파육/해산물요리 등 특식이 포함되어 있다.

현대드림투어의 현대홈쇼핑 상품

현대드림투어는 현대백화점 그룹의 고품격 프리미엄 여행브랜드이다. 36년 전통의 여행브랜드이다. 현대드림투어의 현대홈쇼핑 상품의 강조사항을 살펴보면 다음과 같다.

첫째, 현대드림투어와 현대홈쇼핑이 보장하는 검증된 여행상품을 엄선한 점이다. 둘째, 전국 11개 현대백화점 여행데스크와 70여 개 대리점에서 판매하는 인기상품이다. 셋째, 전 일정 추가경비를 지양하며 최저옵션으로 경제적인 여행이다. 넷째, 특별한 엔터테인먼트를 추가하여 볼거리와 즐길거리를 제공한다는 점을 강조한다. 2008년 11월 중순 주요 홈쇼핑 상품을 보면 다음과 같다.

HAPPY 사이판 월드리조트+선셋 BBQ+7가지 레인보우 특전 5일(1,149,000원부터) 상품, NO 팁+NO 옵션 7Star 품격있는 사치 터키 완전일주(7성급) 8/9일(2,590,000원 부터) 상품, Winter Fest 홍콩 요술램프+디즈니랜드+R66회전레스토랑+디즈니랜드 기념인형(선착순 300개)/홍콩 면세점 쿠폰 4일(699,000원부터) 상품이 있다.

자료 : 현대드림투어 일간지광고

42 외국의 이색체험 상품

호주의 시드니에서는 하버브리지의 아치 위에 오르는 상품이 인기가 있다. 일종의 등반으로 최근에 10년을 기념하는 행사가 열렸다. 브리지클라임(Bridge Climb)이라고 명명된다.

하버브리지의 아치를 산처럼 등반하는 시드니의 대표적 관광코스로 여겨지는 상품이다. 2008년 10월초를 기준하여 137개국의 220만 명이 이 상품을 이용한 것으로 보도(조선일보, 2008.10.2, A 18면) 되고 있다.

43 5성급 해상호텔

아랍에미에리트 두바이의 앞바다의 최고급 리조트 팜 주메이라에서는 5성급 해상호텔이 2009년 생기는데 40년간 세계 곳곳을 누비며 약 250만 명이 넘는 승객을 실어 나른 여객선 퀸 엘리자베스 2호가 바로 주인공이다. 퀸 엘리자베스 2호는 지난 1월 자매 여왕 여객선인 퀸 메리 2호 및 퀸 빅토리아호와 함께 10개월째 고별 항해를 시작해서 세계 곳곳을 방문하고 있다.

2007년 아랍에미리트 두바이의 부동산개발사에 1억 달러에 팔려서 남은 여생을 두바이에서 보내는 것(조선일보, 2008.10.18, A18면)으로 소식이 전해지고 있다.

44 스키상품

1) KRT여행사

KRT여행사에서는 일본전국 174개 스키장 중에서 최고 점수를 받아 전국 1

위를 차지한 일본 최고 압도적 스케일의 앗피 리즈트 스키 3/4일(649,000~799,000원) 상품을 내놓았다. 출발은 2008년 12월 기준이다. 앗피스키장은 표고차 805M 최대활주거리 5,500M의 장쾌한 롱다운힐과 다양한 스노우파크로 해발 2,000m이다. 이와테야마를 배경으로 한 아름다운 경관 등으로 일본내 에서도 최고의 스키리조트의 하나로 명성이 높음을 공지한다.

야간리프트권 무료제공, 한국하이원 스키장 시즌권 소지자 전일정 리프트 무료, 앗피온천 파티오 입욕권 증정한다. 초중고급의 19개 코스와 리프트 16기가 있다. 가족이 함께 즐길 수 있는 SNOW 놀이마당 앗피고원 눈목장이 있다. 12월에는 크리스마스행사, 제야의 불꽃놀이, 1월에는 해맞이투어, 째즈페스티벌 등이 열린다.

2) 현대드림투어

** 양지리조트 스키장

은빛 설원 속으로 떠나는 일본 스키여행으로 시츠쿠이시 3/4일(599,000원부터) 상품을 내놓았다. 특전으로는 전일리프트권, 각종 택스 포함, 리조트 내 특급호텔 숙박, 공항과 리조트간 셔틀 운행 등이다.

그 외에 나만의 스키여행 이나와시로 리스텔 4일(799,000원부터) 상품, 스노보더의 성지 아르츠 반다이 4일(949,000원부터) 상품, 최고의 자연설 북해도 토마무 리조트 4일(1,290,000원부터) 상품이 있다. 2008년 12월 출발기준이다.

45 성지순례 상품

1) 기독교성지순례

(1) 디디투어

디디투어에서는 고대문명과 사해, 보는 것보다 신비함이 가득한 이스라엘로 홍보한다. 이스라엘/이집트/요르단+페트라 8일(2,590,000원) 상품, 터키/그리스/이집트+이스라엘 11/12일(2,690,000원) 상품, 품격 이집트일주+디럭스 크루즈 9/12일(2,190,000원) 상품, 터키 완전일주(안탈랴+밸리댄스) 9일(1,390,000원) 상품이 있다.

12월 중 출발기준이며 특가상품으로 출발이 1회~3회로 선착순마감이며 제한된 일자에 한한다. 대한항공은 이스라엘 텔아비브에 주 3회 운항한다. 화, 목, 토요일이다.

(2) 고려여행사

고려여행사에서는 한정특가로 여행사 수수료 10만 원을 책정하고 있다. 여리고성, 시험산 케이블카, 펠루카 탑승을 공지한다. 갈릴리선상 성만찬(빵+포도주 제공) 포함이다. 유류할증료+TAX, 비자+출,입국세+공동경비 포함으로 추가경비 없다. 이스라엘/요르단/이집트 9일(219만 원부터), 이집트/요르단/이스라엘 10일(249만 원부터) 상품은 대한항공을 이용한다.

그밖에 대한항공 이용 이집트/이스라엘/로마 10일(299만 원), 터키항공 이용 이집트/이스라엘/요르단/터키 13일(349만 원), 터키항공 이용 터키/그리스(마케도니아)11일(299만 원), 카타르항공 이용 요르단/시리아/레바논 8일(259만 원) 상품이 있다. 전체 상품은 2009년 1~3월 출발기준이다.

성지상품은 지역상황의 영향을 많이 받는 상품으로 이스라엘과 레바논의 교전 또는 최근의 하마스와 이스라엘 교전 등은 수요에 민감하게 영향을 주는 상황으로 주목된다.

2) 불교성지순례

네팔, 스리랑카, 파키스탄, 티벳, 부탄 등 서남아시아 전문 랜드사인 타지투어에서는 인도의 8대 성지순례 8일(2,190,000원부터) 상품을 판매한다. 한식 요리사와 특급열차가 포함된 상품이다.

46 직항전세기 상품

1) 팔라우

한진관광에서는 팔라우 직항전세기 상품을 판매한다. 코발트빛 바다 스노클링과 색다른 경험, Milkyway로의 초대 팔라우로 홍보한다. 2009년 1월 7일~2월 25일 매주 수요일과 토요일 15회 운항한다. 무독성 해파리가 살아있는 해파리호수(Jellyfish) 체험, 천상의 물빛이 절로 감탄을 자아내는 밀키웨이(Milkyway), 갈라진 바닷길을 산책하는 롱비치, 천연산호를 이용한 머드마사지를 체험할 수 있다.

로얄리조트 상품 동반자 1인에게는 30만 원의 할인이 제공되며 출발일별 선착순 10명으로 한정일까지 예약해야 한다. 항공마일(약 3,000마일)이 적립되며 결제금액 1,000원당 1마일 추가로 적립된다. 선착순 10명 한정 예약되는 이벤트상품 팔라우 Mr.KIM과 함께하는 여행(팔라우 퍼시픽리조트) 5일(가든뷰 1,780,000원/오션뷰 1,890,000원) 상품, 팔라우 5일(1,099,000원부터) 상품, 팔라우 6일(1,299,000원부터) 상품이 있다.

2) 오키나와 전세기 상품

쇼와투어랜드에서는 일본 최고 휴양지 1위 오키나와 단독 전세기 상품을 내놓았다. 저렴하게 떠나는 가족 바캉스 마지막 찬스로 전 상품 9%의 커미션이

보장된다. 렌터카로 즐기는 오키나와 자유 4일(369,000원부터)은 TAX 14만 원 불포함, 렌터카 불포함이다. 만좌비치 해수욕+마린스포츠 블루오션 오키나와 4일(1일 자유)(699,000원부터), 디럭스 오키나와일주 4일(선착순 20명/10만 원 할인)(1,290,000원부터) 상품이 있다. 모든 상품은 2008년 9월 7일 단 1회 출발한다.

47 세계 명산 트레킹

롯데그룹 여행사인 롯데제이티비에서는 세계명산 트레킹 상품을 내놓고 있다. 네팔 히말라야 트레킹의 최적시즌으로 공지하면서 정통로얄(푼힐전망대) 9일/베이스캠프 트레킹 9일(1,890,000원부터) 상품을 홍보한다. 실속 4성급 호텔(실속)과 최고급의 5성급 호텔(품격)을 이용하게 된다. 침낭 무료 대여, 카고백, 트레킹 안내서, 상세지도가 제공된다. 산행 중에는 요리사가 동행하여 한식을 제공하게 된다. 네팔전통공연 관람 및 특식이 제공된다. 등산장비 구매시 할인권(30%)제공된다.

그 외에도 동남아 최고봉 키나바루 트레킹+휴양 5일(1,099,000/1,270,000원부터)상품, 아프리카 최고봉 킬리만자로 등반+사파리 12일(4,500,000원) 상품이 있다.

48 현지여행상품

1) 미국 동부관광

미국의 동부관광은 미국 최대 지사운영업체로 최고의 안내 서비스 보장을 내세운다. 프러싱과 맨하탄의 뉴욕, 뉴저지, 필라델피아, 워싱톤DC, 아틀란타, 카나다의 나이아가라, 토론토, 서울직영지사를 운영한다. 뉴욕이 본사이고 서울에서는 지사를 운영한다. 현지 합류상품과 한국출발 합류상품을 살펴본다. 요금은 US$ 기준이다.

표 3-4 현지 합류상품

뉴욕시내 야경(더블데커2층버스) 당일	수/금/토/일	40불
우드베리 프리미엄 아울렛-당일	월/수/금/토	60불
워싱톤 DC-당일	수/토	115불
보스톤 아이비리그 1박 2일	월	250불
뉴욕시내 관광-당일	매일	75불
나이아가라폭포-1박 2일	월/수/금/토	190불
워싱턴DC 명문대 탐방-1박 2일	목	250불
나이아가라폭포/보스톤 2박 3일	월/금	305불
워싱턴DC/나이아가라폭포 2박 3일	목/일	305불
워싱턴/나이아가라/보스톤-3박 4일	목/일	400불
미동부 캐나다 핵심(보스톤 제외)-4박 5일	목/일	495불
미동부 캐나다 완전일주 -5박 6일	목/일	570불
나이아가라/토론토/오타와/몬트리올/퀘벡-3박 4일	월/금	400불

표 3-5 한국출발 합류상품

상품뉴욕IN/시내관광-1박 2일	매일	200불
뉴욕IN/나이아가라 폭포-2박 3일	화/목/금/일	300불
뉴욕IN/워싱턴DC/루레이동굴-2박 3일	화/금	300불
뉴욕IN/뉴욕/나이아가라폭포/보스톤-4박 5일	수/목/토/일	420불
뉴욕IN/뉴욕/캐나다핵심관광-5박 6일	수/목/토/일	525불
뉴욕IN/미동부, 캐나다핵심관광-6박 7일	화/수/금/토	630불
뉴욕IN/미동부캐나다 완전일주-7박 8일	화/수/금/토	735불
뉴욕IN/아이비리그대학탐방-7박 8일	화/수	910불

자료 : www.dongbutour.com

49 여행사 수수료 보장상품

여행매니아에서는 여행사의 소개에 대한 수수료를 높여 지급하고 있다. 12%-30만 원에 이르는 수수료를 지급함으로써 여행사를 통해 모객협조를 강화하고 있다. 시드니/포트스테판+사막사파리투어 6일(1,590,000~1,990,000원) 상품은 12% com이 지급된다. 호주/뉴질랜드/포트스테판 8일(2,290,000~2,790,000원) 상품과 호주/뉴질랜드 남북섬 10일 상품(2,690,000~2,990,000원) 상품은 30만 원의 수수료가 지급된다. 두 상품 노팁 조건이다.

50 항공컴 상품

하나투어 자회사인 고려여행사에서는 '항공컴 전부 다 드립니다!' 라는 광고로 여행사의 항공권을 흡수하고 수수료를 지급하고 있다. KE 7%, QR 7%, TK 9%(2009년 1, 2월 5%/5%/7%)이다. 모든 항공 FULL COMM 제공을 공지한다. 성지순례 관련 항공권으로 보면 된다. KE의 경우 텔아비브 80만 원+TAX, TLV-CAI 90만 원+TAX이다. 단체항공권, 단체견적 컨설팅, 전문상담, 고려만의 노하우를 강조한다.

51 DMZ 철책선 걷기와 병영체험

한국관광공사가 추천하는 평화 · 안보체험 상품이다. DMZ관광(주)에서는 대한민국 최고의 관광자원, DMZ투어를 내놓았다. 매력혁신, 평화와 생명지대(PLZ) 관광상품으로 2009년 2월 1일부터 외국인투어를 실시함을 공지한다. 내국인상품을 보면 다음과 같다. 출발-00부대방문 및 병영체험(각종체험, 병영식사)-열쇠전망대 일원(최근접 북한조망)-DMZ & GOP 철책선 걷기(1Km) 체험-DMZ 철책에 리본달기(평화통일기원)-도착의 일정이다.

상품의 특징은 첫째, 세계유일의 분단의 현장 DMZ 철책선(1Km)따라 군복입고 걷는 최초의 관광상품이다. 둘째, 병영체험 일환으로 군부대 방문 군장비와 내무반 견학 및 장병과 함께 병영식사를 체험한다. 셋째, DMZ 155마일 철책에 남북평화 통일기원 리본달기 이벤트를 실시한다. 넷째, 이 투어는 휴무없이 365일 진행이 가능하다. Half day일정은 열쇠전망대+철책선 걷기+평화기원 리본달기로 진행된다. 최초 DMZ 철책선 걷기와 리본달기 관광상품이 개발되었다. Full day일정은 열쇠전망대+철책선걷기+평화기원 리본달기+국궁체험(활쏘기)로 진행된다. 한국 전통 국궁장 견학 및 활쏘기 체험을 하게 된다.

참고 • 한국의 이미지를 토대로 한 상품개발

지식경제부와 국가브랜드위원회에서 2008년 11월부터 2009년 1월까지 미국 등 주요 교역국 25개국 4214명을 대상으로 국가브랜드 이미지를 조사한 결과 한국하면 떠오르는 것이 기술력, 음식, 드라마, 한국인, 경제성장, 6 · 25전쟁, 북핵문제 순인 것으로 나타났다. 한국에 대한 선호도가 높은 나라는 러시아, 캐나다, 사우디아라비아 순이고 대만, 인도네시아, 홍콩이 조사 대상국 가운데 선호도가 낮게 나타났다.

** 서울시청앞 야경

그리고 미국 · 독일 · 일본 제품의 평균 가격을 100달러라고 할 때, 같은 질의 한국 상품 가격은 68.2달러, 중국 상품은 49달러로 평가(조선경제, 2009.7.14, B4면)하는 것으로 나타났다. 이러한 조사내용을 토대로 한국의 인바운드 여행상품을 개발하는데 적극 반영하여야 할 것이다. 특히 기술력 있는 산업분야인 전자, 조선, 자동차산업의 여행일정화, 최근 관심을 끌고 있는 한국의 독특한 음식의 소개, 드라마와 연계된 여행상품 확대 등의 노력이 지속적으로 활성화되어야 할 것으로 사료된다.

52 스트레스테라피

헬스조선, 경희대 동서신의학병원, 오색그린야드호텔과 함께 떠나 2박 3일간을 휴식하는 헬스조선 건강대학원 쉼을 홍보한다. 휴식과 명상 그리고 온천이 있는 프로그램이다. 오색의 탄산온천, 화병과 스트레스 클리닉을 통한 명상과 상담, 삼림욕과 최고명산인 설악산에서 기(氣)등산, 한방음악치료 및 웃음치료, 20년 후의 건강한 자신의 모습을 설계하는 120세 헬스테크 전략, 넉넉하게 건강을 지키며 노화를 지연시키는 섭생강의 등이 스트레스테라피의 주요 프로그램이다.

** 국내 유명 레스토랑

2009년 7월 16일부터 18일까지 2박 3일 동안 강원도 양양 오색그린야드호텔에서 진행된다. 참가비는 75만 원이며 40명이 모집인원이다. 1인 1실 25평 객실이 제공된다. 오색그린야드호텔은 국내 최대 규모의 탄산온천으로 노천온천, 알칼리온천탕, 인진쑥탕, 폭포냉탕, 자갈보행조, 송(松)불가마를 갖추고 있다. 쉼이 필요한 소중한 분에게 선물할 것을 권고하고 있다.

참·고·문·헌

김남희, 김남희가 반한 유럽의 걷고 싶은 길, 미래인, 2008.

삼성출판사, 대한민국 웬만한 곳 다 있다. 2009.

손봉기, 유럽에서 빼먹지 말아야 할 52가지, 성하출판, 2008.

심태열 · 최대윤, 2008.

오마에겐이치, 내 생애 최고의 여행, 에디터, 2008.

최대윤 · 심태열, 세계일주 바이블, 중앙books, 2008.

홍기명, 혀끝에서 맴도는 여행의 기억 여행Ing, 팝콘북스, 2007.

문화일보, 2008.7.25, 19면.

시티신문, 2009.1.15, 8면.

시티신문, 2009.2.2, 11면.

세계여행신문, 2008.4.28, 55면.

세계여행신문, 2008.7.7, 16면.

세계여행신문, 2008.7.14, 16면.

세계여행신문, 2008.11.24,17면.

세계여행신문, 2008.12.1, 36면.

세계여행신문, 2008.12.15, 11면.

세계여행신문, 2009.1.26, 19면.

세계여행신문, 2009.7.6, 10면.

세계여행신문, 2009.8.3, 16면.

여행미디어, 2008.12.22, 21면.

여행미디어, 2009.1.5,6면, 10면.

여행미디어, 2009.1.12, 19면.

여행정보신문, 2008.9.5, 1면.

조선일보, 2008.4.1, A20면.

조선일보, 2008.5.15, D9-11면.

조선일보, 2008.5.8,A18면, A22면.

조선일보, 2008.7.5, A12면.

조선일보, 2008.7.21, A2면.

조선일보, 2008.10.2, A18면.

조선일보, 2009.2.25, B1면.

조선일보, 2009.4.25, A10면.

조선일보, 2009.6.24, B3면.

중앙일보, 2005.2.25, 2면.

월간 호텔&레스토랑, August 2008.

CityEconomy, 2009.4.27.

Hotel & Restaurant, February 2009.

www.8811.or.kr

www.agentour.kr

www.appi.co.kr

www.bisantour.co.kr
www.bpf.or.kr
www.celebritycruise.co.kr
www.cjworldis.com
www.clubcity.kr
www.clubmed.co.kr
www.clubthomas.co.kr
www.dbsferry.com
www.ddtour.com
www.dmztourkorea.com
www.dongbutour.com
www.eastershow.com.au
www.expressair.co.kr
www.flower.or.kr
www.flylucky.co.kr
www.gaecheonart.com
www.gogooreo.co.kr
www.gunpofest.org
www.hanatour.com
www.hifestival.or.kr
www.hyundaidreamtour.com
www.jautour.com
www.kalpak.co.kr
www.kaltour.com
www.kata.or.kr
www.keisei.co.jp
www.krt.co.kr
www.ktourist.com
www.ktxtour.co.kr
www.landjapan.co.kr
www.lottejtb.com
www.lottetour.com
www.mountaintour.co.kr
www.mudfestival.or.kr
www.naeitour.co.kr
www.onlinetour.co.kr
www.redcap.com
www.rvtour.kr
www.seafestival.co.kr
www.speciatours.co.kr
www.seoulya.com
www.skylandtour.com
www.soltour.co.kr
www.tajtour.co.kr
www.templestay.com
www.tokyometro.jp
www.tour2000.co.kr
www.tourmania21.com
www.tuyrkeypa.com
www.verygoodtour.com
www.yudeung.com

Ⅳ

관광분야 기업마케팅

세상은
광고라는 공기다
온통 지배하는 곳이다.

가치를 부각하고
효용의 극대를 인식케 하는 마케팅은
진정한 선(善)이다.

IV

관광분야 기업마케팅

01 고객 글을 통한 마케팅

레드캡투어에서는 고객무한감동으로 08년 겨울 동/서유럽을 다녀오신 고객님께서 올려주신 글을 소개함으로써 신뢰성을 높이고자 하고 있다.

- 최00 : 지역, 지역마다 풍부한 지식에 감동받았습니다.
- 정00 : 여러 여행사로 다녔지만, 레드캡에서 제일 편안함을 느꼈습니다.

02 자사 시스템 광고

온라인투어에서는 세계최고! 3배 더 빠르고 3배 더 편리한 초광속 차세대 항공예약시스템 오픈을 공지한다. 초광속 호텔 예약 시스템도 곧 오픈함을 알린다. 특징으로 다음과 같은 사항을 공지한다.

- 조합형 항공좌석 검색(타 항공 예약시스템에 없는 좌석도 조회 예약 가능)
- 한번에 3개 항공권 출/귀국 동시 조회 예약
- 결재와 동시에 항공권 자동발권
- 예약, 결재, 발권, 배송 1분에 OK! 3단계 초광속 시스템
- 인공지능형 고객정보 자동 기억, 보관, 입력 CRM 기능(여권, 체류지정보/증빙서류를 기억하고 보관할 필요가 없음)

온라인전문여행사로 새로운 시스템을 공지한다. 첨단시대 첨단여행/대한민국 1등 여행벤처로 홍보한다.

03 보너스 대축제 특전

현대드림투어에서는 2009년 기축년 새해맞이 3대 보너스 대축제를 홍보한다. 예약기간은 2009년 1월 5일부터 1월 23일까지이다. 출발기간은 1월 12일부터 2월 15일까지이다. 내용은 다음과 같다.

- 소띠 고객에게 한우세트를 증정한다. 이벤트 기간 중 해외여행 상품을 출발하는 소띠고객(37년, 49년, 61년, 73년, 85년생)에게 한우 세트 2kg을 증정한다. 선착순 50명에 한정하며 여권증빙을 해야 한다.
- 해외여행 4인 이상 출발시 가족여행 고객께 5% 할인혜택을 준다.
- 현대드림투어 홈페이지(로그 인 후) 예약 및 결제 고객 100명을 추첨하여 더블 적립금을 제공한다.

단, 해외연합상품, 자유/항공/특가 상품, 국내숙박 및 해외호텔, 인센티브 행사, 어린이/유아 중복할인은 제외된다는 점을 공지하고 있다.

04 지상비 100% 후불제

2009 이메스 유럽에서는 지상비 100% 후불제로 홍보한다. 적용기간은 2009년 1월부터 3월 말까지이며 수배단체에 한한다. 유럽 FIT 전문랜드로 여행업계의 어려운 현실에서 여행사와의 계약 및 유치활성화를 위한 차원에서 지상비를 후불로 받고자 하는 취지로 보인다.

1997년 IMF 상황에서 유럽랜드사들이 여행사로부터 지상비를 받지 못해 현지에서 지불하지 못함으로 인해 신뢰도가 떨어진 전례가 있었던 점을 감안하면 다소 우려가 되는 차원에서의 결정으로 사료된다.

미래 신성장동력 고부가 서비스산업

정부가 2009년 1월 발표한 신성장동력 추진전략은 5~10년 후 한국을 먹여 살릴 만한 미래 견인산업에 대한 비전을 밝힌 것이다. 정부와 민간의 대대적 투자를 통해 미래 성장산업을 만들어가면서 일자리도 획기적으로 늘리겠다는 구상이 담겨 있다. – 이하 중략–

정부의 신성장동력 분야 투자계획을 보면 2009년 정부 투자액 1조 3000억, 2009~2013년 총 투자액이 97조 8000억 등으로 나타났다. 주요 분야로 녹색기술산업, 첨단융합산업, 고부가 서비스산업이 포함된다. 신성장동력은 17개이다. 고부가 서비스산업에는 글로벌 헬스케어, 글로벌 교육서비스, 녹색금융, 콘텐츠·소프트웨어, 컨벤션·관광이 신성장동력이다. 글로벌 헬스케어의 주요내용은 의료관광이다. 컨벤션·관광의 주요내용은 국제행사 유치이다.

헬스케어는 세계 의료관광이 2012년 1000억 달러로 성장할 것으로 예측하고 있는 가운데 국내 의료산업의 경쟁력이 세계적으로 인정받고 있다는 점에서 선택되었다. 2007년 현재 1만 5000명의 외국인 환자 유치 수를 2013년 12만 명, 2018년 30만 명으로 늘린다는 계획으로 알려졌다.

MICE(meeting 기업회의·incentive 포상관광·convention 컨벤션·events 국제행사)·관광은 당초 안에는 없다가 마지막 단계에서 청와대 산하 국가과학기술위원회와 미래기획위원회가 고용과 부가가치 증대효과가 높다는 이유로 추가되었다.

출처 : 조선일보, 2009.1.14, A4.

05 여행사 및 랜드사 소개

1) 참좋은 여행 모토

코스닥 상장기업인 참좋은 레저(주)에서는 다양함, 편리함, 즐거움을 모토로 하고 있다.

- 다양함이란 경제적인 패키지여행 프로그램, 내 맘대로 개성만점 자유여행, 실속만점 최저가 할인 항공권, 목적에 맞는 호텔/리조트/민박예약

- 편리함이란 자판기보다 쉬운 온라인 항공예약 시스템, 단 한가지만 이용해도 공항서비스까지 제공
- 즐거움이란 고객불만 제로(2008년 고객불만율 1% 수준), 여행의 절반은 가이드 몫으로 가이드를 사정 배정 등의 내용이다.

2) Lotte JTB 여성전용클럽

롯데제이티비 여성전용클럽 샤 · 롯 · 데 신규회원으로 가입하면 경품이 제공됨을 공지한다. 2009년 2월 16일부터 3월 31일까지이다. 이벤트 대상은 이벤트 기간 내 샤롯데(CHARLOTTE) 신규 회원 가입자이다. 1등으로 태국 푸켓 해외여행상품권(2매) 1명, 2등 롯데호텔 소공숙박권(1박) 1명, 3등 롯데월드 자유이용권(2매) 5명 등이 제공된다.

회원의 특전을 보면 다음과 같다. 할인특전으로 20만 원 여행쿠폰이 증정된다. 특별사은품으로 롯데계열사 특별 사은품(롯데시네마 영화관람권 6매+엔제리너스 커피교환권 2매 또는 롯데월드 자유이용권 2매+엔젤리너스 커피교환권 2매)이 증정된다. 연간 1천만 원 이상 결제고객에게는 제주도 왕복무료 항공권 2매가 증정된다. 롯데계열사 제휴특전으로 롯데면세점 이용시 할인특전(5~15%), 추가서비스로 롯데멤버스 포인트 적립(0.5%)/브로셔 및 특가상품 SMS 서비스/해외여행시 기념일(결혼, 생일) 과일바구니 서비스이다. 샤롯데회원은 연회비 5만 원이다.

샤롯데 추천상품을 보면 제주도 롯데호텔 에어카텔 3일(379,000원부터), 실속 세부/아구스리조트 4일(449,000원부터), 괌 PIC리조트 GOLD 5일(799,000원부터), 뉴칼레도니아 누바다파크 6일(1,249,000원부터), 럭셔리 싱가폴/빈탄 빈얀트리 리조트 5일(1,490,000원부터), Aloha 하와이제도 일주 크루즈 9일(3,590,000원부터) 상품이 있다.

3) 에델바이스투어

13년 전통의 믿을 수 있는 랜드로 소개한다. EK연합 공식 주관랜드이다. EK항공 탑승시의 혜택으로 마일리지 적립과 대한항공으로 제주도 왕복 티켓 사용 가능도 공지한다. 기내 개인 모니터 사용 및 한국인 승무원 탑승도 공지한다. 다음과 같은 특별 사항을 공지한다.

- 깔끔한 행사 : 전 유럽(서유럽, 동유럽, 북유럽) 및 지중해, 스포모, 러시아, 중동 및 성지순례 행사
- 신속한 견적 : 전 지역 일반 인센티브 및 공무원단체, 박람회, 학회, 기관 공식방문 견적 문의 환영
- EK 연합 PKG 성지순례 : 두바이+이이요(출애굽) 10일, 매주 월요일 출발 가능. 상품가는 279만 원이며 수수료 15만 원이 지급된다.
- EK 연합 PKG 중동3개국 : 시리아, 요르단, 두바이 3개국 9일, 격주 화요일 출발 가능. 상품가는 339만 원이며 수수료가 30만 원이다.

4) 인디아투어

인디아투어는 인도, 네팔, 스리랑카 전문랜드이다. 정통 팩키지 및 요가투어, 학술 · 건축 · 의료투어, 고급 인센티브투어, 아유르베다 투어, 불교성지순례 투어 등을 취급함을 공지한다. (주)인디아투어는 아시아나 인도 공식 연합주관사, 서울대학교 출신 한국말 전속 가이드가 상시 대기해 있음을 공지한다. 대한항공 공식 인도 연합주관사임도 아울러 공지하고 있다.

5) 투어클럽 유로코

유럽전시회, 공무원/기업연수, 북유럽, 동유럽, 러시아, 지중해/두바이, 성지순례를 취급함을 공지한다.

여행관련 전문 채용포털 OPEN! 투어잡코리아

어려울수록 사람이 중요하며 위기극복을 위해 1인 2역, 3역을 할 수 있는 고생산성의 인재 확보를 권하고 있다. 투어잡코리아가 함께 찾아드린다고 광고한다. 연간 기업회원(VIP)를 파격가인 서비스와 특별할인가로 모신다고 공지한다. 이제부터 여행관련 구인구직은 투어잡코리아라고 홍보한다. 여행관련 전문 채용 포털인 투어잡코리아에서는 여행사, 호텔, 항공사, 랜드사, 골프장, 면세점 등으로 연결해 주고 있다.

투어잡코리아 서비스를 보면 기업회원 서비스와 개인회원 서비스로 구분된다.

- 기업회원 서비스
  : 회원가입은 무료이다. 온라인상으로 인재검색도 가능하며 특히 인재서칭을 요청할 경우 현재 보유하고 있는 인재DB(온, 오프라인상 약, 2000명)에서 선별하여 적합한 인재를 추천해 주고 있다. 헤드헌팅 서비스이다.
- 개인회원 서비스
  : 회원가입/채용공고 검색 무료이다. 온라인상으로 이력서를 등록하면 적합한 기업 채용포지션에 대한 정보를 제공해 주고 있다. 헤드헌팅 서비스이다. 만약 온라인상 이력서 등록을 원치 않을 경우, 이메일로 이력서를 보내면 오프라인 상으로 기업추천서비스를 제공하고 있음을 공지한다.

자료 : www.tourjobkorea.com

6) SHRS

전 세계 52개국 해외호텔 할인예약 서비스를 대행한다. 경쟁력있는 가격으로 18년 전통의 노하우를 지닌 업체이다.

** 오사카 토큐인 호텔

7) 중남미 전문랜드사 라틴코리아

라틴코리아에서는 중남미지역만 전문으로 하는 랜드사임을 알린다. SA연합 중남미&아프리카 5개국 10일, 지구의 중시 적도에서 최남단 희망봉까지 6개국 19일 상품을 공지한다. 2002년 6월 LA항공 중남미 연합 공식 주관사, 2003년 4월 중남미 최우수 랜드사 선정(엘리트상), 2004년 5월 PG 항공사 선정 중남미 최우수 랜드사, 2005년 10월 AC항공 중남미 연합 공식 주관사, 2005년 12월 RG항공 중남미 연합 공식 주관사, 2006년 4월 UA항공 중미 연합 공식 주관사, 2006년 4월 MX항공 중미 연합 공식 주관사, 2007년 3월 SA항공 중남미 &아프리카 공식 주관사임을 홍보한다.

8) 땡처리 닷컴

072.com은 국내 최초 땡처리 여행전문 사이트이다. 판매하기 어려운 항공좌석, 호텔 등을 홍보하여 판매대행해 주고 있음을 홍보한다. 차별화된 서비스로는 공급된 항공좌석 호텔 판매 소진 대행, 미수 없는 깔금한 거래, 홍보대행을 공지한다.

9) 전문랜드 FIT

(주)에프아이티 클럽은 뉴칼레도니아, 몰디브, 모리셔스 전문업체이다. 뉴칼레도니아가 더욱 가까워졌음과 전문랜드 FIT클럽이 여행사의 고객을 책임질 것을 홍보한다. 뉴칼레도니아 최대 여행그룹 알캉씨엘(Arc en Ciel Voyage)의 한국 G.S.A업체임과 SB(Aircalin)항공좌석 확보, 현지 한국인 코디네이터 상주를 알린다. 그리고 원하는 업체에는 뉴칼레도니아 브로셔를 발송함을 알린다.

10) 두바이 직영랜드

두바이, 아부다비, 카타르, 오만을 현지수배하는 아랍에미리트 전문랜드 유에이이투어/유원투어에서는 두바이 직영랜드로 공지한다. 호텔, 게스트하우스, 전시회, 관광 및 FIT, 스탑오버, 공무원, 학계단체를 담당하고 있음을 광고한다.

11) 원월드

(1) 수배지역

원유로에서는 원월드로 전 세계 랜드 구축을 홍보한다. 원투어는 전 세계 · 개인단체 · 항공권 · 홀세일 전문/(주)원유로는 유럽 · 지중해 · 러시아 · 타쉬켄트 · 아프리카/원아시아는 베트남 · 캄보디아 · 미얀마 · 라오스 · 인도네시아 · 발리 · 홍콩 · 대만 · 중국 · 태국 · 필리핀 · 싱가폴 · 말레이시아 · 몽골 · 인도 · 네팔/원퍼시픽은 호주 · 뉴질랜드 · 피지 · 괌 · 사이판 · 뉴캘리도니아/원 재팬은 전 일본지역 · 팬스타 · 부관훼리 · 뉴카멜리아/원 미주는 미국 · 캐나다 · 중남미 · 하와이 · 알래스카 지역을 담당한다. 그리고 SILJA LINE GSA, DFDS Seaways GSA, HURTIGRUTEN Crulse GSA, Europcar Rent GSA, 1 ONE HOTEL CENTER을 운영한다.

** 대만 중정기념관

(2) 전 세계 전문랜드

원월드(One World)는 원유로, 원아시아, 원 미주, 원 재팬, 원 퍼시픽, 원투어를 운영함으로써 전 세계 전문랜드로 공지하고 있다. 참고로 원투어는 개인단체, 항공권, 홀세일 전문업체이다.

(주)원유로에서는 특히 유레일패스, 유로스타, 떼제베 등 유럽철도승차권을 판매한다. 그리고 헬실키와 스톡홀름, 투르크와 스톡홀름, 헬싱키와 탈린 간 운항하는 실자라인(Silja line)한국총판대리점이다. 현지 요금보다 훨씬 저렴하며 추가로 15% 수수료를 지불한다. 또한 DFDS SEAWAYS 디에프디에스 한국총판대리점으로 오슬로와 코펜하겐 간을 판매한다. 현지요금보다 저렴하며 추가로 수수료가 여행사에 지급된다.

12) 항공권 홀세일 및 전세계 홀세일 전문랜드

** 동경 디즈니랜드

여행사만을 위한 홀세일항공 및 전 세계 전문랜드를 표방하는 B2B 여행사 클럽리치는 위임 여행사의 이름으로 센딩서비스도 실시하고 있다. 인천공항과 김포공항에서 해외상품과 국내상품 모두를 센딩하고 있다. 눈에 띄는 것은 전 세계 수배를 여행사를 상대로 한다는 점이다. 일본/싱가폴, 베트남, 캄보디아/발리/미주, 캐나다, 하와이/호주, 뉴질랜드, 피지/일본호텔/ 중국수배/태국, 사무이, 필리핀/중남미, 아프리카/유럽, 러시아, 지중해/두바이, 중동, 성지순례/ 제주도, 내륙여행 지역으로 광범위한 수배를 진행하고 있다. 특히 월 170억의 막강한 항공 파워를 기반으로 신속 정확한 현지 수배능력을 공지하고 있다.

13) 세계투어

세계여행은 세계투어로 통합을 공지한다. 새로운 여행의 시작, 고객과 가까운 곳에 세계투어가 있음을 홍보한다. PCO 전문지정여행사로 2002 부산 아시아 경기대회 숙박 사업단, 2002 FIFA 한일 월드컵 수송/관광 사업단, 2003 대구 하계유니버시아드 대회 숙박 사업단, 2005년 APEC 정상회의 숙박 사업단, 2007 FIFA 세계 청소년 월드컵 공식 여행사, 2009 인천 세계도시축전 공식지정여행사 등으로 홍보한다.

국내 숙박 여행 시장 1위를 홍보하며 품질 인증기업으로 업계 최초 이조비즈 인증기업, 2008 대한민국 혁신경영(여행부문) 대상, 대한민국 신성장동력 우수기업(관광사업부문)으로 홍보한다. KLPGA 윤수정, 윤슬아, 김보미, 함영애 프로 후원사도 공지한다. 전국 180개의 여행사가 협력하고 있음을 알리고 있다. 센터파트너사를 지역별(도별)로 정하고 계약 파트너사를 지역별로 여러 곳을 선정하여 협력하고 있다.

14) 한국교직원공제회 서울교육문화회관여행사

학교단체, 학교 연수, 친목모임 등 다양한 맞춤형 전문서비스를 제공함을 공지한다. 거품을 뺀 최적의 가격으로 최상의 서비스를 통한 최고의 맞춤여행을 제공하고 있음을 알린다.

특히 고객의 요청 시 직접 찾아가 여행상품의 기획부터 정산까지 담당제로 운영하고 있는 맞춤형 전문가 제도는 자사만의 특별한 서비스임을 공지한다.

Know-how가 확실한 인재로 구성되어 있는 여행 컨설턴트의 맞춤형 여행서비스를 원하는 회원을 위해서는 기꺼이 방문할 수 있음을 알리고 있다.

CEO 한마디는 중천금 실천한 BT&I 송경애 사장

'3년 일하면 1년 연봉 보너스' 여행업계 불황인데도 약속지켜 지난해 12월 20일 서울시 중구 무교동 어린이재단 빌딩 내 BT&I 사무실. 이 회사 송경애 사장이 직원들에게 각자의 1년 연봉에 해당하는 보너스가 담긴 통장을 전달할 때마다 박수가 터져 나왔다. 통장을 받은 34명의 직원들은 "정말 보너스를 받게 될 줄은 몰랐다"며 함박웃음을 지었다.

송 사장이 직원들에게 거액의 보너스를 지급한 것은 4년 전에 한 '약속' 때문이다. 당시 그는 "앞으로 3년간 더 일하는 직원에게는 3년째 되는 해 연말에 1년치 연봉에 해당하는 보너스를 지급하겠다"며 '3+1 복지제도'를 공약했다.

"사장을 해보니까 많은 직원들이 재직증명서를 떼어 달라고 오더라고요. 이유는 은행에서 대출을 받기 위한 거였어요. 그때 '직원들에게도 목돈을 마련해 줘야겠다'는 생각이 들었어요."

유난히 이직과 전직이 많은 여행업계 특성도 고려했다. 송사장은 "우수 인재를 장기간 확보해야 업무 능력과 서비스 수준을 높일 수 있다"며 "금전적으로 부담이 되지만 장기적으로는 회사의 이익과 직원의 복지라는 두 마리 토끼를 잡을 수 있다고 판단했다"고 말했다.

그는 2006년부터 이익금의 일부를 보너스 용도로 모으기 시작했다. 올해 하반기에 엄습한 경제불황이 큰 징애물이었다. 금융위기발 경제불황으로 인해 기업체들의 출장을 비롯한 여행수요가 대폭 줄었기 때문이다. 오히려 해당 직원들이 "지금은 어려운 시기이니 보너스 지급을 다음으로 미루자"는 의견을 회사에 냈을 정도였다.

그러나 송 사장은 요지부동이었다. "아무리 경기가 어렵다고 해도 직원들이 나와 회사를 믿고 지금껏 함께해줘서 BT&I가 이 자리까지 왔다고 생각해요. 직원들과의 약속을 지키는 게 CEO의 당연한 책무 아닌가요? 직원들이 힘을 내면 지금의 위기도 충분히 극복할 수 있다고 봅니다." – 중략 –

BT&I는 1987년 설립된 국내 유수의 기업체 전문여행사로 휴렛패커드, 듀폰코리아, 한국화이자, BAT코리아, BMW코리아, 삼양사, 만도 같은 300개가 넘는 다국적 기업과 국내기업을 고객으로 두고 있다.

재작년에는 포털회사 '다음'이 보유하고 있던 인터넷 전문여행사 투어익스프레스를 인수해 종합여행사로의 도약을 꾀하고 있다. 작년 11월까지 1800억 원의 항공권 매출을 올려 국내 1만여 개 여행사 중 5위에 올라 있다.

출처 : 조선일보, 2009.1.2, A16면.

06 크루즈 업체

1) 스타크루즈

아시아 유일한 5성급 크루즈로 홍보한다. 동남아 유일한 럭셔리 크루즈, 상위 1%만이 느낄 수 있는 서비스, 세계3대 크루즈, 허니문과 패밀리를 위한 다양한 부대시설, 싱가포르 하버프론트 센터 출발을 공지한다. Star Cruises의 한국총판대리점으로 귀빈여행사, 롯데관광, 모두투어, 세중투어몰, 싼타크루즈, i아이크루즈, 하나투어가 참여한다.

2) 싼타크루즈

대한민국 송객 1위를 공지한다. 크루즈 여행 명가를 홍보하며 전 상품 출발확정과 크루즈 전문인솔자 동행을 공지한다. 매일 오후 3시 크루즈여행 설명회를 공지한다. 환상의 서부 지중해 크루즈는 발코니 디럭스 캐빈 499만 원으로 밀라노/제노아–나폴리–팔레르모–튀니스–팔마(스페인)–바르셀로나–마르세유–제노아/밀라노 일정이다.

MSC 판타지아호(133,500톤)을 이용하게 된다. 승객수 3,960명, 승무원 1,330명으로 STX가 건조한 초대형 최신 선박으로 2008년 취항을 시작하였다. MSC판타지호의 특징은 2009 G8 정상회의 공식 지정 크루즈, 지중해의 새로운 스타로 평가, 정통 이탈리안 스타일의 크루즈, 최신 기술의 친환경 및 에너지 절약형 ECHO SHIP, 선상에서 즐기는 휴가의 새로운 패러다임 창출 등이다.

벤쿠버 출항 빙하특급 알래스카 크루즈는 벤쿠버 출항하는 90,090톤의 로얄 케리비안 세레나데호 9일(발코니 캐빈 389–459만 원) 상품은 벤쿠버–해상–아이시 스트레이트포인트–트레이시암(피요르드)–스케그웨이–주노–해상-벤쿠버 일정으로 대한항공을 이용한다.

시애틀을 출항하는 91,000톤의 셀러브리티 인피니티호 9일(미니스위트 캐빈 479만원)상품은 시애틀-인사이드패시지-케치칸-허브드빙하-주노-해상-빅토리아B.C-시애틀 일정이며 대한항공을 이용한다.

또한 한중일 크루즈 53,000톤의 코스타 클래시카호 7일(인사이드 139만원/오션뷰 159만 원)상품은 상해-나가사키-후쿠오카-제주-상해일정으로 대한항공을 이용한다. 승객수는 1,680명, 승무원 610명이 승선한다. 상기 상품들의 출발은 2009년 7~9월 중이다.

3) 코스타 아틀란타호

롯데관광에서는 한국표준협회 선정 2009 한국서비스대상 9년 연속수상을 홍보하면서 LT 크루즈 홀리데이 전문판매점 개설문의 광고를 하고 있다. 매주 수요일 오후 2시 크루즈설명회가 있음을 공지한다. 유럽여행요금으로 초호화 크루즈 승선이 가능함을 홍보한다. 여행사에게는 단 3회 더블 커미션으로 18% 제공을 공지한다.

코스타 아틀란타호는 총톤수 86,000톤, 길이 292m, 전폭 32m, 운항속도 22노트, 승무원 920명, 승객수 2,114명을 공지한다. 관련상품으로는 러시아/북유럽 5개국 코스타 아틀란티카호 10일(4,590,000원부터) 상품은 SAS항공을 이용하며 코펜하겐-탈린-상트페테르부르크-헬싱키-스톡홀름-코펜하겐 코스이다. 북유럽 완전일주 코스타 루미노사호 15일(7,490,000원부터) 상품은 AIR FRANCE를 이용하며 암스테르담-오슬로-코펜하겐-스톡홀름-헬싱키-샹트페테르부르크-탈린-보른홀름-암스테르담 코스이다. 출발은 2009년 7~8월 기준이다.

07 리조트

1) Club Med

'가족여행, 상상보다는 기회를 잡을 때 더 행복해집니다!' 라고 공지한다. 우리가족 겨울방학 스마트 패키지로 발리(125만 원부터), 체러팅 비치(135만 원부터), 푸켓/빈탄 아일랜드(129만 원부터)이 있다.

2009년 1~2월은 지정일 출발하며 3박 5일 패키지임을 공지한다. 모든 것이 포함된 클럽메드 여행은 프리미엄 올 인클루시브 패키지임을 알린다. 왕복항공권, 공항세, 공항마중서비스, 객실, 하루 3번 제공되는 뷔페식, 오픈바 서비스(음료와 스낵 무제한), 다채로운 나이트 엔터테인먼트, 80여 가지 레저 액티비티(강습, 장비대여 포함), 한국인 G.O의 친절한 서비스, 베이비 웰컴 서비스, 미니클럽(2~11세), 주니어클럽(11~17세) 등 모든 것이 포함되어 있음을 알린다.

2) 에버랜드리조트

'낮에는 캐리비안 베이, 밤에는 에버랜드 아쉬운 여름을 에버랜드 리조트와 함께!' 라는 광고문으로 홍보하고 있다. T Express이용객 100만 명 돌파기념 경품대잔치를 2008년 8월 25일부터 9월 28일까지 펼치고 있다. 해외 우든코스터 일본 체험 여행패키지를 제공하며 퀴즈를 풀면 100만 개 경품을 제공한다.

밤이 더욱 아름다운 에버랜드 야간 개장으로 풍성해진 불꽃과 특별한 내용으로 재구성된 고별공연인 아듀 올림푸스 판타지와 맛, 꽃, 음악 그리고 낭만이 어우러진 홀랜드 빌리지 그리고 오색찬란한 빛으로 엮는 환상적인 문라이트 퍼레이트가 펼쳐진다.

다양한 혜택이 있는 Last Summer Party로 대학생을 위한 Campus

** 오크밸리 리조트

Party는 애버랜드 약 30% 우대, 캐러비안 베이 약 30% 우대 등의 혜택이 주어진다. 직장여성들을 위한 Office Lady Party는 캐리비안 베이 약 25% 우대, 여행용 화장품 세트 증정 등의 혜택이 주어진다.

'에버랜드 리조트에서는 즐길 준비가 되셨나요? 누릴 수 있는 모든 행복, 마음대로 당기세요' 라고 광고한다. 낮에는 꽃이 활짝, 밤에는 빛이 만발 에버랜드 플라워 카니발이 2009년 3월 27일부터 6월 7일까지 열린다. 세계적 수준의 초대형 멀티미디어쇼인 드림 오브 라시언이 4월 3일 그랜드오픈한다. 세상 가득 향기로운 튤립의 향연 포시즌스 가든과 세계 최대 낙하각도의 짜릿한 우든코스터 Express 1주년을 홍보한다.

3) 클럽이에스 통영리조트

클럽이에스 통영리조트 오픈을 홍보한다. 한려수도, 가장 아름다운 바닷가, 로맨틱한 휴양마을을 알린다. 아름다운 남쪽바다 한려수도, 로맨틱한 휴양마을 그곳에서 삶의 빛깔이 같은 사람들과 여유로운 날들을 보낼 것을 권유한다.

자연과 삶의 조화, 바다 · 섬 · 숲의 여유로 CLUB E · S 만의 독특함을 제시함을 공지한다. 침실 깊이 바다가 들어오는 속, 해돋이와 노을을 한 곳에서 볼 수 있는 곳, 문화와 예술의 고장 통영을 알린다. 통영리조트, 충주호리조트, 네팔리조트를 같이 홍보한다.

08 스키장

1) 지산포레스트리조트

진정한 스키마니아들이 사랑에 빠지는 곳, 서울에서 불과 40여 분인 지산포레스트리조트 OPEN! 2008년 11월 20일 오픈하였다. '가까워서 신나는 지산포레스트리조트-매일매일 여유롭게 즐겨라! 짜릿해서 빠지는 지산포레스트리조트-순간순간 자유롭게 누벼라!' 라고 홍보한다. 무료셔틀버스를 운행한다. 강남선(주/야간), 강북, 잠실, 목동, 상계, 분당, 수지/죽전, 과천/안양선, 수원, 산본, 일산, 인천선을 운행한다.

해피카드를 운영한다. 가입비는 5만 원이다. 무료 리프트권 1매 증정(당일기준)하고 시즌 동안 리프트 강습을 할인한다. 더욱 새로워진 내용으로 스키/보드 보관소 환경을 개선하였다. 신규 렌탈장비를 다량 입고하였다. 4번, 5번 슬로프를 통합한 점을 공지한다. 시즌행사/다양한 혜택으로는 08/09 시즌 특별한 날 할인 이벤트를 시행한다. 캠퍼스 커플(커플 중 1인은 리프트를 50% 할인) 혜택, 트윈스데이(동반 1인 리프트 50%를 할인) 행사, 넥스트우먼(리프트 50% 할인)이 있다. 그리고 지산키트파크 어린이 스키과학교실이 운영된다.

** 양지리조트 스키코스

2) 곤지암리조트

40분만에 만나는 아주 특별한 생활로 곤지암리조트를 광고하고 있다. '바로 옆에, 당신만을 위한 특별한 여유가 준비되어 있습니다' 라고 홍보한다. 2008년 12월 19일, LG가 만든 곤지암리조트 오픈을 알린다. 여유로운 슬로프 정원제, 리프트 대기시간 최대 15분, 개인별 맞춤 프로그램을 제공하는 데스티네이션 스파, 이끼와 반딧불이를 감상할 수 있는 이끼수목원, 최상의 환경에서 와인을 즐기는 동굴 와인셀러를 강조한다.

이끼수목원은 그림처럼 펼쳐진 국내 최초임을 공지한다. 데스티네이션 스파는 캘리포니아 스타일의 최고급 체류형 스파이다. 스키장은 첨단시스템으로 쾌적하게 즐길 수 있는 수도권 최대 규모의 스키장이다. 최고의 품격을 담은 휴식공간으로 부티크 호텔형 객실임을 홍보한다. 신한카드 우대안내 사항을 보면 리프트와 렌탈 10% 우대, 올나이트 리프트권종 20% 우대, 리프트권 온라인 예약 시 10% 추가우대, 최대 5일 우대혜택임과 1일 2회(주간대, 야간/심야대 각 1회) 적용된다.

3) 하이원스키

하늘에서 즐겨라 하이원스키

높은 곳에만 올라서면 스키의 아찔한 코스를 상상하는 당신

당신이 만족할 만한 스키의 재미를 드릴 곳은 대한민국에서 딱 한 곳 뿐!

최정상 1,367m, 표고차 680m의 아찔한 코스를 가진 하이원에서

1년 내내 기다렸던 높고 짜릿한 스키의 재미를 마음껏 즐기세요!

하이원스키의 신문광고문구이다. 30분 더 빨라진 하이원 가는 길을 홍보한다. 38국도 일부구간 개통으로 가까워졌음을 알린다. 동서울터미널 기준 2시간 50분 소요됨을 공지한다. 하이원 2012년 FIS Congress(국제스키연맹총회) 개최지 선정도 홍보하고 있다. 국내 최초 스키열차가 서울-하이원 매일 운행, 회전식 레스토랑 Top of the Top 1,345m전망에서 360도 회전, 월드컵 공인 슬로프 3면 포함 총 18면의 국제적 규모의 슬로프 보유를 홍보한다.

09 모집 마케팅

1) 내일여행 비즈니스 파트너

3년 연속 개별여행 브랜드 1위인 금까기(개별자유여행) 계열사인 내일여행에서는 비즈니스 파트너를 모집한다. 개별여행 노하우를 여행사와 공유함을 공지한다. 제휴대상은 전국 모든 여행사이며 문의와 상담은 B2B 사업팀에서 담당한다. 제휴내용은 다음과 같다.

1. 내일로 가는 배낭여행
2. 개별 자유여행 금까기
3. B2B 전용 호텔예약 시스템
4. 한국총판 해외패스
5. 항공사 주관 에어텔

제휴지원 내용은 다음과 같다.

1. 온라인 판매 시스템 지원 : 여행사 사이트 환경을 고려한 커스터마이징, 홈페이지가 없는 경우는 탬플릿 제공, B2B 전용 관리자 시스템 제공
2. 개별여행 필수콘텐츠 : 설명회 및 오리엔테이션 자료, 배낭여행, 금까기 브로슈어, 지역별 가이드북 가출하기 시리즈
3. 전문가 컨설팅 : 여행사별 1:1 전문 인력 배정, 지속적인 방문 교육 등이다.

2) 클럽리치 여행 Planner 모집

여행사만을 위한 홀세일항공+전 세계 현지수배전문인 클럽리치여행에서는 여행플래너를 모집한다. B2B Travel Agency 클럽리치는 본사, 인천공항 지점, 김포공항 지점을 운영한다. 센딩서비스도 실시한다. 클럽리치의 특전을 보면 다음과 같다.

(1) 항공

월 180억의 발권을 통한 Group, FIT 최저요금을 제공한다.

(2) 각종 서비스

- 전담 비서 서비스 : 출장시나 고객방문시 개인 전담 비서가 도와준다.
- 전담 OP 서비스 : 12개 지역 전문랜드 OP가 전담 OP가 되어 준다.
- 전담 카운터 서비스 : 50여 명의 전문 카운터가 도와준다.
- 인천, 김포공항 사무실 서비스 : 공항 내 긴급생활 발생시 직원이 도와준다. 티켓 전달이 가능하다.
- 회의실 및 미팅룸 서비스 : 회의실 및 미팅룸을 층별로 모두 갖추고 있어 미팅을 원활하게 할 수 있다.

(3) 독자적 사무실

대한체육회관 빌딩 7층 전층을 독자적으로 쾌적하게 사용할 수 있다.

항공, 지상수배, 쾌적한 환경, 공항서비스(VIP 샌딩 서비스도 가능) 등 국내 최고 조건으로 2010년 zero COM에 대비할 것을 권유한다.

10 여행파트너/대리점 모집

롯데그룹여행사 LOTTE JTB에서는 롯데그룹과 함께 할 여행파트너를 모집한다. 롯데제이티비는 대한민국 최고의 유통그룹 롯데의 풍부한 관광인프라와 세계적 여행기업인 JTB의 글로벌 네트워크를 활용하여 꿈과 희망을 제공하는 여행, 관광전문회사임을 알리고 있다.

자격조건은 국외여행업 또는 일반여행업 법인회사, 여행업 유경험자, 여행업 경영자, 영업보증금 3,000만 원 또는 보증보험금 대체가능, 월 마케팅비

부담, 본사기준의 인테리어 설치이다. 신청서류 심사와 면접심사, 현장실사를 통해 개설이 결정되면 계약 및 인테리어공사 후에는 영업을 개시할 수 있다. 모집지역은 백화점, 마트, 로드샵으로 전국에 해당한다. 제출서류로 대리점 개설신청서, 사업계획서가 포함된다.

11 참좋은여행 지금지상업체 모집광고

코스닥상장기업인 참좋은여행은 삼천리 자전거 가족회사로 여행부문 지상서비스 공급업체를 모집한다는 광고를 하고 있다. 계약기간은 2009년 3월부터 2010년 3월까지로 1년 단위로 서비스품질 평가 후 계약갱신 여부가 결정됨도 공지한다. 전 세계 지역별로 품질경쟁력이 뛰어난 업체들의 많은 참여를 홍보한다.

12 칼투어(KAL투어) 크루즈

고품격 여행의 자존심인 칼투어가 전문으로 하는 프린세스 크루즈상품을 판매한다. 현재 350여 곳의 전국 판매 네트워크를 구축하여 서울/수도권을 비롯한 전국 각 지역 대리점 확충을 활발하게 진행하고 있음을 홍보한다.

중동의 기적 두바이 크루즈 9일(75,000톤 코스타 빅토리아호 운항), 미국 최고의 선사 & 최신의 선박 정통 지중해 5개국 크루즈 15일(113,000톤급 루비 프린세스호 운항), 미국 최고의 선사 & 최대의 선박 정통 러시아 북유럽 크루즈 13일(116,000톤급 에메랄드 프린세스호 운항), 거대한 빙하와 아름다운 자연 생태계 알래스카 인사이드 패시지 크루즈 9일(109,000톤급 골드 프린세스호 운항), 성지순례 크루즈 11일 상품을 운영한다.

13 세계 7대 자연명소 캠페인

신 7대 불가사의 재단이 진행하는 세계 7대 자연명소 캠페인은 전 세계 자연 풍광을 홍보하고 보존을 장려하는 데 목적을 두고 있다. 1단계에 참가한 총 441곳의 후보 가운데 40% 이상인 180곳이 다음 단계로 진출하지 못하고 탈락했으며, 2차 투표가 시작될 예정이다. 현재 222개 참가국이 2단계에서 경쟁할 수 있는 자격을 획득했으며, 후보지 중에는 그랜드 캐년, 네스호, 블랙 포레스트, 후지산, 아마존, 다뉴브강, 사해, 이과수폭포, 칼라하리 사막, 몽블랑산, 나이아가가 폭포와 같은 대표적인 자연명소들이 포함되어 있다.

2차 투표는 오는 7월 7일까지 계속되며 여기서 선정된 77곳의 후보를 대상으로 21곳이 최종공식 후보를 선별하게 된다. 신 7대 불가사의 재단 전문가 판정단이 맡아 2009년 7월 21일 발표한다. 이후 약 2년간 전 세계인이 참여하는 3차, 4차 투표를 거쳐 2011년에 공식적으로 세계 7대 자연명소가 발표될 예정이다.

** 스위스 · 이탈리아 국경 알프스 산맥 준봉 4478m인 마테호른

티아 비어링 신 7대 불가사의 재단 홍보책임자는 많은 후보지들이 이미 세계적으로 인지도가 상당히 상승하는 효과를 보고 있으며, 이 자체만으로도 신 7대 불가사의 캠페인에 참가한 명소들에게는 큰 혜택이라고 설명하였다. 한편 이 투표에는 최종 결과까지 10억 명 이상이 투표에 참가할 것으로 예측되고 있으며, 이는 2007년 종료된 인간이 만든 7대 불가사의 투표 당시 참가한 1억 명에 비해 10% 증가한 수치(여행미디어, 2009.1.19, 8면)라고 한다.

문관부, 관광산업 경쟁력 제고 방안 발표

2012년까지 관광경쟁력 세계 20위권 도약

문화체육관광부는 2008년 12월 12일 관광산업 경쟁력 제고 방안을 발표하였다. 국가경쟁력강화위원회 및 국무총리실, 기획재정부 등 15개 부처와 함께 마련한 이번 방안은 역사 · 문화 · 생태 · 예술자원을 활용한 여행 콘텐츠 확충, 친절 · 안전 · 쾌적한 한국 이미지 재창출, 인바운드 시장 맞춤형 마케팅 실시, 여행업계의 경쟁력 강화 등 한국 여행산업의 경쟁력 강화 등 한국 여행산업의 경쟁력을 근본적으로 강화하기 위한 과제들을 포함하고 있다.

정부는 이 같은 내용의 정책들이 차질 없이 추진될 경우 2012년까지 외래여행객 1000만 명, 부가가치 10조 원, 신규고용 39만 명을 창출해 현재 세계 31위에 머물고 있는 한국의관광경쟁력을 20위권으로 끌어올릴 것으로 기대하고 있다.

문화체육관광부는 경복궁의 건천궁 · 태원전, 창덕궁의 규장각, 창경궁의 관덕정 등을 개방하고, 하나의 입장권으로 5대 궁 모두를 방문할 수 있는 통합관람권을 판매하기로 하였다.

훼손된 자연 생태계를 보존 · 복원해 녹색 생태관광자원도 대폭 확충해, 인천의 수도권 쓰레기 매립지를 폐기물 · 바이오 · 자연력 에너지 · 환경문화공간 등 4가지 테마의 세계적인 생태관광명소로 조성한다.

이와 더불어 도심관광자원 및 공연관광 기반도 확충한다. 명동 · 인사동 · 삼청동 · 홍대 · 코엑스 등 거리를 관광특화거리로 조성하며 5개 관 규모의 복합 상설 공연장도 확보해 공연을 콘텐츠로 한 여행상품화를 추진키로 하였다.

또한 문화체육관광부는 의료관광과 전시컨벤션 분야에 대한 전략적 육성방안을 추진한다고 밝혔다. 이에 의료여행객에게 바자발급, 출입국절차, 병원예약과 안내, 여행 · 숙박 서비스 등을 패키지로 서비스하는 원스톱시스템을 구축할 계획으로 알려졌다.

한국을 찾는 여행객들에게 친절하고 편리한 안내 서비스를 제공하는 작업도 이어진다. 택시 예상요금 정보제공 등 대중교통 안내시스템 설치와 더불어, 터미널 인근에 대형 패션아울렛을 설립해 환승 여행객을 유도한다는 계획도 있다.

또 여행안내체계 개선 예산을 올해 90억에서 내년도 240억으로 대폭 증액해 다국어 여행안내지도 400만 매 배포, 전국 1만여 개 관광안내표지판의 다국적 표기 등을 추진한다.

관광안내전화(1330), 관광불편처리센터(735-0101), 다산콜센터(120) 등을 연계한 관광고객만족센터를 운영해 언어통역, 안전지원, 불편처리 등의 서비스를 제공한다. - 중략 -

맞춤형 마케팅을 일본, 중국 등 전략 시장별로 실시한다. 또한 정부의 다각적 지원이 지속되게 추진한다.

정부 또한 업계의 노력과 함께 관광호텔의 외화획득부분에 대한 부가세 영세율 장기 적용을 검토하고, 유원시설에 대한 임시투자세액 공제를 새롭게 추가하는 등 투자여건 개선노력을 추진한다는 방침으로 알려졌다.

문화체육관광부는 이러한 과제들이 신속한 시행과 부처 간 협조 확보를 위해 국무총리실에 한시적으로 여행산업 특별협의회를 설치, 역사 · 문화, 자연 · 생태, 융합관광, 관광인프라 등 4개분야의 추진상황을 점검하기로 한 것으로 전해졌다.

출처 : 여행미디어, 2008.12.22, 21면.

14 여행사 할인세일마케팅

여행매니아에서는 전 노선 TKT 찬스! 전 노선 7% FULL COM을 홍보한다. 날짜별로 금액이 상이할 수 있음과 단체진행시 항공요금 NEGO해 줌을 공지한다.

최고만족/대한항공 지중해 판매실적 최우수상품으로 노팁/노옵션 돌마궁/안탈랴+터키완전일주 9일(1,390,000원부터) 상품, BEST of BEST 터키일주+이집트/그리스 11일(2,190,000원부터/노팁 노옵션 2,590,000원부터) 상품, 가톨릭과 이슬람의 만남! 스페인/포르투칼/모로코 12/13일(1,690,000원부터) 상품이 있다. 상품별 여행사수수료는 10만 원이다. 2009년 2~3월 출발기준이다. 노팁 특급호텔이용, 추가요금 없음 노옵션 호주/뉴질랜드 남북섬 10일(230~259만 원) 상품은 2~3월 출발하며 30만 원 COM이 지급된다.

15 여행박람회

녹색관광으로 만나는 대한민국 2009 내나라 여행박람회가 2009년 2월 19일부터 22일까지 코엑스 대서양홀에서 열렸다. 주최는 문화체육관광부이며 주관은 한국관광협회중앙회이다. 주제여행관에서는 녹색관광의 모든 것을 소개하며 테마기회관에서는 독도, 태안, 고궁을 소개하였다. 여행학교에서는 여행강연, 여행설계, 여행동호회, 언론사, 체험기관 등이 소개되었다. 행사문의는 한국관광협회중앙회에서 담당한다.

16 Gaurda Indonesia 롬복 운항기념 홍보

해외리조트 세일즈 & 마케팅 한국사무소인 아일랜드 마케팅에서는 가루다 인도네시아 롬복 주 7회 운항기념 All Inclusive 상품을 출시하여 홍보한다. 노보텔 롬복 만달리카 리조트는 로하스 라이프 스타일을 위한 최적의 안식처로 소개한다. 사막의 오아시스 같은 아름다운 해안선, 로맨틱한 분위기를 자아내는 석양, 풍성한 열대꽃과 초록의 수풀과 나무가 어우러진 가든, 자연석, 코코넛을 이용한 자연과 동화를 꿈꾸는 빌리지로 소개하고 있다.

롬복 쉐라톤 셍기기 비치 리조트는 코발트 빛 바다로 둘러 쌓인, 숨겨진 자연의 고귀함이 살아 있는 미지의 공간으로 표현한다. 롬복의 번화가인 셍기기 지역에 자리 잡고 있는 최적의 위치, 눈처럼 고운 백사장, 강렬한 태양 빛에 반짝이는 코발트 색 인디안 오션, 아름다운 오색 정원, 이국적 풍경을 자랑하는 야자수, 따뜻한 느낌의 목재를 사용한 편안한 객실로 소개한다.

17 럭셔리 리조트

아일랜드 마케팅에서는 럭셔리 리조트를 추천한다. Banyan Tree Phuket 반얀트리 푸켓으로 은둔과 호화로움, 로맨스가 넘치는 매혹적인 은신처로 홍보한다. Banyan Tree Bintan 반얀트리 빈탄으로 열대의 푸르름과 영혼의 고요함이 공존하는 이상적인 안식처로 표현한다.

Banyan Tree Bintan 특별 프로모션으로 풀빌라 연속 3박 이상 투숙시, 마지막 50% 할인이 2009년 4월1일부터 8월 31일까지 실시된다. Angsana Maldives Velavaru 앙사나 벨라바루는 천혜의 자연을 연주하는 마린 오케스트라로 홍보한다.

18 엑스포 상품

경남 고성공룡 세계엑스포가 2009년 3월 27일부터 6월 7일까지 73일간 경남 고성군 회화면 당항포관광지(특별행사장–상족암 군립공원에서 열린다. 공룡엑스포는 어린이들에게 관심을 유발할 수 있는 행사로 사료된다.

19 유레일 창립 50주년 할인

유럽을 탐험하십니까? 15% 가볍게 떠나세요! 2009년 4월 1일부터 5월 31일까지 유레일 글로벌 패스나 셀렉트 패스를 구입하면 15% 할인 혜택을 받을 수 있음을 공지한다. 가까운 여행사에 문의할 것을 권유한다.

유레일 창립 50주년을 맞아 2009년 4월 1일부터 5월 31일까지 유레일 글로벌 패스나 셀렉트 패스를 구입하면 15% 할인 혜택을 받을 수 있음을 공지한다. 가까운 여행사에 문의할 것을 알린다. 유럽을 탐험하시려면 15% 가볍게 떠날 것을 광고한다. 유레일, ACP레일, 레일유럽, STA트래블이 운영된다.

20 창립기념 이벤트

1) 롯데제이티비

롯데그룹 여행사인 롯데제이티비에서는 창립기념 특가상품으로 2009년 5월 25일 출발하는 상품에 한해 공동특전으로 롯데카드 결재시 5% 할인을 시행한다. 그리고 창립 2주년 기념 대잔치로 첫째, '입맛대로 찍어랏' 은 클릭하나로 차려진 생일상 중에 가고 싶은 지역을 선택하고 최다 희망지역을 응모한 고객 가운데 추첨을 통해 여행을 보내준다.

둘째, 쌀 나오는 여행으로 창립기념의 달 5월에만 증정되는 푸짐한 사은품이다. 셋째, 50만 원 이상 결제시와 롯데카드 이용이 5% 할인된다. 넷째, 사은품 교환권으로 사은품 교환권을 인쇄하여 매장에 방문하면 소정의 사은품을 증정한다. 2009년 5월 6일부터 30일까지 적용된다.

롯데그룹이 세계적인 여행기업 JTB와 합작한 롯데제이티비가 창립 2주년을 맞아 국내외 50여 개 지점을 거느린 종합여행기업으로 홍보하고 있다.

2) 하나투어

하나투어는 1993년 창사 이래 15주년을 맞았다. 런던증권거래소 상장기업으로 소개하면서 '15살의 하나투어 고객님을 사랑합니다. 고객님의 큰 사랑에 큰 감동으로 보답합니다' 라는 광고를 하고 있다. 창립 15주년 상품으로 여행한 고객에게 추첨을 통해 푸짐한 경품을 증정한다. 내용은 다음과 같다.

- 팔라우 4박 5일 아이라이뷰호텔(2쌍)
- 푸껫 피피섬 3박 5일(9쌍)
- 상해 3박 4일, 북경 3박 4일(각 1쌍)
- 동경 야단법석 1박 3일(2쌍)
- 등산용품 Millet 배낭(10명)

- 아이리버 미키마우스 MP3(3명)
- Estee Lauder 여행용 화장품세트(2명)

경품에 관련한 제세공과금 22%는 당첨자 부담이며 경품내용이 당사 사정에 따라 변경될 수 있음도 공지하고 있다.

다음으로 다양한 혜택을 놓칠 수 없는 여행으로 15% 할인상품, 동반자할인상품, 사전예약할인상품, 15주년 파티상품이 있다. 창립 15주년 기념 제4회 하나투어 사진공모전 및 전시회도 열린다. 참가대상은 하나투어 임직원, 전문판매점, 일반여행사가 대상이다. 대상으로는 백화점상품권 50만 원권(1명), 금상은 백화점상품권 20만 원(2명), 특별상은 백화점상품권 5만 원 또는 하나투어샵 마일리지 5만 점(20명)이 주어진다.

그밖에 하나투어 KB카드 추천인을 입력하면 5만 원의 행운을 주는 하나투어 KB카드 발급이벤트, 11월 한달 동안 특가 호텔요금 및 호텔 구매후기를 올리는 고객에게 추첨을 통해 경품을 지급하는 하나투어 호텔 이벤트가 진행된다. 2008년 11월 1일에 출발하는 어린이 고객에게 하나투어 세계지도를 증정한다. 또한 HANATOUR's Traveller독자 기자 이벤트로 기자가 되어 무료여행을 떠나고 본인의 여행기도 소개되는 기회를 소개하고 있다.

3) 오케이투어 창립 9주년

'기쁘다 9주 오셨네 9주년 생일 파티! 오테이투어가 쏜다!' 라고 광고한다. 포도나무에 포도가 주렁주렁 달리면 무조건 드리는 대박 선물 이벤트를 시행한다. 대리점 이벤트 1은 다음과 같다. 스타벅스 상품권, 피자상품권, 아웃백식사권, 주유상품권, 한경희스팀다리미, 백화점상품권, 쿠쿠압력밥솥, 오븐렌지, 김치냉장고, 라텍스매트+추첨을 통해 상해티켓 2매, 국내호텔숙박권까지 제공한다. 대리점 이벤트 2는 다음과 같다. 9주년 기념 숫자 9가 들어가는 날짜 출발상품은 오버컴을 제공한다.

21 여행사 문화이벤트

1) 노랑풍선

한가위 문화이벤트를 실시한다. 추석을 맞아 홈페이지를 통해 여행상품을 예약한 고객 중 100명을 선정해 니콜라스케이지 주연의 방콕 대인저러스(Bangkok Dangerous) 영화예매권을 1인 2매씩 증정하는 행사이다. 2008년 9월 11일 추석연휴에 개봉되는 할리우드 액션 블록버스터로 이국적인 도시 방콕을 무대로 펼쳐지는 영화이다. 담청자는 휴대폰으로 예매번호를 전송받게 된다.

2) 롯데관광

유럽 추석상품을 예약하는 고객들 중에서 선착순으로 10명에게 뮤지컬 '캣츠' 티켓을 증정하는 이벤트이다. 관련 상품은 13일에 출발하는 터키 항공일주 8일과 9일에 각각 249만 원, 329만 원이며 서유럽 나/폼/소와 융프라우 10일은 449만 원, 동유럽 9일은 379만 원이다. 러시아 일주 7일 상품은 349만 원이다.

** 대만 화련 아미족 민속 공연

22 무료이벤트

돌핀스트래블에서는 방콕호텔을 예약하는 고객을 대상으로 2~3박 이상 예약을 하면 1박을 무료로 제공해 주는 초특가 이벤트를 실시한다. 이번 이벤트는 2003년 오픈한 특급호텔인 메트로폴리탄 방콕호텔을 2박 이상 예약하면

1박을 무료로 제공하는 것이다.

트랜디한 시설과 디자인으로 방콕의 대표적인 부티크호텔로 정평이 나있는 메트로폴리탄 방콕호텔의 상품가는 2일 1실 기준으로 세금 및 조식이 포함된 가격이 165달러이다. 기간은 투숙일 기준 2008년 9월 30일까지이다(세계여행신문, 2008.9.1, 41면).

** 방콕시내전경

23 참좋은여행 한가족 기념 사은행사

코스닥 상장기업인 참좋은레져(주)에서는 참좋은여행이 삼천리자전거와 한가족이 된 것을 기념하여 총 532분께 행운을 주는 한가족 기념 사은행사를 펼치고 있다. 대상은 2008년 9~11월 중 예약고객 또는 온라인 회원가입 고객으로 여행상품 예약 또는 온라인 회원가입시 자동 응모된다.

예약고객 경품인 참좋은여행상은 유럽 왕복항공권 2명, 첼로상은 블랙캣 콤팩트 3.0이 10명, 삼천리 자전거상은 하운드 20 클로버-DX 20명이다. 온라인 회원 가입고객 경품은 온라인 영화예매권 500명이다. 발표일자는 12월 8일 홈페이지에서 공지하거나 개별 통지한다.

24 가격할인

여행매니아에서는 '가격은 Down! 품질은 Up! 행복보장!' 이라로 광고한다. 단체예약시 최고 12%할인을 공지한다. 4명 이상시 8%, 8명 이상시 12% 할인을 강조하고 있다. 일간지에 이러한 광고를 게재하는 것은 어려운 여행업계의 현실을 반영하는 것으로 직판 인센티브를 유치하고자 하는 전략적인 마케팅으로 해석된다.

25 주문여행 서비스

세일여행사에서는 입맛대로 즐기는 단체여행, iTMS를 홍보한다. iTMS(Internet Travel Management Service)란 여행에 관한 모든 고민에 대해 해결책을 제시하는 여행관리 서비스로 세일여행사가 선보이는 선진화된 단체여행 서비스를 말한다.

자유여행처럼 자유롭게, 패키지 여행처럼 편안하게 iTMS를 만나면 단체여행이 달라짐을 광고한다. 여행계획에서 예약, 정산까지 여행전문가에 의한 최적의 맞춤서비스를 선사하는 iTMS를 공지한다. iTMS는 단체를 위한 시스템 여행서비스로 기업연수, 세미나, 출장, 수학여행, 전시회, 산업시찰, 할인항공 등의 분야를 담당한다.

26 한국일반여행업협회 여행정보 센터

안전하고 즐거운 여행의 시작으로 홍보한다. 여행사정보, 여행안전정보, 여행정보, 자료실, 여행불편처리센터의 내용을 갖고 있다. 세부적인 내용을 보면 다음과 같다.

- 여행사 정보 : 여행사 찾기, 기획여행업체 찾기
- 여행안전정보 : 해외안전정보, 해외질병정보, 재외공관 안내, 재외 문화원 안내

- 여행정보 : 해외여행준비, 해외정보, 한국관광공사 국내정보, 문화체육관광부 지정 문화관광축제, 문화체육관광부 인증 우수여행상품
- 자료실 : 관광법령, 관광통계, 관광자원, 관광동향, 관광정책, 관광용어, KATA뉴스
- 여행불편처리센터 : 신고절차, 관련 규정, 여행불편처리위원회, 처리사례, 불편신고접수, 관련 법규 및 규정.

세계 최대 관광박람회 ITB

2009년 3월 11일부터 15일까지 독일 베를린에서 개최된 세계 최대 규모의 관광박람회 ITB(Internationale Tourismus Boerse) 2009에는 180개국 1만 1000개 기관 및 전시업체가 참여하였다. 우리나라에서는 2010~2012 한국방문의 해 캠페인 및 2012 여수세계박람회 등을 소개하였다. 한국관광공사를 중심으로 경상북도 등 지자체, 한국방문의 해 위원회, 한국문화재보호재단, 한국불교문화사업단, 서울관광마케팅(주), 대한항공, 아시아나항공, 8개 국내여행사 등과 공동으로 참여한 것으로 보도되었다.

이번 박람회에서는 한국의 우수한 문화와 전통을 대표하는 이벤트로 궁중음식 시연과 템플스테이체험, 가야금 연주, 한복입기 및 즉석사진 촬영 등 다양하고 재미있는 이벤트를 실시하였다. 또한 독일여행사들이 선호하는 상품인 템플스테이 기간 중 배울 수 있는 서예, 탁본, 차담, 연꽃만들기 등의 체험기회를 제공한 것으로 알려졌다.

한편 한국관은 ITB 박람회에서 2008년 우수부스 1위로 선정되는 등 지난 3년간 부스디자인 및 운영에서 좋은 평가를 얻은 바 있다.

자료 : 세계여행신문, 2009.3.16, 33면.

27 G마켓 여행

G마켓 여행이 계속 성장하는 이유를 하루 300만 명 방문의 높은 트래픽, 전체 상품 카드결제 가능, 기존 패키지와 다른 FIT 시장, 적극적인 프로모션 및 노출 진행으로 공지한다. 월 거래액 4천억 원, 국내 인터넷 순위 전체 5~6위(포털사이트 바로 다음)를 알린다. G마켓 제휴카드 결제시 최대 5~7% 카드대금 청구시 할인(카드사 부담)을 공지한다.

대내외적 요인에 의해 변동이 심한 패키지 시장과 달리 G마켓 주요고객은 반드시 떠나는 FIT 고객층과 일치함을 설명한다. 고객할인 및 경품 이벤트, 적극적인 브랜드 노출 및 광고 지원을 통해 1개 판매자 월 매출을 최소 1억~5억 수준으로 끌어올릴 수 있도록 운영함을 공지한다.

여행상품을 G마켓에서 10억 벌기를 보장한다고 광고한다. 경쟁력 있는 해외여행 판매자를 모집 중이라고 광고한다. 모집대상은 여행사, 랜드사, 항공권&리조트 GSA/PSA, 호텔/민박/숙박업체 등이다. 그동안의 실적을 홍보하고 있다.

3월 비수기에 G마켓으로만 상해 항공 좌석 중 3분의 2를 판매한 것(JCA항공), 오오에도온천-하네다송영버스(마하나임투어) 일 버스 3대 판매 실적, 필리핀호텔 전문(플라이필리핀) 묶음구매 판매 방식, 허니문 박람회 전문(교보여행사)의 긍정적 평가가 광고되고 있다.

28 GLS 서울예약사무소

유럽지상비 60유로부터(1박 기준) Hilton, RAMADA, Marriott, Sheraton, Holiday Inn 같은 호텔을 쓸 수 있음을 공지한다. Group & FIT

예약, 커미션 10% 지급, 그룹-유럽/ FIT-전세계, 여름 특별 빅세일을 공지한다.

29 2010 중국방문홍보

중화인민공화국국가여유국 서울지국에서는 VISIT CHINA 2010(2010 상하이엑스포, 2010 광저우아시안게임, 2011 심천 하계 유니버시아드) 홍보 광고를 하고 있다. 서안, 하남지역 관광지 및 축제와 행사를 소개한다. 병행하여 세중투어몰 여행상품을 공지하고 있다.

구채구/황룡+서안/병마용 5일(729,000원부터) 상품, 서안/병마용+정주/낙양+화산 5일/6일(499,000원부터) 상품, 정주/소림사/낙양/운대산+개봉 4일/5일(399,000원부터) 상품이 있다. 대한항공 정주직항 상품이다.

30 삼성카드와 CX 제휴 여행사 판매 항공권상품

한달 83,400원, 6개월 무이자 할부로 꿈꾸던 호주로 떠날 수 있음을 공지한다. 삼성카드와 캐세이패시픽항공이 함께 호주항공권 6개월 무이자 할부 프로그램을 실시한다. 한달 최저 83,400원이라는 특별한 가격으로 행사를 한다. 매주 12명씩 총 4주간 추첨을 통해 푸짐한 경품까지 제공한다. 특별요금이 적용되어 최저 50만 원부터 가능하며 TAX는 별도이다.

판매기간은 2009년 6월 8일부터 8월 31일까지이다. 여행기간은 7월 1일부터 9월 30일이다. 판매여행사는 넥스투어, 삼성카드여행, 온라인투어, 와이페이모어, 웹투어, 인터파크투어, 클럽리치투어, 탑항공, 투어익스프레스, 하나투어이다.

31 러시아항공 판매대리점

(주)대원관광에서는 러시아항공을 매편당 70석을 보유하고 판매한다. Boeing 767기종으로 운항함을 공지한다. Russian Airlines(SU)는 전 세계 48개국 96개 도시를 운항, 스카이팀 보너스 마일리지 50%를 적용, 유류할증료 왕복 30유로 인하, 인천-모스크바 간 2009년 6월 4일부터 주 5회 운항함을 공지한다. 러시아, 북유럽, 터키, 서유럽 연계됨을 공지한다.

그밖에 공항리무진을 184대 보유함과 25개 노선으로 1일 800회 운행 자체 운영을 공지한다. 또한 전국 워터파크 판매대리점 모집, 전국 콘도/호텔/펜션 최저가 판매, 선비의 고장 안동투어 등을 광고한다.

32 클럽메드 사전 할인 마케팅

** 태국 파타야 엠버서도호텔 수영장

지금 예약하면 여름 가족 휴가비 최대 106만 원 할인을 공지한다. 할인혜택으로는 3인 가족 패키지 휴가비 최대 65만 원 할인이다. 3박 시 성인 당 20만 원, 어린이 당 10만 원씩 할인과 4박 이상시 3박 기본 할인율에 성인, 어린이 모두 5만 원씩 추가 할인된다.

여름방학인 7월 11일부터 8월 26일까지와 추석연휴인 9월 29일부터 10월 2일까지 적용된다. 2009년 6월 11일 기준 15일까지 예약자에 한한다. 여행장소는 발리, 빈탄, 푸켓, 말레이시아 체러팅, 몰디브, 카니, 호즈 린드만, 일본 사호로 클럽메드 리조트이다.

추가혜택사항을 보면 발리 어린이 리조트 무료/성인 25만 원 할인으로 발리 3인 가족 휴가비가 최대 106만 원 할인된다. 키즈백이 증정되며 혜택은 2009년 6월 11일 기준 15일까지 예약자에 한한다. 출발일시는 여름방학 기간인 7월 11일부터 8월 26일까지이다.

기본혜택을 보면 왕복항공권, 공항세, 공항마중 서비스, 1인 3식 뷔페, 편안하고 안락한 객실, 오픈 바에서 무한정 제공되는 음료, 60여 가지 스포츠 액티비티, 어린이 연령에 맞는 미니클럽, 매일 밤 다양한 나이트 엔터테인먼트 포함이다. 자세한 사항은 예약문의로 유도하고 있다.

구름 위의 궁전

사우디 왕자 호화 전용기 - 개조 비용까지 5000억 원

5일 영국 일간지 데일리메일은 세상에서 가장 비싼 자가용 비행기의 내부 디자인 일러스트를 공개하였다. 사보이 호텔 소유주인 알 왈리드 빈 탈랄 사우디아라비아 왕자의 전용기 내부 디자인으로, 세계 최대 여객기인 에어버스 A380을 개조하는 것이다.

이 비행기는 본체 구입비에 개조 비용을 합쳐 약 3억 파운드(약 5000억 원)에 달할 전망이다. 개조될 여객기는 내부에 호화 스위트룸과 터키탕 · 콘서트홀은 물론, 주차장까지 마련될 예정이어서 날아다니는 궁전으로 불린다.

사우디아라비아 왕자의 호화 전용기 내부

- 엘리베이터 : 기내 3층부터 외부 활주로까지 바로 연결됨
- 중앙계단 : 입구 홀과 회의장을 연결하며 떠있는 나선형 계단
- 스위트룸 : 4곳의 초호화 침실과 기도 공간
- 회의실 : 터치 스크린과 홀로그램 등 최신 장비 구비
- 터키탕 : 대리석으로 치장된 습식 사우나 하맘
- 웰빙룸 : 바닥의 대형 스크린으로 비행 중 지상을 볼 수 있는 매직 카펫
- 콘서트홀 : 소형 그랜드 피아노와 10개 좌석 갖춤

출처 : 조선일보, 2009.6.6, A10면 ; 데일리메일.

33 호텔패스

세계 최고급 호텔, 페닌슐라 호텔도 할인예약이 가능한지 호텔패스에 물어볼 것을 권유한다. 글로벌 호텔예약을 담당한다. 일반인 외에도 주로 여행사를 통해 영업을 전개하고 있다.

34 세이셸 아일랜드

영국 BBC 방송이 선정한 죽기 전에 꼭 가봐야 할 천국으로 홍보한다. 영국 윌리엄 왕자가 밀애를 떠난 곳, 전 영국 수상 토니 블래어 가족의 휴양지, 미 대통령 버락 오바마 가족의 휴양지, 해리포터 시리즈의 마지막 저자 JK롤링의 휴양지, 비틀즈의 멤버 폴 메카트니의 허니문 방문지로 광고한다.

지금까지 보지 못했던 에코힐링(eco-healing) 여행이 인도양 지상 낙원 세이셜에서 펼쳐짐을 알린다. 주한 세이셀관광청이 후원하며 에코원 디스커버리에서 여행문의 및 상담을 한다.

35 Cebu Pacific Air

(주)글로벌비젼웨이즈와 (주)부산에어에서는 인천-마닐라 직항과 인천 또는 부산-세부 직항을 편도 40,000원부터라고 광고한다. 세일기간은 2009년 4월 16일부터 4월 23일까지이다. 여행기간은 2009년 6월 1일부터 9월 30일까지이다. 수속 수화물 없이 체크인 시에는 항공요금에서 6,000원을 추가로 할인한다. 유류세 면세도 공지한다.

36 경기도 세계도자비엔날레

2009년 4월 25일부터 5월 24일까지 이천, 광주, 여주에서 열린다. 불의 모험으로 완성되는 도자 예술의 매혹을 홍보한다. 주최는 경기도, 주관은 도자진흥재단, 공식 후원은행은 농협이다.

** 일본 교토의 관광기념품점

37 국제회의 상품

2008년 국가별 국제회의 개최 건수를 보면 미국, 프랑스, 싱가포르, 일본, 스페인, 독일, 네덜란드, 벨기에, 영국, 오스트리아, 대한민국, 오스트레일리아, 캐나다, 스위스, 중국, 핀란드, 그리스, 포루투갈, 헝가리, 노르웨이 순이다. 우리나라는 국제회의에 관련하여 시작을 늦었지만 최종적으로는 잠재력이 큰 국가로 평가된다. 주로 서울, 제주, 부산이 경쟁력을 지닌 것으로 해외에서 평가한다.

MICE산업 육성을 위해 문화관광체육부, 외교통산부, 지식경제부, 한국관광공사, 지방의 컨벤션 부로, 전시산업진흥회, PCO, 항공사, 호텔, 여행사 등 민관 학이 같이 협력해야 한다는 지적이다. 전 세계적으로는 총 1만 1085건수를 기록했다. 한국은 293건의 국제회의 건수를 기록하였다. 아시아에서는 싱가포르, 일본에 이어 높은 실적을 나타낸다(세계여행신문, 2009.7.6, 41면).

38 토파스 FareXpert

토파스여행정보(주)에서는 '토파스 FareXpert는 아스피린' 이라고 소개하고 있다. 항공사별 판매가를 수동으로 입력하느라 머리가 찌끈렸으나 FareXpert를 사용함으로서 편해졌다고 소개하고 있다. 판매가 자동조회, 계산, 저장기능까지 완벽하게 갖추고 있는 세계최강의 자동운임계산 시스템임을 홍보한다.

39 호텔예약 즐겨찾기 돌핀스트래블닷컴

돌핀스트래블에서는 전 세계 4만 개 호텔을 실시간 예약할 수 있는 핫라인을 공지한다. 365일 호텔 예약이 가능함을 공지한다. 여행사 웹환경에 맞는 맞춤형태 디자인 제공으로 다자인이 강하며 B2B 전용 실시간 호텔예약시스템 제공으로 시스템이 강하고 도시/교통정보, 지도 등이 풍부하게 제공되는 정보가 강하다는 특징을 홍보한다.

시스템의 경쟁력, EXP 2.0 업그레이드 서비스, 경쟁력 있는 최적요금, 최다 호텔 및 최적호텔을 찾을 수 있음을 공지한다.

참고 • 인천세계도시축전

80일간의 미래도시 여행으로 소개하고 있다. 전 세계 100개국 · 500개 도시 · 1500개 기업 · 213개 단체가 참여하고 있음을 공지한다. 초대형 스크린을 통해 소방로봇 파라디소가 보여주는 모험과 감동의 3D애니메이션, 실제 동물인 듯 착각을 불러일으키는 로봇 동물원, 하루 70여 개의 프로그램이 쏟아내는 80일간의 행복한 미래도시 이야기로 소개한다. 상상을 뛰어넘는 감동과 희망의 메시지가 가득함을 홍보한다.

2009년 8월 7일부터 10월 25일까지 주행사장은 송도국제도시이며 교육과학기술부, 외교통상부, 행정안전부, 문화체육관광부, 지식경제부, 환경부, 국토해양부, 산림청, 소방방재청이 후원한다.

공식후원사는 포스코건설, 신한은행, 한화건설, OCi이다. 주관방송사는 KBS 한국방송이다. 협력방송사는 OBS경인TV이며 해외주관방송사는 지구촌에 한국을 심는 arirang이다. 주관통신사는 연합뉴스이며 주관포털사는 Daum이다. 인천세계도시축전 홍보대사는 소녀시대가 맡는다.

인천세계축전조직위 홈페이지, 신한은행 전 지점, 새마을금고, 티켓링크, 인터파크에서 예매권을 구입하면 16~43% 저렴한 비용으로 세계일주 체험여행을 즐길 수 있음을 공지한다. 아울러 도우미, 운영요원모집을 공고하고 있다.

40 역발상마케팅

라이언에어는 최고의 서비스로 경쟁하는 것이 아니라 저가요금과 필요한 수요에 대한 적절한 대응으로 수익성과 고객의 핵심요구에 부응하여 성공한 항공사로 분류할 수 있다. 유럽의 저가 항공사인 라이언 에어는 화장실 비용까지 유료화할 계획임에도 불구하고 국제선 승객규모 세계 1위를 고수하고 있다. 시가총액이 45억 5000만 유로 · 약 7조 9000억 원으로 루프트한자(43억 7000만 유로)와 에어프랑스(26억 1000만 유로) 등 유럽 대형 항공사를 앞서고 있다.

아일랜드의 저가항공사로 최고경영자인 마이클 오리어리는 유료화를 통해 기내 화장실의 이용빈도가 줄면 기내 화장실 2개를 줄여 6개의 좌석을 배치할 수 있어서 원가절감과 요금인하가 가능하다고 설명한다. 타 항공사와는 다른 서비스방식이 '고객은 왕이다' 라는 인식에서 벗어나 고객이 불편하더라도 비용과 요금을 낮출 아이디어를 찾는데 주력하는 것이다.

항공요금도 환불해 주지 않고 인터넷 웹사이트를 통해 탑승수속을 공항에서 하면 거의 항공료에 준하는 수수료를 고객이 물도록 하고 있다. 향후 가볍지 않은 수화물을 지닌 승객은 항공사를 이용할 수도 없다. 라이언에어의 평균항공요금은 56달러이다.(조선일보, 2009.8.3, A16면)

라이언에어는 저렴한 요금과 정확한 운행 시각으로 서비스의 불편을 감수하는 고객이 다수라는 점으로 분석하고 있다. 이익은 적지만 많이 판매하므로 오히려 수익성과 흑자기조인 사업특성을 지닌 차별화된 전략으로 성공한 항공사로 주목하게 된다.

41 한중 관광교류 현황

1992년 한중수교 후 계속적인 발전을 이뤄서 2007년 방중 한국인의 수가 477만 6752명으로 사상 최고기록을 나타냈다. 2008년에는 세계적인 금융위기로 396만 명으로 전년도 대비 17.09% 줄었다. 한편 같은 해에 한국을 방문한 중국인의 수는 137만 명으로 같은 기간 대비 4.7%가 증가하였다.

2010년 중국 상하이 EXPO와 2012년 여수 EXPO를 확정하면서 또한 2010년 중국 방문의 해와 2012년 한국 방문의 해(세계여행신문, 2009.5.11, 6면)와 관련하여 양측의 관광수요가 늘어날 것으로 전망된다.

42 여행사 선호요인

아라비안 트래블 뉴스에서는 여행자들이 여행사를 선택하는 이유를 다음과 같이 들고 있다.

1) 지식으로 호텔을 비롯해 여행지의 각종 최근 정보를 여행사가 업데이트하므로 정보를 얻기에 용이한 점
2) 가격적인 부분으로 여행사에서 항공 및 호텔 등 특별한 요금을 받기 때문임
3) 개인 서비스 차원에서 자신의 휴일에 맞춰 컨설팅을 받을 수 있음. 즉, 상품 옵션과 가격 등 많은 부분을 상담을 통해 결정할 수 있다는 점임. 또한 여행사에서 제공해 놓은 패키지 등을 휴일에 맞춰 계획을 짤 수 있음

세계 관광도시

미국 뉴욕에서 발행되는 여행전문지 트래블 앤 레저가 전 세계 독자를 대상으로 세계의 관광도시 톱10 조사에서 2009년도 세계 관광도시 순위결과는 인도의 우다이푸르가 1위, 남아프리카공화국의 케이프타운이 2위, 태국의 방콕이 3위, 아르헨티나 부에노스아이레스가 4위, 태국의 치앙마이가 5위, 이탈리아의 피렌체가 6위, 라오스의 루앙 프라방이 7위, 미국의 뉴욕이 8위, 이탈리아 로마가 9위, 미국의 샌프란시스코가 10위에 올랐다.

아쉽게도 우리나라는 포함되지 못했다. 한편 14년 연속 10위 안에 들었고 8년에 걸쳐 1위를 차지했던 호주의 시드니가 11위에 그친 바 세계 도시 간의 치열한 관광객 유치경쟁과 비즈니스 여행의 격감, 장거리여행의 감소 등의 영향을 받고 있는 것으로 트래블 앤 레저 호주판 관계자는 분석한다. 미국인들의 관광지 선호도를 알 수 있는 내용이다.

** 남아공의 희망봉

자료 : 세계여행신문, 2009.8.10, 14면 참고

4) 정형화된 패키지를 통한 편리함. 항공, 호텔, 옵션 등 한꺼번에 예약하기가 어려운 현실임
5) 시간절약을 할 수 있음. 여행사를 통해 빠른 시간에 필요한 지역별 여행정보를 얻게 됨
6) 바가지 요금 방지
7) 여행 타이밍으로 축제 및 여행지 날씨 등을 고려하여 적정한 시기에 갈 수 있도록 도움을 받음
8) 여행지 내에서 할 수 있는 선택사항과 가격조절도 여행사를 통해 가능함
9) 여행 중 사고 및 발생하는 문제점에 대한 해결(세계여행신문, 2009.8.10, 23면).

43 지방자치단체 기획상품

제주관광그랜드세일 2008에서는 세계자연유산인 제주가 해외에서도 가장 인기있는 곳임을 알린다. 2008년 8월 11일부터 9월 30일까지 행사기간이다. 항공, 호텔, 렌트카, 관광지, 음식 등 2000여 개의 업체가 관광객을 위한 할인 큰잔치를 벌임을 공지한다. 그랜드세일 홍보책자가 공항, 부두터미널 내 종합관광안내소에서 배부됨을 알리고 있다. 행사주관은 제주특별자치도, 제주특별자치도관광협회, 제주시, 서귀포시이다.

44 홀세일러 Fun 광고

'오케이투어의 여행사 여러분들 힘 내십시오!'

오케이투어에서는 여행사의 피로회복제는 자사(상품)로 광고하고 있다. 오케이투어 신상 소개에서는 문의 폭주 C&크루즈(북큐슈 타카치호/아소산/벳부/모지 온천 4일 399,000부터/하우스텐보스/북큐슈 전통온천 4일 469,000부터), 인기폭발 황금박쥐 도쿄 1박 3일 자유여행 349,000부터)를 소개하고 있다.

** 나가사키 하우스텐보스의 돔토른 탑(전망대)

** 하우스텐보스 전경

동경자유여행은 매주 토요일 출발한다. 그리고 오오에도 온천 나이트 입욕권 무료 증정과 귀국일 오오에도 온천에서 공항간 송영택시가 무료로 운행된다.

45 여행사 홍보

1) 여행사의 문화마케팅

참좋은여행에서는 첼로스포츠와 참좋은여행이 하나로 되면서 참좋은레져(주)로 상호를 변경하였다. 브랜드이름은 참좋은여행이다. 일간지 신문광고에 문화마케팅을 전개하고 있다.

2008년 최고의 로맨틱축제영화로 영국, 호주, 독일 등 전 세계 박스오피스 1위를 차지한 영화인 맘마미아(The Movie)에 250명을 초대한다는 광고를 게재하였다. 신청은 참좋은여행 홈페이지를 통해서 접수함을 공지하고 있다.

2) 전문여행사 홍보

천지항공여행사는 성지를 가장 잘 아는 여행사로 홍보하고 있다. 성지순례 한우물 20년으로 성지순례 홀세일러로 각 여행사의 명예를 지켜 드린다고 광고하고 있다. 2003~2007년 카타르 항공사 판매연속 1위, 2007년 터키항공사 판매 4위의 업체이다. 세부적으로는 기독교 성지순례 송출 1위, 대한민국 기독교 성지순례 대표여행사, 국내유일 이스라엘정부 우수여행사 수상, 20년 노하우로 전국 홀세일러 영업개시, 단체견적 및 항공권 문의를 환영(QR, TK, MS, HY, LY, KE)으로 광고한다.

대표이사와 현지여행사 지사장, 서울사무소 직원들의 여행업 경력과 현지 가이드경력, 관련전공 등을 홍보한다. 교회 견적 의뢰시 주문한 일정에 가장 적합한 지상비용과 항공을 세팅하여 제시함과 여행사 요청시 단체출발 전 교회방문 설명회 실시 그리고 모든 진행은 요청여행사의 이름으로 최종까지 마무리함을 공지하고 있다.

기본 추천일정으로 출애굽여정 이집트/이스라엘/요르단 11일 219만 원과 바울여정으로 터키/밧모섬/그리스 13일 289만 원 등 그리고 터키/그리스/로마 13일 299만 원을 제시하고 있다. 참가자에게 성지가이드북과 성지지도를 제공한다.

3) 여행사의 홍보 및 할인공지 문구

대형 패키지여행사의 가장 많이 사용하는 광고는 신문광고이다. 특히 주요 일간지를 통해 많은 모객을 하고 있는 상황이다. 가장 효과적인 광고매체수단으로 신문광고를 이용하고 있다.

이에 여행사들이 공신력과 신뢰도를 높이기 위해 사용하는 홍보문구와 현실적인 혜택을 주는 마케팅으로 할인에 대한 공지사항을 보면 다음과 같다.

(1) 롯데관광

2000~2008년 아시아/태평양여행박람회 세계권위의 여행전문지 TTG선정 대한민국대표 최우수여행사 9년 연속수상, 한국능률협회 선정 한국산업의 고객만족도 1위, 한국표준협회 선정 한국소비자 웰빙지수 1위, 외국관광객 200만 명 유치 5억 달러 외화획득 달성, 한국표준협회선정 2008 한국서비스대상 8년 연속 대상수상, 37년 전통 대한민국 대표 종합여행기업, 어려운 경제난국 다시 한 번 힘을 모아 대한민국 화이팅!

(2) 참좋은여행

코스닥 상장기업, 참좋은 레져(주), 삼천리자전거와 참좋은여행이 한가족이 됨, 고객행복지원팀 운영

(3) 자유투어

선택은 자유/여행은 자유투어, 코스닥상장법인, 15년 상장사의 믿음, 실속있는 가격/행복한 서비스 자유투어, 수험생 여러분 수고하셨습니다. 특별할인/수험표지참시 10% 할인

(4) 여행매니아

색다른 여행이 시작되는 곳, 가격은 DOWN! 품질은 UP! 행복보장!, 고품격 단체예약시 최고 12% 할인!(4명 이상시 8%, 8명 이상시 12%)

46 미주부분 개인여행객 송출 1위 탑항공

탑항공은 77개의 지점을 갖고 있는 여행사이다. 1636을 누르고 여행사를 찾으면 된다고 광고한다. 국외여행 갈 때는 1688-1001번을 알리고 있다. 탑항공은 패키지상품을 판매하고 있음을 공지한다. 기존에는 항공권 판매여행사로 입지를 구축해 왔다. 탑항공 실시간 예약서비스 오픈함을 광고한다. 미주도 탑-아시아나가 1위이므로 LA에서 뉴욕까지-거리가 멀수록, 유가가 높아질수록 저렴하고 편안한 1등 파트너 탑-아시아나임을 홍보하고 있다.

탑항공에서는 미국 무비자시대 개막에 맞춰 저렴하고 편안한 미국여행의 방법으로 탑&아시아나를 공지한다. 홈페이지 할인쿠폰 이벤트를 실시하여 최대 10만 원 할인을 공지한다.

47 RV캠핑카 투어 광고

떠나자 미국 서부대륙 RV(캠핑카)투어!

단체 인센티브 문의를 요청하면서 새로운 미국 서부여행의 개척자 RV(캠핑카)투어가 지난 20여 년 동안 반복됐던 패키지여행의 패턴을 정리했음을 공지한다. 아시아나항공 협찬으로 아시아나 캠핑카투어 판매연합사는 세중투어몰, 현대드림투어, SK투어비스, 레드캡투어, 롯데관광, 참좋은여행, 여행매니아, 노랑풍선, KRT이다.

48 Eurail

유럽 20여 개국을 기차로 여행할 수 있는 유레일 글로벌 패스를 10월 1일에서 11월 30일 사이에 구입하면 15일 기차탑승이 가능한 요금으로 21일 동안 탈 수 있으며, 21일 동안 기차탑승이 가능한 패스를 구입하면 한달 내내 기차여행을 할 수 있음을 공지하고 있다.

그리고 시간이 별로 없는 경우 3개국을 여행할 수 있는 유레일 셀렉트 패스 6일, 혹은 8일짜리를 구입하시면 이틀간 더 기차를 타실 수 있는 혜택을 제공하고 있다. 단 여행은 2009년 5월 31일까지 마쳐야 한다.

기내 인터넷 서비스

얼마 전 아랍에미에리트 항공에서 휴대전화 서비스가 제공된다는 발표 이후에 새로운 기내 서비스가 선보이게 되었다.

에어카나다는 항공 전문 커뮤니케이션 업체인 에어셀과 협약을 마치고 내년 봄부터 기내 인터넷 서비스를 제공한다. 이로써 승객들은 비행 도중 이메일 확인은 물론 인터넷 검색 등 각종 인터넷 서비스를 즐길 수 있게 된다. 이는 에어캐나다의 XM프로젝트 일환으로 그간 진행해왔던 기내 인테리어 리모델링, 180도 평면 비즈니스 클래스 좌석도입, 기내 오락 프로그램 개선 등에 이어 이뤄졌다. 이로써 기내업무 및 오락 환경을 획기적으로 개선할 수 있는 기회가 될 것으로 기대하고 있다.

이렇게 지속적으로 기내에서 고객을 위한 서비스가 확대되고 있는 것이 항공업계의 경쟁적인 상황이다.

자료 : 세계여행신문, 2008.9.22, 25면.

49 겨울 한라산트래킹

제주특별자치도는 겨울 한라산트래킹 상품을 홍보한다. 세계 7대 자연경관(New 7 Wonders of Nature)의 후보지로 떠오르고 있는 제주도를 알린다. 하얗게 뒤덮은 눈송이가 아름다운 조각품으로 만들어 놓은 겨울 한라산 그 속에 뛰어노는 노루와 함께 겨울 제주의 낭만을 권유한다. 기간은 2008년 12월 20일부터 2009년 2월 28일까지이다. 참가대상은 상품개발 희망여행업체, 개별 및 단체관광객이다.

상품코스는 백록담 트래킹코스(성판악-백록담 9.6km로 9시간), 윗세오름 트래킹코스(어리목-윗세오름 4.7km로 4시간), 거문오름 트래킹코스(선흘2리-검은오름 5.5km로 3시간)이다. 특전으로는 겨울 한라산트래킹 상품을 판매 · 모객하는 여행사에게는 인센티브 제공, 제주항공 4인 이상 30% 할인적용(주중), 제주시 노형동 제주고등학교에서 어리목 입구 무료 셔틀버스가 운행된다.

참·고·문·헌

세계여행신문, 2008.9.22, 25면.

세계여행신문, 2009.3.16, 33면.

세계여행신문, 2009.5.11, 6면.

세계여행신문, 2009.7.6, 41면.

세계여행신문, 2009.8.10,14면, 23면.

여행미디어, 2008.12.22, 21면.

여행미디어, 2009.1.19, 8면.

조선일보, 2008.9.11, B7면.

조선일보, 2009.1.2, A16면.

조선일보, 2009.1.14, A4면.

조선일보, 2009.6.6, A10면.

www.clbues.co.kr

www.clubmed.co.kr

www.cnto.or.kr

www.dolphinstravel.com

www.ecoltour.co.kr

www.everland.com

www.garuda.co.kr

www.hanatour.com

www.healthchosun.com

www.high1.com

www.incheonfair.org.

www.islandmarketing.co.kr

www.itms.co.kr

www.jejusi.go.kr

www.jisanresort.co.kr

www.kaltour.com

www.kdtour.co.kr

www.konjiamresort.co.kr

www.kyomuntour.co.kr

www.lottejtb.com

www.myegypt.or.kr

www.naenara.or.kr

www.newcaledoniaclub.co.kr

www.oktour.com

www.onlinetour.co.kr

www.rvtour.kr

www.santatour.com

www.toptravel.co.kr

www.tourinfo.or.kr

www.tourjobkorea.com

www.tourmania21.com

www.uaetour.co.kr

www.verygoodtour.com

www.wocef.com

V

관광관련기관 상품마케팅

세계는 관광이라는
산업과 경제의 가치를
인식하며 줄달음친다.

조직과 시스템을 통한
관광활성화는
보다 생산적이고 중요하다.

V 관광관련기관 상품마케팅

01 각국 관광청 홍보마케팅

1) 말레이시아관광청

(1) 말레이시아관광청 서울사무소 홍보

꿈꾸세요..... 말레이시아에서는 당신의 상상이 현실이 됩니다.

말레이시아관광청 서울 사무소에서 일간지에 광고하는 표어이다. 세부적인 내용을 보면 다음과 같다.

- 이국적인 열대의 해변과 세련미 넘치는 도시의 스카이라인, 그리고 승부보다 필드에서의 우정과 여유를 더 중요하다고 믿는 당신을 위한 세계적인 수준의 골프코스까지.
- 눈부신 해변과 수많은 열대 섬에서의 휴식에, 세계가 감탄한 해저 세계의 장관을 펼쳐 보여줄 다이빙의 찰나에, 그리고 최고의 브랜드들을 놀라운 가격으로 만나는 메머드급 쇼핑몰에서... 말레이시아는 당신이 꿈꾸는 모든 것들을 이미 준비하고 있습니다.
- F1 그랑프리와 세계적인 아티스트들의 콘서트가 연일 열리는 도시에서도, 잭 니클라우스와 아놀드 파마 등 세계적인 골퍼들이 직접 디자인한 200여 개의 골프 코스들이 경이로운 체험을 더해 주는 곳.
- 말레이시아. 그 이름을 떠올리는 순간, 당신은 세계 그 어느 곳과도 비교할 수 없는 휴가를 거머쥐는 행운을 맛보게 될 것입니다.

(2) SA-Lang 패키지

말레이시아관광청에서는 말레이시아항공과 협찬하여 SA-Lang 패키지를 홍보하고 있다. Secret Addiction Langkawi로 바다 위에 뿌려진 99개의 에메랄드는 섬이 되고 그 섬들마다 간직한 아름다운 전설을 만나는 랑카위로 소개하고 있다. 랑카위가 간직한 럭셔리한 리조트와 자연의 휴식 속에서 사랑은 하나의 전설이 되며 숨겨왔던 사랑이 전설이 될 말레이시아의 보석을 만날 것을 권유한다.

본 상품을 아래 여행사에서 구입할 경우 유럽스킨 케어 식물성 브랜드 클라란스의 트래블 키트를 선사한다. 여행기간은 2009년 6월 30일까지(서울출발 기준)이며 상품판매기간은 5월 31일까지이다. 롯데관광, 모두투어, 온라인투어, 탑항공, 하나투어가 행사에 참가한다.

끝없이 펼쳐지는 즐거움으로 가득한 글로벌 시티

365일 언제나 흥미진진한 볼거리와 즐거움으로 넘쳐나는 곳, 쿠알라룸푸르로 당신을 초대합니다. 도심의 수많은 대형 쇼핑몰들을 오가며 쉴 새 없이 이어지는 쇼핑의 즐거움이 당신을 기다리고, 동서양의 문화가 한데 녹아 들어 완성한 말레이시아의 풍미는 거리 곳곳에서 당신의 섬세한 미각을 거부할 수 없는 맛의 향연으로 안내할 것입니다.

심장을 뒤흔드는 포뮬러원 레이싱의 짜릿한 흥분과 함께 클래식의 선율이 흐르는 낭만적인 열대의 밤에 취해 보거나 강렬한 록 비트에 맞춰 연인과 밤새 춤추며 이 도시의 나이트라이프를 마음껏 즐기세요! 쿠알라룸푸르, 이 모든 일들이 당신의 눈앞에서 매일같이 펼쳐집니다!

자료 : 말레이시아관광청 서울사무소 일간지 광고 ; www.mtpb.co.kr

2) 아일랜드관광청

'신비로운 전설과 아름다운 풍경이 살아 숨쉬는 곳, 아일랜드로 여러분을 초대합니다!' 라고 홍보한다. 보다 풍부한 정보로 가득 찬 아일랜드관광청 한글 웹사이트를 개설을 공지한다. 세계적으로 가장 친근한 여행지 중 하나인 아일랜드는 런던에서 불과 1시간 거리에 위치해 있어서 쉽게 방문할 수 있는 상황과 아일랜드 특유의 따스한 환대가 여정을 더욱 특별하게 해 준다는 홍보를 전개한다. 보다 기억에 남는 아일랜드로의 여행을 계획한다면 새롭게 단장한 아일랜드관광청 웹사이트로 방문할 것을 추천한다.

아일랜드 웹사이트(www.discoverireland.com)에서 제공하는 정보는 비자와 아일랜드에 관한 일반정보, 유명관광지 소개, 액티비티 소개, 문화공연 및 축제에 관한 정보, 추천 일정, 음식 소개 등이다.

3) 스페인관광청 후원 상품

계절여행 최적기 상품으로 자유투어에서는 미소를 지으세요. 당신은 스페인에 있습니다. 플라멩고, 투우 그리고 예술의 나라 스페인 가을여행 최적기로 소개하고 있다.

스페셜 1 태양의 나라 스페인/포르투갈+바로셀로나 9일(209만 원), 스페셜 2 플라멩고의 추억 스페인+포르투갈+모로코 11일(269만 원), 스페셜3 스페인/포르투갈/모로코+바로셀로나 12일(269만 원), 단 2회 스페인/포르투갈 8일(219만 원) 상품으로 대한항공 협찬이다. 스페인관광청이 후원한다.

4) 터키관광청 마케팅

Star Allainge 회원인 터키항공(Turkish Airlines)과 주한 터키대사관은 공동으로 터키마케팅을 실시하고 있다. 터키의 궁중요리에는 오스만 제국의 영광이 고스란히 녹아있다는 것과 와인과 커피문화도 터키에서 시작되었다는 점을 홍보한다. 세계 3대 음식이 선사하는 깊고 진한 맛의 경지인 터키요리의 즐거움을 맛볼 것을 권고하고 있다. '터키를 만났다. 세상의 반을 만났다' 라는 광고카피를 사용한다.

5) 타이완관광진흥청

타이완관광진흥청과 중화항공/만다린항공, 에바항공/유니항공에서는 타이완 골프상품을 홍보한다. '나이스 샷! 타이완에서 마음 속 근심까지 날려 보세요!' 라는 광고문구로 홍보한다.

한국에서 2시간 반 거리의 아름다운 섬나라, 타이완 유일의 국제대회 개최 자격을 갖춘 따시 골프장, 잭 니콜라우스가 설계한 36홀의 미라마 골프장, 남부지방의 유일한 야간 골프장 따강산, 타이완의 명물 난이 골프장, 25만 그루 나무들이 자연주의 골프 코스로 유명한 산사띠 골프장, 초급부터 상급까지 다양한 코스를 자랑하는 라오예 골프장 등 전국 60여 개의 다양한 골프코스가 준비되어 있음을 공지한다.

타이완에서의 색다른 골프의 묘미를 강조한다. 상품문의 및 판매는 럭키여행, 모두투어, 울트라 클럽, 이골프라인, 이에스투어, 하나투어, 현대드림투어 등이 참여한다.

** 국립공원 화련

6) 호쿠리쿠신에쓰 운수국 · 니이가타현 홍보상품

일본 국토교통성 호쿠리쿠신에쓰 운수국과 니이가타현청에서는 지역상품을 홍보하고 있다. 떠나자! 봄이 가득한 '일본 니이가타' 로! 니이가타의 스키는 5월까지 즐길수 있음을 공지한다. 소설 설국의 무대인 에치고 유자와에서 봄철 스키와 온천을 즐길 수 있음을 홍보한다.

그리고 일본 3대 밤벚꽃 축제로 유명한 다카다공원을 홍보한다. 또한 3월의 전통인형축제인 무라카미의 히나마쓰리를 알리고 있다. 서울과 니이가타 간에 매일 직항편이 운항되며 도쿄-에치고 유자와간 이동에는 신칸센으로 70분 소요됨을 알린다. 니이가타현 관광정보 사이트(www.niigata-kankou.or.jp)를 운영하고 있다.

7) 비엔나관광청 마케팅

살아 있는 음악의 수도. 고대 카이져 도시 안 황궁의 기둥 앞에 살아 있는 창조적인 비엔나의 전경을 발견할 것을 권유한다. 젊은 디자이너, 현대 건축, 전자 음악, 멋신 패션과 새로운 예술을 강조한다. 비엔나는 옛 거장과 잘 알려진 비엔나의 친절함 이외에도 많은 놀라움을 선사할 것임을 강조한다. 비엔나가 기다림을 공지한다.

8) 니가타현 홍보

니가타현에서는 '온천을 누리든 스키를 즐기든 겨울은 니가타다! 스키, 온천 그리고 특별한 휴식까지-서울에서 2시간 거리 나가타에서 모두 누려라! 비교하라, 어제까지의 겨울과!' 라고 광고를 게재하고 있다. 서울에서 니가타까지는 직항으로 2시간 소요된다. 천국보다 짜릿한 설국-니가타현에서는 다음과 같은 내용을 홍보한다.

- 최고의 스키 : 일본 최대 규모의 나에바 및 75개의 스키장에서 즐기는 파우더 스킹

- 최고의 자연 : 일본에서 가장 맛있는 고시히카리 쌀의 산지, 연 평균 강설 4,000mm
- 최고의 온천 : 미인온천이라 불리는 츠키오카 온천 등 뛰어난 수질을 자랑하는 온천의 천국
- 최고의 교통 : 인천공항에서 니가타공항까지 매일 직항, 2시간이면 도착하는 가까운 이웃 도시(www.jniski.com)로 나타내고 있다.

9) 홍콩관광진흥청

(1) 홍콩와인과 음식페스티벌

홍콩은 2009년 홍콩음식과 와인의 해로 정하고 연중 다양한 이벤트와 축제를 진행하고 있다. 특히 홍콩와인과 음식페스티벌은 2009년 10월 30일부터 11월 8일까지 음식과 와인을 주제로 다양한 이벤트 활동을 시작한다. 장소는 구룡반도의 빅토리아 하버사이드에서 열린다. 전 세계 다양한 와인을 가장 잘 어울리는 음식과 함께 선보이며, 라이브음악으로 분위기를 고조시켜 관광객에게 추억을 선물하고자 한다는 계획이다.

홍콩에서 젊고 새로운 음식거리로 꼽히는 란콰이퐁(Lan Quai Fong)과 소호(SoHo)역시 페스티벌 기간에 개별적으로 그 지역만의 특색을 살린 흥겨운 와인과 음식 카니발을 개최할 예정으로 알려졌다(홍콩관광진흥청 MICE 본부).

** 와인 서비스

** 오사카 해유관 촬영이벤트

산호섬에서 놀아주시면 6개월에 10만 달러 드려요

제목은 퀸즈랜드관광청의 고용 후 대우 내용이다. 전 세계에서 수십만 명이 지원하였다. 전 세계 최고의 직장에서 사람을 찾는다는 구인광고에 지원자 수십만 명이 신청 웹사이트(www.islandreefjob.com)에 구름떼처럼 몰려들고 있고 AFP 통신은 14일 시간당 2만 5000명의 지원자가 몰려 사이트가 마비될 정도라고 보도하였다. 13일 하루 동안에만 30만 명이 홈페이지를 방문했다고 한다.

퀸즈랜드관광청이 제시한 조건은 파격적이다. 세계 최대의 산호초 그레이트 베리어 리프(Great Barrier Reef)에 있는 해밀턴 섬에서 6개월간 섬 관리인으로 지내기만 하면 5만 호주달러(미화 약 10만 달러)를 손에 쥘 수 있다. 왕복항공료도 관광청이 부담한다. 관리인이 되면 수영장이 딸린 방 3개짜리 호화스러운 집에 머루르게 된다.

근로조건은 더욱 매력적이다. 백사장을 거닐고 뛰어 놀다가 산호섬 인근 바다 속을 잠수하는게 주된 일이다. 어쩌다 수영장을 청소하는 게 그나마 힘든 일로 꼽힌다. 단, 섬에서 일어나는 일을 매주 블로그에 써야 하고 사진과 동영상도 인터넷에 올려 섬의 매력을 전 세계에 알려야 한다.

섬 관리인이 되기 위한 필요 조건은 영어로 글을 쓰고 말을 할 수 있어야 한다는 것. 지원희망자는 다음 달 22일까지 신청 사이트에 1분 이내의 자기 소개 동영상을 올리면 된다. 퀸즐랜드관광청은 네티즌 투표로 11명의 후보를 추린 뒤 최종 인터뷰를 거쳐 오는 5월 1명을 채용할 계획이다.

출처 : 조선일보, 2009.1.15, A17면.

꿈의 직업을 잡아라!

퀸즈랜드주관광청 이벤트 지원자 230만 명 훌쩍 넘어

호주 퀸즈랜드주관광청이 진행하고 있는 꿈의 직업, 아일랜드 케어테이커에 162개국에서 총 1만 3000여 개의 지원서가 접수된 것으로 나타났다.

폴 버기 퀸즈랜드주관광청 한국담당이사는 이번 프로모션에 대한 관심은 바티칸 시티에서 몽골, 칠레에 이르기까지 세계 곳곳에 전해지고 있다며 총 230만 명이 공식 웹사이트를 방문한 것으로 집계되었으며 이 수는 매일 증가하고 있어 가장 성공적인 캠페인 사례가 될 것으로 기대된다고 말했다.

이번 캠페인의 참가자로 선정되면 600개의 섬으로 이뤄진 더 그레이트 베리어 리프 지역 해밀턴 아일랜드의 고급 리조트에서 지내고, 스노클링 · 다이빙 · 요트 · 선박 등의 활동을 하며 지역 탐방 및 홍보의무를 맡게 된다. – 중략 –

최종 11명이 선정된다.

출처 : 세계여행신문, 2009.2.9, 31면.

10) 알버타관광청

'때묻지 않은 자연, 캐나다 알버타로 GO! GO!' 로 홍보한다. 참여여행사는 메이플스키닷컴, 모두투어, 박경숙여행사, 파로스여행사, 하나투어, 혜초여행사이다.

캐나다 로키의 심장, 밴프의 BIG 3 스키 리조트로 레이크 루이스 마운틴 리조트, 선샤인 빌리지, 마운트 노퀘이를 소개한다. 호텔로는 페어몬트 밴프 스프링스, 페어몬트 샤또 레이크 루이스, 마운트 로얄호텔을 소개하고 있다.

** 로키산맥 피토호수

11) 인도정부관광청 인도방문의 해

인도정부관광청에서는 2009 인도방문의 해를 맞이하여 인도를 방문해야 하는 특별한 이유 한가지로 완벽한 균형을 강조한다. 전통과 현대, 성장과 공정, 열정과 지혜 결코 변하지 않으며, 영원히 변하지 않는 인도의 본질로 설명한다.

12) 마리아나관광청

(1) 마리아나 제도

마리아나 제도는 사이판, 티니안, 로타 세 가지 섬으로 이루어져 있음을 홍보한다. 3개의 섬, 3개의 즐거움, 마리아나로 가자로 광고한다. 끝없는 즐거움이 꼬리에 꼬리를 무는 마리아나 제도, 언제든 떠날 수 있는 아시아나의 편리한 스케줄로 마리아나 제도가 한걸음 더 가까워졌음을 알린다.

(2) 마리아나관광청 · 아시아나항공 협찬

끝없는 즐거움이 꼬리에 꼬리를 무는 마리아나 제도로 홍보한다. 언제든 떠날 수 있는 아시아나항공의 스케줄로 마리아나 제도가 한 걸음 가까워짐을 공지한다. '3개의 섬, 3개의 즐거움, 마리아나로 가자!' 라고 홍보한다. Rota, Tinian, Saipan섬이 목적지이다. 마리아나 제도는 사이판, 티니안, 로타 세 가지 섬으로 이뤄져 있음을 공지한다. 3 Colors+3 Islands My Marianas로 홍보한다. 아시아나항공이 협찬한다.

13) 터키대사관 · 터키항공 공조 홍보

주한터키대사관과 스타얼라이언스 회원사인 Turkish Airlines에서는 터키를 홍보한다. 유럽과 아시아의 만남, 터키

열기구를 타고 광활하게 펼쳐진 요정의 굴뚝을 내려다 보세요.

1000년을 이어져오는 역사가 보입니다.

카파도키야 지역에서 열기구 풍선을 타는 장면을 통해 터키를 홍보하고 있다. 터키대사관은 투자문의에 대해 홈페이지 주소를 공지한다.

주한터키대사관과 스타얼라이언스 회원사인 터키항공 그리고 2010년 유럽문화수도 이스탄불에서는 터키를 유럽과 아시아의 만남의 장소로 표현한다. 15세기부터 번성했던 가장 큰 그랜드바자에서 쇼핑의 즐거움을 누릴 것을 광고한다. 또한 2010년 유럽문화수도인 이스탄불은 내셔널지오그래픽이 선정한 꼭 가봐야 하는 세계 50개 도시 중 2위에 뽑힌 것을 홍보한다 그리고 터키를 유럽과 아시아의 만남으로 소개한다. 열 기구를 타고 광활하게 펼쳐진 요정의 굴뚝을 보면 1000년을 이어져오는 역사가 보인다고 설명한다.

14) 온타리오주 추천 여행

캐나다관광청과 온타리오 관광청은 끝없는 발견 캐나다 온타리오주를 알린다. 경이로운 대자연에서 누리는 다양한 관광과 레포츠 캐나다의 즐거움은 알수록 끝이 없음을 홍보한다. 가장 아름다운 봄을 가진 섬은 천개의 섬, Thousand Islands으로 알린다.

온타리오주 추천여행일정은 토론토 도착-토론토 시내관광-나이아가라관광-나이아가라 온 더 레이크관광-킹스턴 천섬관광-오타와 시내관광-토론토 출발 코스이다. 본 상품에 참여하는 여행사는 모두투어, 하나투어, 롯데관광, 세중투어몰, 파로스 트래블아티팩스이다.

15) 뉴칼레도니아

뉴칼레도니아관광청과 Aircalin(Air Caledonie International)에서는 프렌치 파라다이스 뉴칼레도니아를 홍보한다. '모든 것을 가져도 부족하다. 그녀의 마음, 이미 뉴칼레도니아 - 쇼핑홀릭으로도 채워지지 않았다. 남태평양의 프렌치 파라다이스 뉴칼레도니아 그곳으로 떠나고 싶은 마음뿐이다' 라고 홍보한다.

16) 이스라엘관광청

이스라엘관광청에서는 상상 이상의 추억을 남기고 싶다면 이스라엘과 함께 하세요! 당신에게 평화가 있기 바랍니다의 의미인 'Shalom!' 이라는 광고를 하고 있다.

** 타이페이 시민공원

** 대만충렬사 위병교대식

02 한국관광공사 마케팅

1) 사업 및 활동 계획

한국관광공사는 2009년 관광객 유치마케팅 예산 206억 원 중 60~70%를 상반기 활동에 쏟을 것이라고 전해졌다. 특히 일본 시장에 적극 공략할 방침이라고 전해졌다. 경기불황에 따라 관광정책에 할당된 예산이 여느 해보다 상대적으로 줄었고, 공사의 관광마케팅 예산 또한 전년보다 100억 원이 삭감된 상황에서 70%에 달하는 비용을 상반기 일본 시장 공략에 배분하는 것이다. 공사는 2009년 사업계획서를 통해 관광객 유치 확대와 관광수지 개선 방안을 공개하였다. 관광객 유치 확대 방안을 보면 다음과 같다.

- 주요 매스컴 활용을 통해 고환율에 따른 한국 쇼핑의 장점 부각
- 환율 캠페인과 온라인 방한 캠페인 연계
- 일본 내 30대 여행사와 네트워크를 구축해 환율매력을 테마로 하는 상품 개발
- 수도권 중심의 쇼핑매력을 지방도시로 확대
- 의료관광, 크루즈관광, 중고가 우수상품 등 고부가가치 관광상품 개발 육성
- 불교 및 태권도관광, 문화 · 공연 및 음식연계관광, 고궁의 관광명소화 등 한국특유의 문화관광상품 개발이다(세계여행신문, 2009.1.19, 33면).

2) 관광공사 홍보대사

한국관광공사에서는 일본 쥬니치 드래곤즈의 마스코트인 도아라에 이어서 중화권 아시아지역에서 한류스타로 인기를 끌고 있는 배우 이준기를 한국관광 명예홍보대사로 위촉하였다. 일반적으로 유명인을 홍보대사로 하고 있지만 유명캐릭터를 홍보대사로 정한 것은 고정관념을 깨는 새로운 발상으로 평가받고 있다.

** 단양 온달정식

홍보대사는 타킷층에 공감을 줄 수 있는 매개체가 효과적이라는 차원에서 최근 어린이를 포함한 가족여행 증가에 따라 친숙한 만화 캐릭터를 이용하는 현상이 나타나고 있다는 점에 주목할 만하다.

스카이트랙스 선정 수상 항공사

세계 1위의 경쟁력 인천공항은 환승객 타킷 마케팅을 펼치고 있다. 서비스는 기본으로 하며 전통문화 체험관을 만들었다.

인천공항의 최대 장점은 세계 169개 도시를 잇는 다양한 노선에 있다. 중국 중소도시에서 베이징 공항을 거쳐 미국으로 가면 평균 23시간이 걸린다. 인천공항을 이용하면 18시간으로 단축된다. 일본이나 러시아 극동지방에서 미국이나 유럽으로 갈 때도 마찬가지다. 인천공항은 환승객에 주목하자 승객들이 대기하는 시간만큼 이용할 수 있는 라운지 시설이 개선되었다. 마사지, 인터넷카페, 샤워실도 증설되었다. 한국의 전통공예를 체험할 수 있도록 전통문화 체험관도 만들었다.

인천공항은 내국인은 출국신고서를 폐지하고 단체관광객들에게는 절차를 줄였다. 그 결과 인천공항의 출입국 시간은 17분과 13분으로 단축되었다. 국제기준인 60분과 45분보다 훨씬 짧아진 것이다. 공항혁신을 주도하고 있는 이채욱 사장은 미래공항의 성장동력을 이끌고 있는 장본인이다. 이 사장은 두바이 공항의 제3 터미널 비즈니스 클래스 라운지의 좌석은 1200석이나 우리는 그보다 적지만 문화, 예술성을 가미했다고 하였다. 그리고 우리나라 출입국 인원의 80%가 왕래하는 인천공항은 국내 총 무역액의 22%를 차지한다고 하였다.

인천공항은 이 사장의 주도적인 발상의 전환을 통해 올 3월 국제공항협의회(ACI)선정 2008년도 공항서비스평가에서 1위를 차지했다. 2005년부터 4년 연속이라고 보도되었다.

자료 : 조선일보 토일섹션, 2009.4.18-19, B6면 참고하여 편집.

03 주한 외국관광청협회(ANTOR Korea)

Australia–Queensland
Australia–Victoria
Australia–Western Australia
Austria
Canada : keep exploring
Canada–Alberta
China
China–Hong Kong, SAR
China–Macau, SAR
Czech
France : Maison de la France
Germany–Munich
India : Incredible India
Indonesia : The Ultimate in Diversity
Italy
Japan
한국관광공사
Malaysia
Marianas
Mongolia
New Caledonia
New Zealand
Phillippines : 상상 이상의 즐거움
Singapore
Spain
Switzerland
Taiwan : Touch your heart
Thailand: amazing Thailand
U.K
U.S.A–Guan
U.S.A–Hawaii
U.S.A–Las Vegas
U.S.A–New York
U.S.A–San Francisco
KOREAN AIR

04 오키나와 관광 컨벤션 뷰로(OCVB)

재단법인 오키나와 관광 컨벤션 뷰로(OCVB)에서는 '상상 그 이상의 즐거움 오키나와가 당신을 초대합니다' 라고 광고한다. 푸른 바다와 푸른 하늘로 오키나와를 표현한다. 국내 24개 여행사와 공동기획하여 2박 3일(699,000원부터) 상품, 3박 4일(749,000원부터) 상품을 출시하였다.

참여여행사는 세중투어몰, 넥스투어, 노랑풍선, 레드캡투어, 롯데관광, 세

관광업계의 아카데미상, 서울관광대상

서울관광대상은 아시아 · 태평양 지역의 관광산업 발전과 국내 관광객 유치활동 및 관광진흥에 기여한 국내 · 외 공로자를 포상하고 격려함으로 국제 관광도시 서울의 위상을 세계에 알리겠다는 취지로 기획되었다.

수상부문은 아태 도시관광 최고공로자, 서울 관광 최고 공로자, 국제도시관광 특별 기여자, 최우수 외국인 언론인, 최우수 언론인, 인기 서울관광 외국인 연예인, 인기 서울관광 연예인, 인기 관광도시, 인기 도시형 랜드마크, 최우수 도시관광 캠페인, 최우수 아웃바운드 여행사, 최우수 인바운드 여행사, 최우수 서울여행상품(해외), 최우수 서울여행상품, 인기 도시형 문화관광 프로그램, 인기 서울 문화관광 프로그램, 최우수 도시관광 웹사이트, 최우수 서울관광 웹사이트, 최우수 e투어 솔루션 부문이다.

출처 : 세계여행신문, 2008.7.7, 37면.

참·고·문·헌

세계여행신문, 2009.2.9, 31면.

세계여행신문, 2009.1.19, 33면.

조선일보, 2009.1.15, A17면.

조선일보 토일섹션, 2009.4.18-19, B6면.

www.canada.travel

DiscoverHongKong.com

www.discoverireland.com

www.goisrael.com

www.incredibleindia.com

www.jniski.com

www.invest.gov.tr

www.invest.gov.tr

www.israel.co.kr

www.jautour.com

www.mtpb.co.kr

www.myegypt.or.kr

www.MyMarianas.co.kr

www.niigata-kankou.or.jp

www.ocvb.or.jp

www.ontariotravel.net/kr

www.spain.info

www.thy.com

www.vienna.info

westernaustralia.com

관광상품마케팅 이론

Ⅵ

관광상품마케팅 이론

환경에 영향을 크게 받는
여행산업의 부활을 염원하며
발진을 기대한다.

관광은
사람처럼 디자인하고 가꾸어서
최고의 멋쟁이로 만들어야 한다.

VI

관광상품마케팅 이론

01 불황기의 마케팅

여행수요가 자연스럽게 발생하는 성수기나 호황기에는 수요가 뒷받침되므로 크게 어려움이 없이 모객활동과 여행사의 이익이 확보된다. 그러나 비수기나 불황기, 즉 불예측적인 상황에서는 영업을 성공적으로 이행하기가 어렵다.

이러한 상황에서는 여러 가지 마케팅 도구가 도입되어 활용되어야만 다소의 해결책과 여행사의 유지에 도움이 된다. 여러 가지 마케팅 활동에 대해 살펴보도록 한다.

1) 여행상품의 다양화

백화점식의 판매를 말한다. 경기둔화나 침체로 인해 또는 불안한 국제정세 등 여행수요를 악화시키는 상황에서는 다양한 상품을 구비하고 판매하는 것이 수요가 불예측적인 상황에서 오히려 도움이 될 수 있기 때문이다.

2) 구조조정

가장 불가피한 방법으로 사료된다. 고용의 절차가 쉬운 국가일수록 해고도 쉽다. 미국의 경우가 그렇다. 그러나 비정규직 차별 등의 요구가 높아지고 있는 우리나라의 상황에서는 구조조정은 노사가 합리적인 선에서 공감대를 이뤄야 원활하게 이루어진다 하겠다.

3) 적극적인 판매 및 영업

쉬운 일은 아니다. 수요가 급감한 상황에서 여행수요를 끌어내는 것은 쉽지 않다. 그래도 수요가 나올 만한 거래선이나 예상단체를 통해 적극적인 공략으로 수요를 창출해야 할 것이다.

4) 고정물량 및 거래선 확보

비수기나 경기침체로 인해 수요가 없는 상황에서도 여행사의 고정물량 및 거래선의 관리는 매우 중요하다. 비즈니스를 위한 필수적인 출장은 불가피하기 때문이다. 그러므로 기존 상용거래처나 물량의 지속적인 관리 및 신규 거래선 확보는 무엇보다도 중요하다.

5) 대고객 평판도 및 이미지 구축

여행사를 선택할 때 고객은 보증보험가입, 예치금 규모 등 소비자를 위한 제도적 장치여부를 확인하고 이용하는 경향이 높아지고 있다. 그래서 정직하고 소비자를 보호하기 위한 철저한 서비스정신이 요구된다. 고객의 경우 대형 여행사를 다소 고가임에도 선호하는 이유도 같은 맥락이다.

전반적인 서비스 품질의 우위와 사고시 보험금 지급 규모 및 처리 등 기존의 직 · 간접적인 여행사 경험을 토대로 여행사 선택을 하기 때문이다. 여행사의 규모 또한 현지 여행시 여행품질에 영향을 미친다고 판단하는 요인이기도 하다.

6) 도매업자 판매

수요가 적을 경우에는 소매업체에서 단독으로 여행단체를 형성하기 어렵다. 이러한 상황에서는 특히 소매업체의 개별고객을 모아서 단체로 형성해 팀을 출발시키기에 도매업체가 가장 적합하게 된다. 물론 도매업체, 즉 홀세일러의 영업방식이 효과적이라는 의미이다.

7) 특별관심상품(SIT) 판매 확대

일반적인 상품보다도 주제가 있는 상품의 개발과 판매는 어려운 시기에 보다 큰 수요의 역할을 해준다. 교육적인 상품은 경기가 침체됨에도 불구하고 오히려 수요가 증가하는 현상을 나타내기도 하기 때문이다.

8) 가격인하 및 조정

2008년 하반기 경기침체 현상이 전 세계적으로 확산되어 있다. 이러한 상황에서 국내의 여행사 상품들은 고객확보와 수요진작을 위해 가격을 인하하고 조정하는 현상을 보이고 있다.

9) 여행상품의 전문화

고객의 눈높이가 상승하는 만큼 해당 여행상품에 대한 여행사의 노하우와 경험과 행사능력이 더욱 요청되는 상황이다. 지역에 기반을 두고 제반 경력을 갖고 있는 여행사들의 약진과 고객의 선호도가 증가하고 있다.

10) 비피해지역 여행상품 판매 강화

사스나 천재지변, 지진, 전쟁 등 현재 여행이 불가능한 지역은 제외하고 치안과 안전이 확보된 지역으로 여행상품을 확대하고 유도하는 것이 바람직하다.

11) 국내여행상품 판매 및 영업비중 강화

해외로의 수요창출보다는 어려운 경기상황에서는 오히려 국내여행상품의 개발과 확대를 꾀하는 것이 바람직하다. 내국인의 국내여행 수요증가는 내수를 확대하고 경기호전을 이룰 수 있는 좋은 방법이 된다. 역사적으로 볼 때도 미국이나 일본도 경기가 어려울 때 자국민의 국내여행을 장려해 온 것과도 같은 맥락이다.

12) 직원무급휴가

가장 어쩔 수 없이 시행되는 방법으로 사료된다. 직원무급휴가는 구조조정 없이 전사적으로 공생하고자 하는 방법이기도 하다. 어려운 시기에 다른 대안이 없어서 시행될 수밖에 없는 조치라고 보면 된다.

13) 국내 허니문 상품 주력

경제적으로 부담이 가는 해외여행 허니문보다 국내의 허니문 상품은 나름대로 좋은 대안이 될 수 있다. 품질과 내용면에서 한층 격을 올려서 상품을 강화시키는 것이 중요하다.

14) 여행사 간 전략적 제휴

항공사들도 거대한 동맹을 형성하면서 윈윈(Win-Win)전략을 전개하고 있다. 여행사도 동일상품을 공동으로 판매한다던지 전략적인 차원에서 공동상품을 개발하고 판매에 주력하는 것도 어려운 시기에 모객과 수익성에 있어서 보다 긍정적인 결과를 가져올 것이다.

15) 인터넷마케팅 강화

특히 20~30대는 인터넷을 통해 비교분석 후 여행상품 구매를 결정하는 경우가 상당히 많다. 그래서 인터넷마케팅의 중요성이 지속적으로 강조되고 있다. 불황기에는 더욱 더 고객들이 치밀하게 상품의 내용을 비교분석하고 구매

결정을 하기 때문에 인터넷을 통한 좋은 상품을 알리기 등 마케팅에 치중해야 할 것이다.

16) 주문식 상품 판매 강화

특별관심영역이 있는 집단이나 단체의 경우 주문식 상품의 주요고객이 된다. 일반 패키지와는 달리 인센티브 단체가 형성되어 있는 경우가 많으므로 이러한 주문식 상품 상담, 문의, 영업에 비중을 두어야 할 것이다. 이러한 상품은 단체가 형성되어 있다는 점에서 매우 중요하다.

17) 학생단체 및 배낭상품 판매 확대

경기변동에도 불구하고 교육적인 측면에서 예정되어 있는 교육적인 상품의 경우 수요가 확정적일 수 있다. 그러므로 학생을 대상으로 한 방학을 이용한 상품의 중요성이 부각된다.

18) 항공권, 기차승차권, 에어텔 판매 강화

항공권의 판매가 중요하다. 상용수요 및 개별여행의 기반이 되는 여행요소이기 때문이다. 현지의 유로패스, 암트랙 등 기차승차권의 판매와 현지에서 객실을 포함한 에어텔 등의 판매에 비중을 두어야 할 것이다(고종원 외, 2004 ; 11).

19) 고감성, 개별적 서비스

서비스의 질이 이미 높아진 상황에서 고객들에게 비개별적인 서비스보다는 개별적인 서비스가 도입되어야 하며 고객의 충성도를 높이기 위해서는 감성에 어필하는 고감성 서비스가 펼쳐져야 한다.

20) 경쟁우위 확보

가격면에서나 현지수배, 항공기 수준, 고객의 제반평가에서 경쟁력이 요청된다. 이러한 경쟁우위는 보다 차별화된 수요와 이익과 브랜드를 시장에서 차지하도록 해 줄 것이다.

** 대만 타이페이 관광안내소

02 여행사 광고홍보 실태

1) 광고

광고는 여행사에서 가장 일반적으로 사용하는 방법이다. 불황기 뿐만 아니라 호경기 상황에서도 가장 효과적으로 인식되는 마케팅 도구이다. 특히 현재 패키지여행상품을 취급하는 여행사들이 가장 많이 사용하는 프로모션 항목이다.

2) 인적판매

인적판매는 여행사 직원을 통한 세일즈를 말한다. 여행상품의 특성상 대인접촉을 통해 상품파악, 담당직원으로부터의 설명 및 설득, 담당직원에 대한 평가 등으로 상품 구매과정이 이뤄진다. 가장 고객이 직접 접촉할 수 있는 프로모션 항목이라 하겠다.

** 특급호텔의 세팅메뉴

3) 대리점 영업

대리점 영업은 대형 패키지여행사들이 추구하는 영업방식으로 직접 운영하는 대리점과 자사와의 계약을 원하는 에이젼트를 통한 간접 운영하는 대리점으로 나눌 수 있다. 대리점 영업은 시장의 확대와 본사의 매출을 높이기 위한 전사적인 차원에서 요구되는 프로모션 항목이다.

03 여행상품 광고시 주요 소구점

1) 가격 경쟁력

소비자들은 여행사의 상품이 가격 경쟁력을 지닌 것을 선호한다. 세부적인 사항을 파악하기 전에 일차적으로 가격에 대한 판단을 기본적으로 하기 때문에 중요한 사항이다. 여행사 입장에서는 항공료, 지상비 등을 낮춰서 가격경쟁력을 확보해야 하는 것이 상당히 중요하다.

2) 목적지의 매력성

최근 새로운 목적지가 항공기의 취항으로 인해 새롭게 여행상품화되고 있다. 외국의 이국적인 목적지의 매력성을 부각시킬 필요성이 있다. 이탈리아 밀라노, 뉴칼레도니아 등 새로운 상품들이 부각되고 있다.

3) 여행객들에게 제공되는 특전 및 각종 서비스

많은 여행사들이 자사만의 독특한 특전과 서비스를 강조한다. 최근의 K여행사의 경우 국적기와 연계하여 마일리지 상품과 추가 마일리지 적립 등 부수적인 혜택을 강조하고 있다. 자사만의 현지 선호호텔 사용 등 차별적인 내용을 강조한다.

4) 회사 공신력 및 이미지

여행사의 역사와 신뢰도, 수상실적, 전문기관 평가내용 등 회사의 전반적인 이미지를 높이는 데 주력하고 있다.

5) 조기예약 할인, 동반자 할인, 단체예약 할인

사전에 출발 확정을 위해 조기예약 할인, 동반자에 대한 할인, 단체예약 접수시 혜택으로 할인 등 마케팅 소구점으로 사용하고 있다.

6) 이벤트 및 경품 제공

해당 상품별 이벤트 및 경품 제공 등의 사항을 실시한다.

7) 관광객 유치실적

보다 구체적인 수치를 이용하여 여행사의 해당 기간의 유치실적으로 공신력을 높인다.

** 나고야 아사히 맥주 공장 시음장

8) 항공사 취항기념 행사

항공사 자체의 프로모션도 있지만 해당 여행사가 상품을 출시하면서 행사를 실시하기도 한다.

** 오사카의 여행사 전경

9) 청정지역 상품

오염된 지역으로의 여행은 회피되는 바 자연청정지역으로의 안전성 및 선호도를 부각시키며 여행상품화하고 홍보한다.

04 여행상품 광고시 주요 표기사항

기행여행실시에 관련된 관광법규에 의해 다음과 같은 내용을 항목에 포함시키고 있다.

- 여행상품가격
- 여행목적지, 일정에 관한 사항
- 주최여행업자의 상호, 주소
- 전화번호, 여행업 등록번호
- 여행객이 제공받은 운송, 숙박, 식사 등의 구체적인 서비스 내용
- 여행출발일
- 영업보증보험 가입 내용
- 최소 출발인원
- 국외여행인솔사(Tour Conductor) 유무

** 하카타(후쿠오카)라멘

05 여행사의 주요 광고 운영매체

여행사의 광고매체는 다양하다. 여러 가지 매체를 이용하여 효과적으로 광고하여 성과를 도출하고자 하기 때문이다. 다음은 여행사가 실시하고 있는 다양한 광고 매체 내용들이다.

- 신문광고
- 잡지광고
- 방송 협찬 광고
- POP 광고 : 건물내면, 벽면, 현관, 유리창 등 여행사 내부 시설물을 이용한 광고를 말한다.

- DM : Direct Mail으로 직접 고객에게 우편물을 보내는 방법을 말한다.
- 입간판, 외벽 등 옥외광고
- 교통광고 : 차에 붙이는 광고 등 옥외 광고를 말한다.
- 인터넷 배너광고
- 카탈로그
- 전단
- 포스터

** 8천장의 유리로 세워진 후쿠오카 타워

06 여행사 PR 현황

여행사는 자사를 알리기 위한 차원에서 다각도로 활동하고 있다. 현재 인터넷의 확산으로 인해 가장 비중을 두고 있는 것은 인터넷마케팅이며 사회적인 관계를 통해서도 여행사의 홍보를 확대하고 있는 상황이다. 다음은 여행사의 각종 PR 내용들이다.

- 인터넷 통한 홍보활동
- 우수상품 인증 확대를 통한 자사 이미지 향상
- 관련 매체통한 새로운 상품의 가시화
- 여행사 자체 세미나 및 직원연수
- 불우이웃돕기 등 소외계층에 대한 사회적 관심과 지원에 적극 참여
- 심포지엄 개최

** 나고야 토요타자동차 박물관

- 항공회사와 협력하여 FAM Tour 실시
- 지역사회활동 참여
- 각국 관광청과 연계한 상품홍보 행사(강동균 외, 2005 ; 9-18).

07 새롭게 반영해야 할 마케팅 흐름

1) 브랜드 간 공조 시너지 효과 극대

항공사의 공조도 세계적인 추세이다. 거대 항공동맹체의 형성도 브랜드 간의 공조가 크기 때문이다. 여행사들도 자사의 브랜드를 공조하여 충분한 시너지 효과를 발생하게 한다는 점에서 기업 간의 브랜드 공조는 보다 마케팅 및 영업에 큰 힘을 발휘하게끔 할 수 있다고 보면 된다.

2) 색상 Trend 선정 주의

불황기에는 어둡고 침침한 분위기보다는 화려하고 밝은 색상을 선호하게 되는 것이 심리이다. 이러한 측면에서 여행도 화사하고 사람의 기분을 끌어올리는 지역으로 관심이 고조된다는 측면을 상품개발에 도입하여야 한다. 항공사나 여행사의 브로셔나 홍보포스터도 밝고 튀는 색감으로 작성해서 분위기를 끌어올려야 한다.

** 거제도 포로수용소기념관

3) 상품의 매력을 높이기 위한 컨텐츠 차별화

여행사 간에 동종의 수많은 상품들이 혼재하고 있다. 비슷한 상품요소를 사용하는 상황에서 자사만의 독창적인 내용을 갖추고 고객에게 어필할 수 있는 일정과 서비스의 차별화만이 경쟁우위를 높여줄 것이다.

4) 충성도 높은 매니아고객 창출

여행이나 출장도 계속적으로 하는 사람들이 빈도와 이용을 높이기 쉽다. 그래서 항상 수요를 창출하는데 일조할 수 있는 매니아고객층을 관리하고 지속적인 수요를 창출해 내는 것이 중요하다.

** 외도정원

5) 특전과 혜택으로 차별화

자사의 독특한 혜택과 특전으로 해당 항공사나 여행사의 상품 차별화를 꾀할 수 있을 것이다.

6) 인터넷 적극 활용

인터넷의 이용자 수가 증가하고 인터넷상의 예약 및 결재가 일반화된 상황에서 중요하게 공략해야 할 도구로 인식되기 때문이다. 카페나 블로그 등을 통해서도 상품홍보나 광고가 대중에게 자연스럽게 전파되도록 해야 한다. 구전(Mouth to mouth)의 힘은 무엇보다고 크기 때문이다.

7) 어린이 및 노인 대상 상품 개발

최근에는 VIP보다도 VIB(Very Important Baby)라는 용어가 신조어로 알려지고 있다. 그만큼 어린아이에 대해서 부모의 소비가 커지고 있다는 것을 말한다. 교육적인 투자에도 불황이 없는 것처럼 어린아이에 대한 투자에 기꺼이 소비하고자 하는 마인드가 시장에 작용된다는 것이다.

또한 노인의 평균수명 증가와 여유 있는 노년층을 위한 차원에서의 상품 개발이 수요적으로도 필요하다고 사료된다.

** 관광객의 아름다운 미소

참·고·문·헌

고종원 · 강동균, 불황기 여행사 마케팅 전략에 관한 연구, 관광서비스연구 제4권 제1호, 2004.

강동균 · 고종원, 여행사 광고홍보실태 조사 연구, 관광서비스연구 제5권 제2호, 2005.

저 · 자 · 약 · 력

■ 고 종 원

- 인하대학교 불어불문학과 졸업
- 경희대학교 경영학 석사(관광마케팅 전공)
- 경희대학교 경영학 박사(관광무역 전공)
- 서울대학교 보건대학원 식품외식최고경영자과정 수료

현) 안양과학대학 관광학부 호텔관광과 교수

- (주)올림피아여행사 서울지사 상용팀
- (주)천지항공여행사 패키지사업부서장
- (주)계명여행사 수속/인센티브/성지순례사업부서장
- 이스라엘 오피르투어(Ophir tours) 서울사무소장
- 유럽랜드 투어넷시스템 부장/ 유로코투어 소장
- 유럽/성지/지중해 랜드 오네트투어 대표
- 한국능률협회 강사 및 등록전문위원
- 한국능률협회컨설팅(KMAC) 교육(해외)연수 자문
- 서울특별시 인바운드 활성화/수용태세 시정/외국인 관광객 유치 부문 자문
- 금수산전국산악축제 평가위원
- 미국호텔협회 총지배인(CHA)자격 취득
- 한양대 국제회의전문가 과정 강사
- 연세대 문화관광정책과정 강사
- 장안대학 관광과 강사
- 세명대 · 국제대학 관광경영학과 겸임교수
- 대원대학 여행정보서비스과 학과장
- 한국여행발전연구회 회장/ 국제지역학회 상임이사
- 국제관광무역학회 상임부회장 겸 편집위원장
- 한국관광서비스학회 부회장/한국관광정보학회 총무이사
- 대한관광경영학회 이사/한국와인소믈리에학회 편집이사

[저 서]

- 여행업경영실무론(대왕사, 2001)
- 국외여행인솔자업무론(대왕사, 2002)
- 세계관광(대왕사, 2003)
- 투어오퍼레이터업무론(현학사, 2005)
- 여행상품개발론(백산출판사, 2007) 외

여행 · 항공 상품 마케팅

● 발행일
2010년 2월 10일 초판 인쇄
2010년 2월 16일 초판 발행

● 저 자
고 종 원

● 발행인
한 인 환

● 발행처
도서출판 **기 문 사**
서울시 동대문구 용두2동 730-4번지 홍신빌딩 3층
전　화 : 02) 2265-7214, 922-8662~3
팩시밀리 : 02) 922-8772
homepage : www.kimoonsa.co.kr
e-mail : book@kimoonsa.co.kr
등　록 : 1978. 8. 9. NO. 6-0637
ISBN : 978-89-7723-426-0　93980

정가 : 17,000원